U0638617

创业企业的
60个洞见

李书文◎著

中国出版集团公司
中国民主法制出版社

全国百佳图书
出版单位

图书在版编目（CIP）数据

创业企业的 60 个洞见 / 李书文著 . —北京：中国
民主法制出版社，2020.8

ISBN 978-7-5162-2257-7

Ⅰ . ①创… Ⅱ . ①李… Ⅲ . ①企业管理—研究 Ⅳ .
① F272

中国版本图书馆 CIP 数据核字（2020）第 133426 号

图书出品人／刘海涛
出 版 统 筹／石　松
责 任 编 辑／黄宝强　程王刚

书　　　名／创业企业的 60 个洞见
作　　　者／李书文　著

出版·发行／中国民主法制出版社
地址／北京市丰台区右安门外玉林里 7 号（100069）
电话／（010）63055259（总编室）　63058068　63057714（营销中心）
传真／（010）63055259
http: // www.npcpub.com
E–mail: mzfz@npcpub.com
经销／新华书店
开本／32 开　880 毫米 ×1230 毫米
印张／11　字数／241 千字
版本／2020 年 9 月第 1 版　2020 年 9 月第 1 次印刷
印刷／北京中兴印刷有限公司

书号／ ISBN 978-7-5162-2257-7
定价／48.00 元
出版声明／版权所有，侵权必究。

（如有缺页或倒装，本社负责退换）

自 序

　　2020 年年初在全球暴发的新冠疫情，极大地影响了人们的正常工作和生活，疫情地区的人民顿时陷入焦虑和恐慌之中。其中，受疫情影响最严重的当属数以千万计的中小微企业，尤其是线下受人口驱动的产业，比如餐饮、旅游、酒店、医疗等，它们所遭受的危机是致命的。据业内专家预测，有约 1/3 的中小微企业可能会因此而倒闭，这是一个非常可怕的信号。中国的中小微企业占了整个企业数量的 90％ 以上，它们为社会作出了"56789"的贡献（中小微企业提供了 50％ 以上的税收，创造了 60％ 以上的国内生产总值，完成了70％ 以上的发明专利，提供了 80％ 以上的就业岗位，占企业总数的 90％ 以上，并容纳 90％ 以上的新增就业，这就是"56789"这几个数字对中小微企业作用的概括）。可以毫不夸张地讲，一个国家中小微企业的生存状况，在某种程度上反映了这个国家的发展水平。

在疫情最为肆虐的春节期间，作为一个创业在路上近 20 年的老兵，我首次通过线上直播的方式为广大创业者排忧解难，希望通过我的经验和教训，让创业者迅速找到自救之法，在重大危机面前临危不乱，并能在危机中找到机遇。结合我多年的创业实践和 HOPE（厚朴）创学院系统的创业思想，我迅速完成了 300 多页的 PPT（电子演示文稿），并就疫情期间如何自救的问题总结出 3 套"李氏疗法"，分别是"辟谷式疗法"、"西医式疗法"和"中医式疗法"。"辟谷式疗法"是指当下通过折价变卖库存、快速回收应收账款、削减一切可削减的费用、关停并转暂时不盈利的分支机构及生产线等 15 个开源节流的"硬招"实行自救；"西医式疗法"是指在近一年内通过引入供应链金融、快速引入股权投资等管理好现金流；"中医式疗法"是指重新梳理公司战略，系统导入 HOPE 创学院的"路人钱"三大战略的长期发展之道。在整个春节期间，我通过线上直播讲了近 50 个晚上，每次两个小时，由开始几期的几十个听众，到后来的几百人几千人甚至上万人，至今为止，已经有 10 余万人听了我的直播。这些非常及时、接地气的"危机自救"之法，引起了创业者的诸多共鸣。

本书正是在疫情期间完成的，但本书的构思和动笔却早在两年前。当时由我创办的国内首家为创业者全程赋能的 HOPE 创学院第一期开学，首期 50 个创业者是在 500 多名报名者当中通过严格考核遴选出来的，这 60 个洞见是我在近 20 年的创业和投资生涯当中总结提炼出来的，也是 HOPE 创学院对创业企业进行赋能的核心思想。这些观点和思想原来仅供 HOPE 创学院内部师生交流和讨论，但因疫情的暴发对中小微企业造成的致命伤害，我决定把它快速结集成书，尤其是在这个特殊时期，能使更多的创业者受益。

　　本书的 60 个洞见，其中大部分是我自己做企业的指南，比如"小而性感""高度聚焦""垂直细分""远离风口""长期价值""做轻公司""适度融资""慎选行业""企业文化""用户思维""蓝海之殇"……当然，这些思想不是创业初期就形成了，而是在近 20 年的跌跌撞撞中一路摸爬滚打总结出来的，也是交了无数金钱和时间的学费换回来的。可以设想，如果陆正耀家族等认同书中的这些观点，今天就不会发生瑞幸咖啡有限公司因大规模财务造假而引发的企业灾难。有句谚语说，慢就是快，快就是慢；多就是少，少就是多。如果一个创业者过度追求规模和速度，过度追求回报最大化，过度关注风口和蓝海，一心想赚大钱，处处想占便宜和走捷径，那除了投机和造假之外，还能有什么选择呢？！

　　本书中的另外一部分洞见，比如"重新定义""拥抱 O2O（从线上到线下）""一屏打尽""数字化""在线直播""直播带货""社交电商""远程办公"……同样也是我自己的企业正在努力的方向，我们目前离这些最新的公司形态还有很长的距离，但我们已经认识到这些是现在及未来的创业趋势，一旦行动起来也是不会落伍的。

　　还有另外的十余个洞见，比如"忌用空降兵""忌商业贿赂""忌过度管理""忌偷税漏税""忌不规范用工"……这些既是对我自己在做企业路上的提醒，也希望与广大的创业者共勉。创业本来已经不易，到处都充满了不确定性，如果再有法律上的风险，那么创业者真的就到了万劫不复之地，那绝不是我们创业的目的和意义。这些绝非危言耸听，每年都有不少的创业者因为触犯了这样那样的法律条款而身陷囹圄，着实让人扼腕叹息。

　　最后一个洞见是"不惧失败"，在此我纠正并阐述了我对"创业失败"这个概念的理解。所谓的创业失败，是指正在进行的某个具体的创业项目的失败，而非指创业者的失败。那什么是创业者的失败呢？我认为创业者的失败至少有两个标志，一个是创业的意志、信念和激情彻底被打垮；另外一个是失信，无论是对供应商、客户、合伙伙伴或者金融机构的任何一家。这两个标识基本上可以认定是创业者失败了，并无东山再起的可能。在这个意义上，我们应该明白，创业失败没什么大不了的，大不了从头再来。纵观中外真正创业成功的企业家，很少有一蹴而就、一帆风顺的。他们无不是历经千辛万苦、千难万险才实现创业目标的，像国内我们所熟知的马云、雷军、王兴等都是失败了一次又一次的连续创业者，正是因为他们虽然一个个创业项目失败，而本人并未失败，才不断地从上次失败的教训中一次次完善并成长，最终成就了今天的大业。

最后，我要感谢为这本书付出了很多努力的几个小伙伴，他们分别是宋长春、尚荣、赵亮和贺雯婕，没有他们，我不可能在这个特殊的疫情时期，在特别短的时间内完成这本书的写作。

在此还要感谢本书出版社的社长——我十多年的老朋友刘海涛先生，他是一位极具社会责任感的出版人。当我把这个想法告诉他时，他毫不犹豫地说：书文，这个时候你应该多为中小企业家和创业者们做点事，他们目前正处在水深火热之中，非常需要这些真知灼见，快写出来吧！

我想说，创业者是和平年代里这个世界上最可爱的人，他们肩上担负了太多太多的责任、压力和焦虑，他们的付出并非只为了个人，他们为家人、为客户、为员工、为社会……所以，也请我们像他们善待我们一样善待他们，用他们热爱我们的方式同样去热爱和温暖他们。

向创业者致敬！创业者的创业精神永存！

李书文

2020 年 4 月 22 日

目录

洞见之一　　危机时刻

　　评价一个企业家的综合素质，除了看其在顺境时的指点乾坤，更要看其身处逆境时，能否从容化解危机。很多企业家在遭遇危机时刻时，很难应对自如，绝大多数都深陷泥潭不能自拔。轻则企业破产，重则锒铛入狱，很少有企业家在企业遇到危机时能从容自救。尤其是近些年，不少企业和企业家遭遇到了至暗时刻。只有那些及时认知危机并能迅速带领企业作出改变的企业家，才能挽狂澜于既倒，扶大厦之将倾，成为真正的强者。

　　2020年初的新冠疫情，几乎一下子打乱了所有人的工作和生活，让人和企业都措手不及。新冠疫情给大部分企业带来了巨大的危机，有些现金流紧张的中小企业已经扛不住了，宣布裁员、降薪，甚至关门；就连那些大企业，也一样战战兢兢，如履薄冰，生怕自己一招不慎，在这次疫情引发的危机中倾家荡产，掉入万劫不复之深渊。面对危机，企业如何自保自救？相信这是不少企业家正在困惑的大问题。有这么一家企业，曾经两次展现出教科书级别的自救，堪称应对危机的典范，这家企业就是万达集团股份有限公司。

第一次自救：断臂求生

2017 年 7 月 19 日，万达集团旗下的万达商业首先与融创中国控股有限公司、广州富力地产股份有限公司签订了一笔交易总额高达 637.5 亿元的协议。在这个协议中，融创中国以 438.44 亿元收购万达集团 13 个文旅项目 91% 的股权，余下 9% 的股份由万达商业保留。富力地产则以 199.06 亿元的价格，接手万达 77 家酒店。万达文化旅游城与万达五星级酒店项目倾注了王健林多年的心血，但在面对危机时，他虽然有万般不舍，却没有丝毫犹豫。

通过这次大规模出售文化旅游城与酒店项目，万达集团直接减债 440 亿元，回收现金 670 亿元，整体减债 1100 亿元。再加上过去的现金储备，万达集团大大加强了承受风波冲击的能力。

7 月 21 日，王健林对外公开表态，"积极响应国家号召，我们决定把主要投资放在国内"，但这没有阻止更严厉管控政策的袭来。8 月 18 日，国务院办公厅又转发了《关于进一步引导和规范境外投资方向的指导意见》，限制房地产、酒店、影城、娱乐业、体育俱乐部等境外投资，而这些领域恰恰都是万达集团这些年海外投资的重点，该指导意见几乎是为万达集团量身定做的。

王健林还在年会上表示："万达集团将采用一切资本手段降低企业负债，包括出售非核心资产、保持控制权前提下的股权交易、合作管理别人的资产等等。万达要逐步清偿全部海外有息负债，万达商业 H 股退市资金也有了可靠方案。同时计划用两到三年时间，将企业负债降到绝对安全的水平。"

王健林大手笔出售资产是有原因的，据《万达商业私有化投资基金推介说明书》显示，2016 年，万达商业在香港证券交易所私有化退市时，曾与投资者签订对赌协议。该协议规定：如果万达商业私有化完成两年后未完成 A 股上市，万达集团将回购全部股份，并向海外及境内投资者分别支付 12% 和 10% 的利息，本息合计大概有 300 亿元人民币。进入 2018 年后，对赌协议即将到期，而万达商业回 A 股暂无明确进展，这意味着万达集团将面临巨额本金与利息的偿付，这让本就处于危机之中的万达集团雪上加霜。

果然 2018 年新年初始，万达集团就公布了一系列重磅交易。2018 年 1 月 29 日，腾讯控股有限公司作为主发起方，联合苏宁、京东与融创，与万达商业在北京签订战略投资协议，宣布投资约 340 亿元人民币，收购万达商业香港 H 股退市时引入投资人持有的约 14% 的股份。

随着腾讯、苏宁、京东与融创等企业接盘万达商业香港 H 股退市时引入的投资人持有的股份，万达集团就此化解了对赌期满带来的资金偿付风险。万达对内稳定集团各项业务运行与员工军心，对外果断寻求战略合作伙伴，通过出售资产回笼千亿资金，不仅妙手回春般化解了银行停贷风险，还解决了万达商业 H 股私有化的对赌危机，顺便拉来阿里（阿里巴巴网络技术有限公司）、腾讯、苏宁、京东与融创等中国最豪华的企业军团作为战略投资者。

自此，面对政策限制、银行抽贷、股债双杀、对赌危机这四个在一般人眼里任何一个都足以摧垮企业的危机，万达在断臂求生之下成功杀出重围。

第二次自救：救人救己

2020 年初的新冠疫情突袭神州大地，疫情风波致使餐饮、旅游、航空、影视、房地产、商业零售等行业遭受重创，大型地产商情绪出奇一致地悲观，而万达在这场疫情中又一次上演了一场漂亮的教科书式自救。

在某种程度上来说，万达比万科（万科企业股份有限公司）、恒大（恒大地产集团有限公司）等传统房地产企业受疫情影响更加严重。万科、恒大楼盘出售暂时停滞，但至少疫情过去后房子还会卖出去。

而万达做的是商业地产，不仅是房子卖不出去，全国 300 多个万达广场没人光顾，损失的才是真金白银。比如万达影城的客流量几乎一下子降到了零，且不知道什么时间才能恢复。但王健林没有吭声，更没有叫苦，在疫情发生的第一时间，他首先想到的是万达广场里成千上万的商户。当万达商管集团宣布为所有商户免租 36 天之期，全国一片拍手称赞之声，万达的这一义举也掀起了全国房东免租助力抗疫的热潮。

万达广场的收入源于商家，如果商家都倒闭，也就没有人愿意去万达了，而一个没有人气的万达广场，就真的只是一个"广场"了。免去将近 40 亿元的租金收入，万达似乎损失不小，但换来的却是万达商户的信心，只要商户有信心，万达就会渡过这次疫情的难关。

万达通过开仓济困的方式，将万达广场从短暂的沉睡中激活。万达在面临危机的时候，首先想到的不是如何救自己，而是怎么救助下游成千上万家的商户。先有利他，后才利己。

我们见过了太多企业的成功案例，也看到了太多盛极一时的企业陷入危机无法自拔，我们很少能看到一家成功的企业在遇到巨大危机时逆转困境的案例。而王健林带领万达集团再一次给中国企业家上演了一幕教科书式的危机应对案例。

危机处理并不是一项简单的工作，但确是创业者必备的素质，因为危机虽不会经常来，但一定会来，稍不留神，就有可能陷入泥坑之中。在和危机的"斗争"之中，管理者的全部注意力都集中在此，所以难免会出现顾此失彼的状态。一旦顾此失彼，新的问题就会层出不穷，毕竟顾得了这头，顾不了那头。而且危机处理是一项艰巨的任务，管理者的意志和体力都面临巨大考验。掌握了如此多资源和权力的管理者尚且如此，那些普通员工的状况可想而知。危机处理很容易将组织拖入无序的状态，因为所有人都要停下手头的工作，齐心协力，尽快将危机消除，不得有丝毫的懈怠，那么平时的正常工作时间肯定要受到挤占，工作的效率和质量也会降低不少。因此管理者要避免陷入泥坑之中，贻误危机处理会给组织带来更大的损失。在企业遇到危机时，应按照以下四条原则进行应对。

1. 要有坚定的立场、坚持的态度

在危机来临之时，管理者应该综合自身情况以及公司的状况，做多角度多层次的客观考量。管理者一定要和企业处在统一战线，才有能力对抗危机，一旦管理者的立场和企业发生了冲突，就会导致新的问题出现。危机处理是一项新的挑战，无法坚持下去，别的都是妄谈，管理者具有表率作用，这种态度也将影响其他人。管理者能坚持，其他人未必能坚持，但是管理者不能坚持，其他人一定不能坚持。

2. 当机立断

在危机处理过程之中，组织必然是一派乱象。不仅是正常的运转秩序被打破，还有可能引发新一轮冲突。危机面前人人自危，每个人就都会为自己考虑更多，也就会出现资源的争夺、权力的追逐，对于已经处于危机中的组织是不小的影响。这时，管理者虽然无暇顾及组织的这些小情况，但是不意味着放任不管，应当及时将这些问题迅速处理。古语有云，"攘外必先安内"，小组织的稳定有助于管理者处理好整个公司的大事务。

3. 做好流动性管理

在面对危机时，能帮助企业走出困境的最直接也最有效的手段就是流动性管理。不论是短期采取的开源节流措施，还是中长期的业务条线调整以及尝试各种融资方式等，其核心的目的都是帮助企业提高流动性。万达的两次自救也是为了解决流动性问题。因此，做好流动性管理是创业者应对危机时必备的素质。按照时间划分，短期流动性管理措施包括变现资产、削减费用、裁员降薪等，中期的流动性管理一般是引进债权融资，长期的流动性管理一般包括引进股权融资和战略投资者、业务条线的调整等。

4. 理解利益顺序

企业之中，有企业的利益，有部门的利益，还有个人的利益，哪种利益更重要，管理者心中一定要有概念。在危机处理时，时常要舍弃一部分利益来保全另一部分利益，舍弃哪一部分，就全依赖于利益的排序。在公司内部，企业利益高于一切，而企业利益当中，企业的核心价值又高于其他。究其根本，危机处理也是为了保护公司核心价值，一旦核心价值受到了威胁，那么依附于此的其他价值也就失去了根基，无从谈起。

"危机"是汉语中含义最丰富最深刻的词语之一，危机危机，危中有机，应对得当，便会化危为机。真正的强者，善于从顺境中看到阴影，从逆境中找到光亮，时时校准自己前进的目标。任何一次危机，都有自我发展的机会，也有追赶对手或超越对手的良机。只有那些善于抓住机会的创业者，不仅不会败于危机，反倒会逆风飞扬，成于危机。

洞见之二　　危机管理

在企业经营过程中，我们会遇到诸多阻碍企业目标实现的不确定因素，这种不确定因素被称为风险。

企业妥善进行风险管理工作是其正常经营的必要条件之一。

大家应该都听过"黑天鹅事件"，人们因为太过于相信经验，以致认为很多事情不会发生。17 世纪人们在澳洲发现黑天鹅之前，在此前任何地方任何时间发现的都是白天鹅，以至于人们认为世界上所有的天鹅都是白色的。

人的本性趋利避害，所以我们本能地认为"白天鹅"式的经验是规律，但是当"黑天鹅"来临的时候，生命财产无一例外会遭受巨大损失。诸如"911 事件"、"泰坦尼克号沉没"和"08 年次贷危机"，乃至今年春节发生的新冠疫情等。我们无法预测到"黑天鹅"来的时间和影响，能做的只有未雨绸缪。

5G（第五代移动通信技术）被视为第四次工业革命的钥匙，而华为（华为技术有限公司）作为 5G 领域拥有核心技术研发的中国代表企业，相关技术已经领先于世界，美国为防止新兴技术的超越从芯片领域对华为进行了封锁。但在极限封锁之下，华为的"备胎"计划浮出了水面。华为海思集团总裁给华为人的一封信中写道：

"多年前，还是云淡风轻的季节，公司做出了极限生存的假设，预计有一天，所有美国的先进芯片和技术将不可获得，华为仍将持续为客户服务。为了这个以为永远不会发生的假设，数千海思儿女，走上了科技史上最为悲壮的长征，为公司的生存打造'备胎'……"

"今天是历史的选择，所有我们曾经打造的'备胎'，一夜之间全部转正。"

这些"备胎"，就是华为创始人任正非为应对挑战早早定下的战略。华为要想在未来生存发展，就得构造自己的"诺亚方舟"，早在 2012 年华为就建立了自己的实验室。而华为的"备胎"除了历经 15 年才得以转正的海思芯片以外，一套名为"鸿蒙"的手机操作系统也已处在了"备战"状态。

华为曾经居安思危作出的"芯片备胎，诺亚方舟计划"，成为华为赢得这场技术战争的关键所在！

如果任正非没有居安思危，对华为未来所要面对的困难有一个准确的预判，那么现在的华为就非常被动和危险了。中兴就是一个活生生的例子。

可以说，危机意识早已深埋在任正非的创业基因之中。2001年 3 月，他曾经在《华为的冬天》中写道："十年来我天天思考的都是失败，对成功视而不见，也没有什么荣誉感、自豪感，而是危机感。也许是这样才存活了十年。我们大家要一起来想，怎样才能活下去，也许才能存活得久一些。"

对于创业者而言，危机意识是保证企业长期稳定发展的铠甲，是企业躲过恶风巨浪的诺亚方舟。

世界首富比尔·盖茨（Bill Gates）有一句经典名言："微软离破产永远只有 6 个月。"这与孟子所说的"生于忧患，死于安乐"异曲同工，说的就是要具有危机意识！

一个国家如果没有危机意识，迟早会出现国难；一个企业如果没有危机意识，迟早会垮掉。

越成功的企业家，危机意识越强。

"盛极必衰，月满则亏。"这是道家的一条朴素的辩证法，它同样也适用于企业。多少财富巨头、知名企业家，在辉煌的时候可谓风光无限，但其兴也勃焉，其亡也忽焉，而兴之勃往往是亡之忽的起因。所以，当企业高速发展的时候，必须时刻保持危机意识，清醒地认识到"兴之勃"的负面影响。对此，多年霸榜的亚洲首富李嘉诚堪称典范。

李嘉诚在经商做生意时有一个著名的"台风警报"理念："一直以来，我做生意处理事情都是如此。例如天文台说天气很好，但我常常会问自己，如果五分钟后宣布十号台风警报，我会怎样？在香港做生意，也一定要做好这种心理准备。"李嘉诚的"台风警报"理念诠释的正是一种居安思危的危机意识。

李嘉诚从 1950 年开始创业，历经 60 多年，涉及众多行业，但很少有亏损的情况。这就是因为他经常能够未雨绸缪，对所有可能出现的危机或者面临的失败进行了充分的考虑和准备。

许多人在创业的道路上倒下了，就是因为缺乏危机意识。

为了不在危机中灭亡，创业企业是时候有自己的"备胎"计划了。

这次疫情导致许多企业家和员工束手无策。为什么束手无策？因为企业从未制定过"备胎"计划，不知道如何应对。所以当危机来临的时候，只有被动等待。

但是反观华为、阿里这样的标杆企业，似乎应对这场危机得心应手。为什么阿里对危机的反应如此迅速？为什么阿里钉钉的响应速度如此敏捷？为什么华为依然可以有条不紊安排员工复工？

作为一家成熟的大型跨国企业，华为、阿里内部有完善的风险管理制度，预判公司可能遇到的各种风险，并且日常就会动用各种资源提前将这种风险尽可能避免或降低！

为了应对可能的"极限生存假设"，华为长期投入巨大资金和研发力量进行"备胎打造"。这种投入也许平时看不会有收益，但一旦风险来临则可起到"力挽狂澜"的作用，所以说平时"居安思危"的思维和"风险管理"制度救华为于水火之中！

只有加强风险管理，防范重大风险的发生，才能够为企业的发展保驾护航。

企业风险管理是指企业各级管理层在完成企业战略目标的过程中，对企业所面临的各种潜在风险，以及企业当下管理模式存在的各类风险，进行有效管理与控制。只要是背离或是阻碍企业共同目标的因素与风险，在企业实施风险管控的时候，都应该给予治理与规避，这样才能保证企业的战略目标得以实现。

在危机发生之前，企业就应该树立危机管理的意识，并且要建立健全危机管理应急小组，树立全员危机意识。企业首先要增加有关危机意识的培训，教育员工认清危机的危害，以及增强危机意识的必要性，特别是企业的管理阶层更要增强危机管理意识。其次要营造危机氛围，让企业的经营者和基层员工直面激烈的市场竞争，理解企业的危机感，以危机感来激发员工的忧患意识和奋斗精神。

千里之堤溃于蚁穴，当危机发生的时候，企业首先要重视一切危机，不要忽略一些微不足道的危机，很多时候就是这些小危机酿成了更大的危机，甚至毁灭性的危机。所以当企业面临危机的时候，要迅速启动危机应急管理机制，成立临时危机处理小组，及时、全面、系统地应对危机，并且做好公众舆情的引导和安抚，做好危机处理进程的随时通报，及时给公众一个处理的结果。

危机过后，企业要有一个详细的复盘计划，同时理清前后各种细节，做成案例供企业所有员工学习和理解，并用来检查公司应急管理机制是否合情合理，是否完善，是否出现纰漏等各种问题。最重要的是要认清危机的意义：危机的出现并不意味着企业的失败，企业反而要将危机产生的压力转化为发展的动力，并且进一步增强企业的危机管理意识。

企业危机管理意识的缺失是很多创业企业存在的问题，这必定会对创业企业的长远发展，特别是遇到危机时的处理产生影响。对此，创业企业必须采取一切措施，努力增强企业的危机管理意识。

对于创业者而言，必须要有一个清醒的认识：如果公司太平的时间太长了，也许就是灾难。只有居安思危，不断地为有可能出现的危机做准备，才能避免被突如其来的巨大危机所毁灭。

洞见之三　　危中找机

创新往往出现在危机和萧条中

作为京瓷（日本著名公司，以生产陶瓷器具、半导体零部件为主营业务方向）和 KDDI（日本一家电信服务商）两家世界 500 强企业的缔造者，日本"经营之圣"稻盛和夫先生先后经历过两次石油危机、日元升值危机和日本泡沫经济危机。而每次危机过后，稻盛和夫先生的企业都得到了快速发展。

稻盛和夫在《在萧条中飞跃的大智慧》中讲道：

"萧条越是严重，我们越是要咬紧牙关，坚忍不拔，下定决心，无论如何也要闯过这道难关。决不悲观，必须以积极开朗的态度应对。在这基础之上，重要的是要认识到'萧条是成长的机会'，企业就是应该通过萧条这样一种逆境来谋取更大的发展。实际上，京瓷就是这样的公司。今年京瓷迎来了创立 57 周年，而京瓷在这 57 年间没有出现过一次年度亏损，实现了企业顺利成长发展的目标。但回顾这半个多世纪的历史过程，我们曾遭遇多次严重的经济萧条。"

"70 年代石油危机，80 年代日元升值危机，90 年代泡沫破裂的危机，00 年代 IT（互联网技术）泡沫破裂的危机，以及不久前的雷曼金融危机，我们经历了各种各样的经济萧条。每次面临萧条，作为经营者的我总是忧心忡忡，夜不能宿。但是，为克服萧条不懈努力，在每一次闯过萧条期后，京瓷的规模都会扩大一圈、两圈。从这些经验当中，我坚定了'应当把萧条视为成长的机会'这样的信念。"

"企业的发展如果用竹子的成长作比喻，克服萧条，就好比造出一个像竹子那样的'节'来。经济繁荣时，企业只是一味地成长，没有'节'，成了单调脆弱的竹子。但由于克服了各种各样的萧条，就形成了许多的'节'，这种'节'才是使企业再次成长的支撑，并使企业的结构变得强固而坚韧。"

他把危机看作成长的机会，把萧条当作再发展的飞跃台。他认为：企业在不景气的情况下，正好有时间来增强体质，为下一次飞跃积蓄能量。不景气的程度越严重，越是要以积极开朗的态度面对，全员团结一致，切磋琢磨，集思广益，竭尽全力去突破困境。

萧条绝不是创业者可以消极悲观的理由，创业是一种生活方式。黑暗有多让人咬牙切齿，光明就有多让人热泪盈眶。企业和创业者也是一样，真正的创新其实都来源于命悬一线时的体验。每次危机都是企业和创业者的试金石，也是一种被动的过滤器。

在国家层面上，每一次危机也同样是危中有机

小的如企业层面，每一次危机中都是危中有机；大的在国家层面，同样蕴藏着这一道理。"二战"前，美国经历了严重的经济萧条。"二战"后，美国是如何成为世界第一强国的？为了振兴本土经济，美国人启动凯恩斯主义，也就是以宏观调控来刺激经济增长。"二战"后，美国经济陷入了新的难题，大量的库存无法消化。

其他参战国呢？百业待兴，一片狼藉。主要代表是欧洲大国和备受打击的日本。当然还包括满目疮痍的苏联，以及经历战争的华夏。

欧洲需要复苏，日本需要复苏，全世界都需要复苏。当时美国经济还有一个问题，那就是经历经济大发展后，产业需要升级。产业升级，就要把重污染、高能耗的产能输出。而这些，正是欧洲和其他经济体迫切需要的。

仓廪实而知礼节。人类首先要解决仓廪实的问题。当时只有美国仓廪实，并且多得有点不像话，需要把这些产能去库存。而其他经济体又没有这个购买能力，但需求很迫切，"马歇尔计划"就应运而生。

1948 年，美国人为欧洲制订了一个援助计划。同年四月开始施行，持续了大约四年的时间，共有 131 亿美元拨给欧洲。当然，这里面有 10% 为有偿贷款，90% 为无偿赠予。欧洲没有钱，我借给你，并让你买我的东西。这样美国的企业去了库存，欧洲经济因此而缓过气来，进入一个崭新的局面。大家是不是觉得美国很傻？这你就大错特错了，此举为美国货币成为世界货币奠定了基础。也就是说，美国以 131 亿美元的代价，获得了世界货币拥有权。作为欧洲的一员，苏联当年也想过申请这个计划，却被美国用苛刻的条件变相拒绝。

所谓危机，风险中可能孕育着大机会

17 年前的那场 SARS（"非典"）疫情，经历过的人对很多场景仍历历在目。在这场 SARS 疫情的背后，有的公司销声匿迹，有的公司却有能力把这一特殊时期转化成一次机遇，变得更为强大。SARS 的暴发，让中国经济一夜陷入寒冬。当今巨头阿里、京东、顺丰等公司都曾经历过 SARS 的艰难时刻，他们是如何抓住机遇而华丽逆袭的？

一、阿里起死回生，化危为机，淘宝横空出世

"不是所有企业都会因'非典'而成为倒霉蛋。"马云在出席"后'非典'时期中国电子商务走势"对话会时，如此说道。

2003 年 4 月，第 93 届广交会举办在即，阿里巴巴早前承诺了 50 位客户，要把他们的样品带到广交会免费推广。彼时，广州已被划为 SARS 疫区，但阿里还是派出员工去参加了广交会。不幸的是，5 月 5 日，一位女员工从广交会回来后，高烧到 39.1 度，经专家诊断为 SARS 疑似病例，送往杭州西溪医院隔离治疗。

5 月 7 日，该女员工被确诊为浙江省第四例 SARS 患者。

阿里巴巴的形势陡然紧张起来，阿里所在的华星科技大厦成为"禁区"，马云本人也被强制隔离两周，不少员工都不知道接下来应该怎么办。在整个杭州，阿里也一度成了"过街老鼠"，人们唯恐避之不及。严峻情势之下，马云果断作出部署，防止情况进一步恶化。5 月 6 日下午 4 点，他在公司宣布隔离消息，通知全体员工在家办公。此时，整个阿里团队展示出极强的执行力，短短两个多小时，400 多名员工离开公司，回家上班。

最终，阿里巴巴的服务没有一天中断，很多客户甚至都不知道彼时阿里已到生死存亡之际。受 SARS 影响，很多外商都选择了网上交易，阿里巴巴的业务以 50% 以上的速度增长，由此一战成名。更重要的是，在危机到来前不久，6 个被选中的员工积极研发对抗美国电商巨头 eBay 的秘密武器。从 4 月 14 日开始研发，到 5

月 10 日正式上线，仅花费 26 天时间，淘宝网便横空出世，之后的商业故事人尽皆知，淘宝顺利赶走 eBay，成为阿里实现"进阶"的法宝。

2005 年 4 月 20 日，马云致信全体员工并宣布，今后每年 5 月 10 日定为"阿里日"，阿里逆风翻盘的故事，也成为阿里人的精神寄托。

二、京东被逼无奈，试水电商成为京东历史的转折点

刘强东曾在公开场合表示，是 SARS 成就了今天的京东。如果没有 SARS，京东还是现在的京东吗？

2003 年 3 月 6 日，北京接到第一起 SARS 病例，死亡的阴影笼罩着大江南北。SARS 期间，依赖客流量的零售业受到了重创，当时中关村所有电脑都在降价，平均降价幅度达到 30%-40%。作为一家主卖 CD 光盘和刻录机的公司，京东也面临着生死考验。没了买家，销量上不去，返点自然拿不到。要知道代理商的主要利润来源就是返点。短短的 21 天时间里，京东亏了 800 多万，公司账面资金只有两三千万。如果 SARS 六个月内过不去，京东就会面临倒闭。

为了应对特殊情况，刘强东把 12 个柜台全部关闭，和没有离开的员工商量对策。一个经理说："既然我们不敢跟客户见面，为什么不通过网上去卖东西呢？这样就不用见客户了，就没有'非典'的问题了。"这个建议给了京东新的希望。线下门店已经走不通了，这也让刘强东看到线上交易的机会。于是包括他在内的员工，开始在网络上发帖子推销光盘。他们在论坛上发布团购活动，公布该期团购的产品参数、价格以及截止日期，留下 QQ 号作联系方式。在收到客户汇款之后，京东通过邮政发货给客户。早期创业的口碑积累，让京东赢取了线上用户的信任，也因此迈出了线上零售的第一步。正是这样的转变，让京东安全度过了 SARS 时期。

可以说，是 SARS 的蔓延，把京东逼进了电商行业。进军电商行业后，刘强东就发现了很大的商机，于是直接关闭了线下业务，把所有的重心都放在了电商领域，这个决定成就了国内仅次于"淘宝"的第二大电商平台！

三、顺丰包飞机运快递，奠定顺丰快递领域的江湖地位

2003 年，SARS 让整个中国商业走入了寒冬。国内航空运输受到重创，这给快递行业发展创造了机会，顺丰（顺丰速运有限公司）正是在这个时期迎来爆发式发展。王卫发现，当货物达到一定数量后，空运和陆运的成本相差很小，那为何不采用速度更快的飞机运输呢？

2003 年 SARS 时期正好给了王卫一个机会。

SARS 暴发期间，人们都不敢出门，航班几乎无人乘坐，航空公司不得不大幅降低费用。在航空运价大跌的时候，王卫果断出手，顺丰与扬子江快运签下包机 5 架的协议，专门用于运送快递。顺丰也是第一个将民营快递业带上天空的公司，

虽然用飞机运快件的成本不低，但这使得顺丰在服务时效性方面获得巨大的优势，越来越多用户认可顺丰的"快"。据了解，在北京、上海、深圳等干线，即便头天下午 6 点寄件，第二天一早也能收到。王卫在 SARS 时期的一次重要决策，也奠定了顺丰快递行业的江湖地位。

追溯历史可以发现，所谓危机都是"危中有机"。真正有魄力的企业，在危急时刻，永远是靠不服输的精神以及积极应对的乐

观态度，换来宝贵的机遇，并迎来辉煌时刻。

2020 年初的这场新冠肺炎疫情，对中国来讲是"黑天鹅"事件，对很多企业而言，是毫无防备的打击。如何从这些伟大公司身上汲取力量，成功应对身边的"危机"，如何在萧条的环境中存活下来，如何在艰难中获得成长，是我们所有企业今天面临的核心问题。这种成长更大意义上不是规模的成长，不是量的扩张，而是内核的改善。

危机能使企业增加一种难得的基因记忆力，也能使创业者赢得硬核的突破。

洞见之四　　风险对冲

2020 年受新冠疫情影响最大的餐饮、旅游、娱乐、酒店、养殖、零售百货、交通运输等几个行业，都是线下受人口驱动的行业，这些行业最大的特点都是要将人聚集起来，才能产生利润价值最大化。疫情风险不是首次，也不会是最后一次，受人口数量和规模驱动的行业及其创业者都应该高度关注行业风险，增强抗风险能力，一定要有风险对冲思维。

什么是风险对冲思维

第一种人是成功思维，成功思维人眼里只有成功和收益，没有失败和风险。从满腔热血的传销到电话诈骗中奖，再到民间包治百病的仙丹，上当受骗者都是只能看到收益不管风险。

第二种人是失败思维，失败思维人眼里只有失败和风险，没有成功和收益。飞机、潜水、跳槽、创业、理财、手术等都有风险，但失败思维人不管收益，只求避险。

在日常生活中成功思维人占多数，通常被失败思维人鄙视。其实成功是贪婪，失败是恐惧，没什么高下之分。

第三种人是风险对冲思维，相对于前两种，对冲思维复杂得多，一般会有如下思考过程：

1. 主动聚集信息，时时寻找机会。

2. 当看到收益，就会意识到潜伏的风险；当看到风险，会意识到相对的收益。

3. 只有一条路的时候，不要急于选择，切换投资标的本身就有成本，多数时候成本昂贵。

4. 在有多个选择的时候，除去超出自己承担范围的风险，只要活着，赚钱的机会就是有的。

5. 在现有的基础信息上把不同选择统一到一个维度，如果风险收益比不出结果，进行横向比较。

6. 跳出已有选择，再做横向比较。比如一份工作是三份中最好的选择，但是和自己创业相比呢？

7. 选出最优选择，试着进一步优化，比如对冲风险、转嫁风险、通过杠杆增加收益等。

8. 筹码不必急于全部投入，只要把握着优势资源，机会还会有；如果优势资源没有掌握，凭什么会留给自己这个机会？

9. 之前的风险收益比是构建在假设的已有信息基础，还要继续信息收集，随时调整相对及假设的风险收益比。

10. 不断加强对市场的理解，建立优势资源。

……

具有对冲思维的人，通常有以下性格特点：

贪婪，不寻求收益的超额，何必费这么多心思；

独立，不迷信权威，也不人云亦云；

务实，把精力和时间花费在可执行的选择上，而非虚幻的；

认真，一点点收集资源，一步步比较计算；

成长，不关注对错，只在意更好的选择。

企业战略的风险对冲思维

许多具备一定规模的企业，特别是行业龙头企业，已经过了跑马圈地、野蛮生长阶段，要守住现有企业经营成果，防止、减小业绩经营滑坡，应具备以下战略风险对冲思维：

一、上与下对冲

肥水不流外人田，上下游一体化。比如，煤炭企业可以创办或入股发电厂，钢铁企业重资产财大气粗，不妨入股或收购钢结构企业或用钢大户。

2017 年 11 月 20 日，近 3 个月的规划准备后，神华集团与中国国电集团在北京举行发布会，两家企业合并重组，正式建立国家能源投资集团。神华与国电联合，煤炭企业与发电企业合二为一，协同效应可以发挥到极致，当煤炭价格低时，发电企业就盈利增长，煤炭价格波动风险化解得很好。

二、强与弱对冲

处于强周期产业的公司布局产业链之外的弱周期产业或反周期产业。

威创集团股份有限公司主营业务是电子大屏，临近的不仅是景气周期，还有产业性周期，因而需要布局长青型业务，不是阶段性对冲，于是威创股份投入稳定性和成长性都非常高的幼教行业。

2015 年，威创股份成功收购北京红缨时代、北京金色摇篮两家幼教行业优秀企业，组成了"超高分辨率数字拼接墙系统"和"幼儿园管理运营服务"两大主营业务齐头并进发展。相应地，威创视讯科技股份有限公司也更名为"威创集团股份有限公司"。

幼儿教育行业感觉上是不显眼的行业，但已经变为很多制造业上市公司转型的首选。孩子的钱好赚，中国父母的思想是再穷不能穷孩子，在孩子身上的投入是上不封顶，对于有幼儿的家庭，可以说幼教市场是刚需，客单价高，并且不受周期波动影响，是真正的好产业。

三、消与长对冲

可以从替代解决方案入手，一些业务像跷跷板，彼消此长、此消彼长。比如，阿里、苏宁大规模规划实体店，一定程度上在考虑，消费者购物，要么线下，要么线上，线上线下相结合这是典型的跷跷板格局。

石油巨头壳牌集团也在布局替代业务。2016 年壳牌建立了独立分公司 New Energies。根据内部公告显示，新公司将合并壳牌原先的生物燃料、氢气和电气业务，并且计划进军风电领域业务。壳牌将天然气与新能源业务重组，开始全面架构新能源领域，包含可再生能源、清洁燃料和天然气发电。

壳牌与法国液化空气公司等建立了一家合资企业，计划在 2023 年建成 390 个氢气零售站点，其中 230 个零售点使用壳牌商品。另外，壳牌还有在美国和英国等其他国家研究相关氢能的机会。壳牌在荷兰、美国等国家有多个风电场，风能每年发电量超过 500 兆瓦。壳牌在荷兰海岸建设两个风电场，可满足 82.5 万个一般家庭的用电需求。

四、新与旧对冲

富士胶卷在传统业务遭受技术变革的灭顶之灾前，转型成为医药企业。

富士决定进入制药产业，是因为能控制进入自由基的药物。

首先，富士觉得，人类的自由基控制老化机制，通过控制自由基而控制照片和底片老化的技术，能够运用到药物上；其次，底片制造是要在 15 微米中涂抹上十几层纳米材料，这种精密的涂抹技术能够运用到生物制药科学上；最后，底片的纳米科技能够运用到化妆品行业，把保养皮肤的营养成分做得更小，渗透率更佳。

柯达因技术变革破产而富士转型成功，本质原因是对自己的核心能力认识不同。柯达认为自己的主营业务是在影像上，而富士却认为自己的主营业务是在精密化学技术。

五、虚与实对冲

业务有涨落，资本永不眠。

IBM（美国一家信息技术公司）有大批投资中小企业的相关领域，IBM 知道虽然大象可以跳舞，但早晚是要死亡的，必须在死亡之前让资本的生命得以持续。目前纳斯达克的上市企业里，有 45% 以上的企业存在 IBM 的基因。

2000 年前后，联想电脑蓬勃发展，柳传志力排众议建立联想投资有限公司。联想投资 2017 年上半年报告期内盈利达到人民币 21.33 亿元，营收占比超 IT 板块 94%，而之前半年的净利润只有 1600 万元。联想投资的成功说明，联想早已不只是一家 IT 企业了。

每个行业都有它的风险所在，因为一部分不确定因素的存在，致使行业生产、运营、投资或者授信后偏离预期效果而造成损失。

受新冠疫情影响的餐饮业，就催生了共享员工模式，解决了餐饮业员工的歇业问题；同时餐饮企业增加了线上外卖业务，以减小疫情所带来的影响。

在影视行业，电影《囧妈》从线下春节档撤出后，西瓜视频以 6.4 亿元买下网络独家播放权，改为线上播出，开辟了电影首映的新渠道。疫情让人看到线下放映形式的脆弱，增强线上电影发行放映形式，有利于提升电影行业整体的抗风险能力。

零售业因疫情也从线下转为线上，微商以及直播卖货又一次成为了当下的热潮，锤子科技有限公司前 CEO（首席执行官）罗永浩都加入直播带货行列，首次直播 3 小时支付交易总额超 1.1 亿元，成交订单量 84 万，粉丝送礼收入 360 万元，累计观看人数超4871 万人。

面对 2003 年的 SARS 病毒，或是 2020 年的新冠疫情，又或是未来可能发生的其他事件影响，无论是人口驱动的行业还是其他行业，都应该在企业战略布局中做好风险对冲，让企业增强抗风险的能力，在市场环境、宏观经济政策的不可抗力以及产业成长周期等条件恶化状况下维持正常经营，并维持企业长期发展的能力和潜力。

洞见之五　　小而性感

　　我身边的创业者，尤其是男性创业者，凡事都追求大，房子要大，车子要大，公司要大……我也曾做过大的梦，在华润，一言不合就收购；做投资，首先关注行业有多大，市场有多大……用了十多年时间学做大，却用更长的时间在学如何做一家小公司、一个小人物，如何拥有一片小天地。如果重新让我选择一次，我一定会选择做"小而性感"的公司。

　　什么是小而性感？这里的"小"是指杰出的产品和简单的业务模式，"性感"是指凭借"小"所打出来的市场而获得丰厚回报。2020年的疫情过后，能活下来的企业大部分都会是"小而性感"的，死的反而是那些大企业。"小"的含义并不仅仅指规模小，而是在细分行业中拥有好的产品和创意，"小而性感"的核心是做精做透。这里并不是说做大不好，而是小有小的优势，小有小的特色，很多世界级的巨头企业也都是从"小而性感"开始的。

　　日本有很多家族企业，祖祖辈辈都在做同一件事，他们只专注在熟悉的那个小领域里，一点一滴地做好自己的工作。这样做的好处在于能把自己的品牌传承至百年，尤其是品牌创始人的个人IP（知识产权）得以延续，并为自己的公司不断创造丰硕的成果，甚至奇迹。

　　正如有着"寿司之神"之称的小野二郎，年过九旬，是全球最年长的米其林三星大厨，他一生都在制作寿司，以最高标准要求自己和学徒，通过不断观察客户的用餐习惯微调寿司，由此塑造了强大的个人 IP，并且依然坚守着自己那小而美的寿司领域不断精耕细作。这种工匠气质将永远融入他的寿司而延续百年，甚至更长久。而小野二郎的工匠精神，目的就是确保客户享受极致美味。甚至，为保护他那创造寿司的双手，即使是工作外的其他时间，也随时戴着手套，连睡觉都不敢松懈。

史蒂夫·乔布斯（Steve Jobs）也是一个典型的例子，他重新回归苹果公司（美国著名科技公司）后，几乎把所有不该有的产品一刀切掉，只留下他认为最重要的产品，继而开发了 iPod、iTunes、iPhone……所以，乔布斯所创造的无数辉煌，其实都是从小而美的领域切入才做大做强，而他个人 IP 的影响力也因此延续至今，依然魅力无限。从用户角度分析，就是从流量思维转换到用户思维，借助产品、口碑以及创始人 IP 来创造最佳的结果。

很多人认为"小而性感"是一个伪概念，其实是没有真正搞懂其真正的含义，"小而性感"中的"小"并不是等于"少"！"小"是专注，是聚焦，不多元，不分心。小而性感的创业，成功的概率会大很多。在具体的小领域中竞争小，但仍然需要创业者拿出像创意精英一样的精神，打造出优秀的产品。产品可以是实物，也可以是 APP（应用程序），或者是培训、咨询等虚拟产品。小而性感的创业更适合"草根"出身的创业者，没有资本、没有资源，却有着一身专业技能。未来会有越来越多小而性感型创业者，他们都是各种领域的专业人士。未来也会有越来越多的人选择这些专业人士的服务，提高效率。把企业做小、做轻，可以聚焦能量，在自身擅长的领域实现快速突破和长远发展。以客户和市场为导向，可以让企业摆脱成本经营和价格竞争的困境，建立以能力为基础的长远竞争力。在当前的市场环境里，老板要学会把企业做小、做精，并在自己擅长的领域坚定不移地深耕下去。

我们原来评价企业有一个误区，首先看规模大不大，实际上，大并不等于强，也不等于是优质公司。其实，中国 90% 以上的企业都是中小微企业，但他们创造了"56789"。中小微企业要想生存，就必须效率比大公司高，产品比大公司好，价格比大公司便宜，服务比大公司好，否则只能被大企业淘汰。贪大求全是中国企业的普遍现象，原因就在于什么赚钱做什么，殊不知，随着市场竞争加剧，成长空间与先发优势殆尽，企业势必会走下坡路，这是目前很多企业面临的困境。

有些创业者做电商有多个平台、多个店铺，上架数万个产品。可他们的单量也并不好。简单归因就是，做的类目和产品太多，线上无法多花精力去优化标题、图片、关键词和详情，线下无法去熟悉产品和优化供应链，结果就是各种杂事搞得自己很忙，却一直无法建立起核心竞争力。而且因为铺太多不同类型的产品，很容易给消费者留下不专业的印象。比如线下买衣服我们会选择去服装店，而不是去可能也有衣服的百货商场。线上也是同理，一个什么都卖的店铺，看起来就是杂货铺。

所以我们所说的"小而性感"，是专注在少量的领域，做精做好，建立起自己的特色与护城河。从长远看，小而性感已经不仅仅是一个趋势，而且是必须选择的模式。回头看看国内的淘宝、天猫，不是一家或几家独大，卖得好的也未必都是传统大牌，反而是各种网红达人店铺。

那么如何才能做到小而性感呢？

首先是要找到一个细分垂直的领域，深耕细作，最好是从自己喜欢或者擅长的方向入手，主要方向一定要小而性感。我们草根创业者或中小企业老板，都要专注到一个真正小而性感的领域去打造个人IP，因为这样做的成功率会更高，并且还能不断在此基础上扩大个人IP的影响力，带来意想不到的收获。

其次，打造内容，提供绝佳的用户体验。内容可以是具体的产品或服务，要让用户真正能够感受到物超所值，要以用户思维来打造对用户真正有价值的内容。只要你具备用户思维，你的产品或服务，就能够把真正的价值传递给用户，而用户一旦体验好，就会口耳相传，不断创造优质的口碑，个人IP就能很快打造起来。

最后，适当通过一些移动互联网工具，比如抖音、头条以及微信等传播和运营工具来推广，一步一步打造个人IP。追求小而性感，并借此打造个人IP，是当下最值得草根创业者或中小微企业老板切入的方向，借移动互联网的巨大红利，越早切入，成功就会越早到来。未来是IP打天下的时代，谁有粉丝谁就有未来。

小而性感的创业者必然要做好产品差异化以及顾客体验，选择小，本质是一种示弱，因为资源不足，故舍弃当前的大市场。埋头做即将成长的小品类，悄悄做大公司规模不经济的细分市场，才是正确的选择。

因为小，方能从容应对；因为深知自己做的是小事，所以才不在乎那些外在的东西。做小事嘛，说干就干，心态从容，不必患得患失，看成败人生豪迈，只不过是从头再来。因为小，所以机动灵活，当发现一个市场机会时，大企业往往会层层汇报，开会、讨论、审批，而我们因为小，可以身板灵活，立即行动，直入主题，大企业会还没开完，我们已经解决了问题。因为小，所以转身快，当发现我们的产品和服务与客户需求有错位时，立刻转身，以客户的需求为出发点，紧盯客户需求，说变就变，绝不死板拖延，以此赢得时间窗口，继而赢得客户的信赖。

洞见之六　　高度聚焦

聚焦的概念来源于物理学，其本意是通过镜片把光线汇聚到焦点上时，能够在焦点上产生极高的温度和亮度。平行的太阳光可以说谈不上任何威力，但通过聚焦后，却可以释放出巨大能量，太阳光通过放大镜后可以点燃火柴和纸张。物理学上讲，当力量集中在一个点上时，受力面积越小，产生的压强越大。创业也是这个道理。

初创一家企业同样需要聚焦，其"聚焦"的含义是：协同使用全部资源以实现单一目标的达成或突破。聚焦实际上就是要找到一个支点，让它成为"风暴中心"，然后围绕着这个"风暴中心"聚集展开所有资源，这样原来分散的资源和能力，一旦形成合力就会变得很强大。所有的创业者都应该专注在自己所擅长的事情上，不擅长的事情不要做。一个人如果长时间地把精力集中于一个点上，就能取得惊人的成就。

我们所熟知的"一万小时定律"所体现的正是聚焦；同样的道理，一个企业如果将所有的精力都聚焦在一个点上，也能取得意想不到的成就，往往能成为行业领先的代名词。例如，可口可乐是可乐的代名词，加多宝是凉茶的代名词，联想是国产电脑的代名词。这就是聚焦的威力。还有手机行业，有人用机海战术一年产一百多款手机，你能不能一年只生产一款手机？生产手机很容易，深圳的山寨工厂一天就能出十款手机，但世界的巨头企业都是一年只出几款手机，这是一种自信，也是聚焦的力量。因为你不相信做一款会有大销量，所以你才出一百多款，但实际上即使你一年出一百款，销量仍然不会大。《道德经》有云，"少则得，多则惑"，这里边蕴含了很深奥的哲学观点。我的理解是：可选择的事物少了，人们就会用心对待那些已获得的；当选择的事物多了，就会使人心混乱而产生迷惑。

创业失败者很少有饿死的，大多都是因为贪大求全而撑死的。创业者尤其是在创业初期，最忌讳多元化。聚焦这个话题，每天聊一次都不多。尤其是在互联网时代，针尖的力量永远比锤子的力量大，因为痛点更敏感，小众的圈子往往互动性更强。

创业者的精力、财力都是有限的，一家公司的资源也是有限的。只有把有限的资源投入到非常聚焦的东西上面，这个公司才有可能发展壮大。很多创始人都好大喜功，开始创业的时候，因为一无所有，对着一个赚钱的点，进行猛烈的攻击，等一旦赚到钱了，心就会越来越膨胀，胆子越来越大，摊子也就越铺越大。这个时候，其实离死也就不远了。

我们这个时代是什么都过剩的时代，对于创业者来说，每天有太多的诱惑，这使得很多创业者很难从一而终；坚持一个项目，做精做强，需要非常强的定力。中国有 14 亿人口，是世界第一人口大国，无论你做什么行业，其实竞争都很激烈。即便你把所有的时间和精力都放在做一件事情上，也很难确保你就一定能够成功，更不要说同时做几件事情了，那几乎没有任何成功的可能。如果你想什么事都做好，结果就是什么事都做不好。

创业者如何做好聚焦呢？要聚焦，首先要给自己做好定位，简单地说就是怎么做企业差异化竞争。我们经常看到，有些人把定位只体现在文字功底上，写给别人看，做宣发，根本不做运营聚焦，或者不够聚焦，有的甚至定位都定错了。创业者的聚焦应从以下四方面入手：

第一，要知己知彼。这里边有两个方面很重要，一要调查市场竞争者并知道竞争机会在哪里，要非常清楚消费者的真实需求，看是否伪需求、是否有足够市场空间。二要客观盘点自身资源优势，有哪些优势，有优势才有机会。这两方面缺一不可，否则差异化就会空对空。

第二，要始终以用户为导向。要在某一方面的用户价值上，比如价格、功能以及服务体验上，比任何同行竞争者都做得强。强到什么程度？要让客户强烈地感受到，因此而识别你、信任你、使用你、依赖你。

第三，要运营聚焦。消除无效或低效的运营活动并加强高效的运营活动。当你明确这个让人信任和依赖的"某一方面或某一点的用户价值"，你就找到了经营的重心，塑造这方面的价值就会让企业脱颖而出，这个就是经营定位。但只有定位还不够，接下来，你需要调动公司所有的人力、财力、物力来强化用户价值的建设，运营模型匹配不是点状的、局部的，而是一个系统化、全局化的运营工程，是包括财务、技术、营销、产品、人力资源等多个因素的聚合，把它们糅合在一起卷进来，共同为战略聚焦的核心点服务，这就是运营聚焦。这一点，很多创业者做不到，或力度远远不够。

第四，要品牌聚焦。品牌聚焦是对企业外部的，要充分了解用户喜欢什么。这个时候，你就可以发动一场品牌聚焦运动。你要用行为、理念、形象的塑造，向用户展示不一样的地方，传递给客户企业不一样的追求，尤其是零售消费类的创业企业，要抢占用户的心。当然，没有定位，没有运营聚焦，品牌聚焦就只是纸上谈兵。

海底捞（海底捞餐饮股份有限公司）就是高度聚焦下的成功案例。火锅作为传统中式餐饮的一部分，一开始时也是极度分散的，专业分工不明确，但海底捞在火锅领域做出了自己的特色。不但服务做到行业一流，海底捞还自己做调料供应、食材供应链、人才培训和 IT 系统的开发等配套业务，通过在火锅领域不断的整合创新，随着规模的扩大，海底捞逐渐将这些配套业务独立，进入模块化创新阶段，形成了 To C（面向用户）品牌海底捞火锅，To B（面向企业）品牌颐海底料、蜀海供应链、微海咨询、海海科技等。海底捞成功上市后市值很快逼近 1000 亿港元，成为市值最大的中餐企业。旗下的颐海国际也完成了上市，蜀海供应链目前也在 IPO（首次公开募股）的过程中。可以说海底捞就是聚焦火锅行业，通过不断的挖掘深耕和完善服务，形成了品牌效应，逐渐变成了今天家喻户晓的火锅品牌。

一个企业的成功，往往是聚焦的结果。

基层聚焦市场：开发新客户，维护老客户；

中层聚焦团队：实现文化与技能的传承、人才的成长裂变；

高层聚焦服务：对内服务团队，对外服务客户，整合资源渠道；

老板聚焦战略：不是决定做什么，而是决定不做什么。

高度聚焦的创业就好像在自己的领域不断挖掘一口深井，不管是产品领域、技术领域还是销售领域，都是越做壁垒越高。什么都想做的人，往往什么都做不成；什么都想得到的人，往往什么也得不到。一个人消耗一生的时间未必能变成一条波澜壮阔的河,但是锁定一个点就有可能挖出一眼深不可测的井。创业不聚焦，就是烛火两头烧，低效煎熬；创业错聚焦，就是赛道跑错了方向，白跑消耗。

洞见之七　　垂直细分

近几年，随着移动互联网的高速发展，中国逐渐步入"互联网+"时代，同时也进入了一个更加细分的时代。多样化与个性化是互联网社会最基本的特征，即便是 BATJTMDP（指百度、阿里巴巴、腾讯、京东、今日头条、美团点评、滴滴、拼多多这八家公司）这样的互联网巨头，也不可能完全满足所有用户的多样化和个性化需求。此时，市场细化就显得尤为重要了，与其不加区分地广撒网，不如精准深挖细分的目标市场。

什么是垂直细分？简单讲，垂直指纵向延伸，而不是横向扩展；细分则是在垂直行业板块里面，挑选主要的业务条线深度发展。以舞蹈为例，舞蹈是一个垂直领域，可细分为爵士舞、拉丁舞、肚皮舞、街舞等，细分类舞蹈短视频在美拍等平台的增长就很明显，也更容易得到关注。垂直细分市场是指专业细分的市场，不是大而全的市场，也不是小而全的市场。比如专注美妆和社交电商的小红书，专注潮玩类别的泡泡玛特（北京泡泡玛特文化创意有限公司）等，都是专注非常典型的垂直细分市场。

市场细分的概念是美国市场学家温德尔·史密斯（Wendell Smith）于 1956 年提出来的，它是指企业按照某种分类标准，将总体市场中的用户，划分成若干个用户群体的市场分类过程。被划分出的各个用户群体，分别构成一个细分市场，同一细分市场中的用户具备类似的需求、行为、收入水平和特征，而不同细分市场总的用户之间的需求与特征，则存在着明显差异。

细分市场不是根据产品品种、产品系列来进行划分的，而是从消费者的角度加以区分的，是根据市场细分的理论基础，即消费者的需求、动机、购买行为的差异性来划分的。垂直细分市场说了好多年，垂直细分是在找到要聚焦的行业的前提下，根据消费者的需求，在该行业中选择一个点再深度挖掘突破。一个行业，内部往往也是极其复杂的，创业者一定要找到最适合自己的那条赛道，有些创业者做养老行业，上来就做养老地产、养老医院这种回报周期超长的项目，殊不知这些项目根本就不是普通创业者所能够驾驭的。垂直细分领域的构建至少需要三个条件的成熟：

第一，需要各个细分消费群体的逐步壮大和成熟，因为线下单一实体店或卖场的流量根本没有办法比肩线上。如果仅仅是一个极小的群体，垂直细分按照现在高房租、高人员成本的条件很难长期生存。

第二，垂直细分需要专业人才。比如做潮玩，你必须非常了解这个行业，并且熟悉供应商渠道。以前这样的人才不多，现在研究的人员在逐步增加，这也是行业逐渐成熟的表现。

第三，消费习惯的形成。去中心化是一个趋势，但这个趋势需要时间，并不是专家说现在去中心化了，市场就会立刻改变，它会有一个缓慢的过程，一般来说都需要 3 年以上的时间。现在随着移动互联网的普及，这种消费习惯即使能够更快速地培养，也需要数年！

垂直细分之所以会成为未来的一个重要创业趋势，主要是随机流量变现到精准化营销的转换。因为社会的发展，让专业细分成为细分群体的一个有效选择，小群体、小趋势、小众产品，是未来人与人个性化区分的一个重要方式。

大市场已经被巨头占领，中小企业或新进入者成功逆袭的机会可以说非常渺茫，即使被你一不小心逮住了一个机会，可是你还没有回过神来，巨头就会迅速抢占市场，随之你就会被超越以至于被碾压。这对于一个一无资源、二无资金去烧钱砸市场的小公司来说，最终只能坐等被收购，或者倒闭出局。

移动互联网的迅速崛起、大数据及区块链的广泛运用、智能工厂的出现以及人工智能和即将到来的 5G 时代，使得企业规模化地满足人们个性化的需求成为可能。无论是畅销还是冷门产品，99% 的商品都有机会被销售出去，这样就会导致有些原本非常冷门、位于需求曲线中长尾的产品，可能随之咸鱼翻身，成为被人们寄予厚望的新利润增长点。

以下两个案例，就很能说明问题。

案例一：传统的广告公司和谷歌（美国一家科技公司）对比。过去对于中小微型企业主来说，要做广告宣传，一般很少有能力去找 4A 广告公司，因为试错成本高，会导致很多中小微型企业做广告的需求没有办法被满足。

后来谷歌的出现，用一种完全自动化的方式，把广告销售的边际成本直接打为零，不再关注恐龙的头部，而是把长长的尾部收集起来，用关键词匹配的方式自动发布广告。因此，谷歌还成为了全球最大的广告公司。

案例二：传统的新华书店和亚马逊网上书店相比。过去到线下购买书籍，因为书店陈列的缘故，绝大部分的书，有可能你根本没有机会阅读或者知晓。

后来，亚马逊把销售书籍的边际成本直接转换为零，这样就很好地利用了"长尾理论"，很多极其冷门的书得以重见天日，也让消费者的个性化阅读需求很快得到了满足。

有时候，小众市场就是大市场。比如著名的"韩都衣舍"，把大机构打散重组成280多个小组团队，不断地去捕捉长尾需求，快速设计、快速下单、快速销售，从而使这些准确被捕捉的快时尚需求得以收集。这其实就是大生意，快速是核心中的核心！

伴随数据收集分析和网络数据挖掘技术的日益成熟，行为的目标市场选择、微观的目标市场选择广泛应用于描述更窄的市场细分。市场细分战略可以让厂商通过利用产品的差异化来避免市场上的激烈竞争。对消费产品进行营销时，目标市场选择、市场细分、产品定位是三个关键因素。即便以服务为例，也可以进行颗粒度更小的市场细分。市场细分战略就是选择能够代表现实或潜在消费者的核心特征的依据。一个细分市场应该具有规模性、可识别性、稳定性或增长性、可进入性、与市场营销者的目标和资源的一致性。以希尔顿集团（美国一家酒店管理公司）为例，它针对不同的客户群提供了不同的服务，大致分为以下七种：会议饭店、机场饭店、商务饭店、度假区饭店、全套间饭店、假日俱乐部以及花园酒店。每一种类所面向的客户群体需求均不一样，提供服务的档次也各不相同，服务项目的定价也不一样。

在未来的创业中，时时刻刻都有新的细分需求，这些细分需求都要更新的产品来满足。如果你能感受到客户日益增长却未被满足的需求，同时你恰巧有这样的资源，能够快速完成产品研发和迭代并推向市场，你就有机会脱颖而出。未来的商业是千姿百态的，这中间能够坚挺发展的，一定是在各种垂直细分的方向里。

洞见之八　　远离风口

　　风口论走红于小米创始人雷军曾说过的一句话，"站在风口上，猪都能飞起来"。在互联网的裹挟下，人们生活和工作的方方面面均发生了前所未有的改变。借助互联网，创业者迅速积累财富，那些运气好赶上风口的创业者，也都能迎风飘扬，与风共舞。但多数人是在潮水退去后，才发现自己在裸泳。有需求才会有市场，但如果仅仅去追逐风口，成功的概率非常之低，风口过后成为一头摔死的猪很有可能是大概率事件。

　　市场上充斥着太多的机会主义者，这些人一看到市场上的某个发财机会，就想大捞一笔，捞完就走。他们想要跳过"播种、浇水、施肥"的过程，直接收获花朵与果实。或者说，他们想要的是快速的，不必花费力气就能实现的"财富自由"。

　　我们周围也有很多这样的"机会主义者"，不论什么"风"吹来，他都要掺和一下。房价上涨时，他买房子；比特币上涨时，他做比特币；P2P（点对点网络借款）火爆时，他做P2P。不论哪一种投资方式，他其实从未真正搞懂过。所以，到现在为止，他们中的任何一位，都没获得他们想要获得的财富。

　　所谓风口，只不过是互联网在应用层面一拨又一拨的发展趋势而已，风口会跟随着市场环境、消费需求的改变而改变。风口伴随着机遇，当然也同时伴随着风险，这是剑之双刃，关键要看是站在真风口上，还是站在人工吹起来的风口上。创业者万不可想当然地把所谓的风口当作上岸的船票，稍有不慎很可能成为摔死在风口上的"猪"。

创业风口为何如此短暂？

近十年来，似乎每年的风口都不一样。2019 年 5G 火得不得了，而 2018 年是区块链，2017 年是人工智能，2015 年是 AR/VR（增强现实/虚拟现实），2014 年是 P2P，2013 年是共享经济……一年一个样，一年一个风口，乱哄哄你方唱罢我登场，反认他乡是故乡……城头变幻大王旗，忍看朋辈成新鬼。

原来是一年一个风口，现在创业的风口期似乎更短了，一年就可以有多个风口。现在还能看到多少无人货架？2017 年下半年突然火爆起来的无人货架，短短半年时间就累计融资超 30 亿元，各路抢占新零售的创业者，在全国商业圈、写字楼疯狂抢占地盘。2018 年初无人货架就已开始走下坡路，裁员、撤柜、跑路的传闻接连不断。

其实很多所谓的风口在出现的时候市场就已经饱和了，创业者再加入也只能做个陪跑者。有些风口其实一开始就是伪需求、伪命题，而有些风口则是资本堆砌出来的，更多的风口根本就经不起市场的检验。

当风口来临，不管是大公司还是中小企业，都希望投入重金和人力以期先声夺人。其实每一项新技术都有其约束之处，有些企业能做好，但有些企业很可能就做不好。尤其是中小微企业，大多数技术型小公司在一年之后，风口转换了方向，都成了炮灰。

中小微企业为什么不适合技术型风口呢

我们来看看当下的几个流行技术，也称为风口的应用场景。

1. 虚拟现实

虚拟现实的时代也许在十年之后才会真正来临，但参差不齐却成了虚拟现实内容网站和硬件设备行业的代名词，反而传统的 2D 产品仍旧占据市场主导地位。

所以，先别着急制造硬件，虚拟现实的耳机价格不菲又笨重，而增强现实技术却仍然是低保真。虽然 Magic Leap（美国一家增强现实技术公司）在提高构建和销售硬件需要的大量资金方面做得非常卓越，也拿到了沙特主权基金更多的资本，但下游业务本来就不应该控制在创业公司领域。更多机会应该在索尼、谷歌、三星、LG、联想、苹果等这样传统的制造业巨头企业中，至少资金和技术都不再是问题。此外，像亚马逊（美国一家网络电子商务公司）以及 Facebook（美国一家社交网络服务公司）已经有虚拟现实方面的平台了。

2. 人工智能

学术界和科技巨头已经把人工智能以公关的形式传遍了全世界，先进的技术已经能够用算法识别图片中的一只小猫。

对于中小微企业来说，还是远离人工智能项目更为现实些。终归依靠投资和人才吸引视线的时代已经结束，人工智能更可能使现有产品和业务做得更好，而不是一味追求创新让初创企业成为人工智能领域的独角兽。

创办人工智能企业就相当于创立一家云公司，理想情况下，创业者都期望人工智能可以作为一项神秘化的操作来支持优质的产品，或是让业务能够更加迅速有效获取相匹配的用户。

3. 无人驾驶

无人驾驶技术涵盖传感器、计算机视觉、多变化预测车辆驾驶行为等。目前，这个风口上已经汇聚了超过 50 家大企业的资金、技术和人才。在后端也有很多企业在做开发工具、地图，甚至是移动网络解决方案来保证汽车无人驾驶的安全。

遗憾的是，无人驾驶的迅速发展却没有完全解决零散产业的完整优化，没有找到问题的最优化方案。有些中小微企业正想布局无人驾驶的技术，还是要慎重，毕竟无人驾驶的用户群体到底是哪些，用户的需求是哪些，国内交通法规政策等因素，创业者还是很难把握其未来的变化。

4. 区块链

区块链同样不适合中小微企业进入，不要成为投机热潮的受害者。很多区块链技术的投资者，都没能想明白一些简单的问题。区块链技术将怎样加强中小微企业的业务？是否会以新的产品形式重新展现？区块链是否会加快渗透或是改善网络效应？创业者一定要明白，很多新技术是风口，但未必是初创企业的风口。

5. 机器人

很多围绕着机器人是否可能创造或摧毁就业机会的辩论十分激烈。不可否认，机器人高效的计算能力、超低价的传感器和算法为大量的创业者提供了契机。

有一个前提条件，就是不要尝试让机器人取代人。创业者可以这样想：人依托机器人如何进一步完成工作？运营商的投入如何得到回报？产品是适合大量的客户，还是仅限于少部分独特需求的潜在用户？

所以，无论是制造一台汽车还是一台 iPhone，都应以人为主要因素，问题都应该是：机器人如何让人们的生活更美好？机器人对人的生产力提升多高？

远离风口

我为什么一直呼吁让创业者与风口保持距离，甚至是远离风口呢？

创业者追风口，实际上是创新乏力，也是缺乏核心竞争力的标志之一。这些年红极一时的风口行业都具备一些共性，普遍进入门槛低、易复制。但同质化严重、缺乏核心竞争力的结果，就是从比拼技术和商业模式变成了比拼资金和资源，从追风口变成了烧钱大战，最终能存活下来的创业者寥寥无几。

创业者一味追风口，反映出对市场环境和自身情况都缺乏细致深入的研究，只想着一步登天，一口吃成个胖子。那些已经卡位风口的成功者，表面看见的是人前的风光，背后看不见的是多年的积淀，对供应链、产业链和企业整体运营的深入了解和经验。就好比当年人们看到苹果抢得移动互联网的先机，却没有关注到成功背后是乔布斯多年的思考、布局和积累。有些创业者以为灵光一现就能赶上这个风口那个风口，就能吸引到大笔的融资，就能瞬间改变世界，而通常情况都是理想很丰满，现实很骨感。

　　创业者盲目追风口，本质其实是否定创新。过去创业者的成功也好，风口的闪现也罢，许多创业者的确是把握住了中国人口红利的规模优势，而进行的商业模式创新，这样的机会逐渐减少；而随着人工智能、虚拟现实等技术的兴起，技术创新的春天还远未过去。

　　风口大多是投资人来定义的，创业者要对风口保持距离，因为你永远追赶不上风口变化的速度。在不同时期的投资痛点或方向截然不同，投资和实业完全不同，投资的周期相比创业要短，机会点到来和结束的周期转瞬即逝，创业者没有在早期布局到机会点上，后面再投资的成本就会很高，或者说与投资成功的可能性失之交臂。在投资人及投资公司的眼中，必须是在适合的时间点，找到适合的机会，并且投资价值还要相对较高，这才是投资人所定义的风口。

　　不少创业者热衷风口，喜欢迎风而上，殊不知站在风口的猪在风停之后迟早会摔下来。创业者获得成功是一个漫长的过程，是基于创业者本身多方资源储备和能力积累的长征，世界上没有一个创业者不是经过艰苦卓绝的奋斗而成功的。

洞见之九　　长期价值

　　创业时最常犯的一个错误是"会什么做什么"，创业者习惯于选择自己擅长的东西来创业。扬长避短当然是对的，但如果只是盯着自己会做的事情，不管需求是否存在、是否刚需、是否足够大，就很容易选错方向。

　　在选择创业方向时，必须要综合考虑自己的专业、用户需求和个人兴趣这三者。选行业虽说非常关键，但并非是创业成功的充要条件。一个朝阳行业才能催生一个巨大的公司，一个夕阳行业机会就少很多，但是朝阳行业照样有很多公司死掉，夕阳行业照样有很多欣欣向荣的公司。关键还是看有没有抓住用户需求。抓需求不必抓多，抓住一个刚需就足够。需求越多产品越复杂，而且不容易抓住重点。满足了刚需，用户自己就会找过来，而那些可有可无的需求，花再大的力气也会事倍功半。

　　当然，也要关注自己是否对此有持续的兴趣，这也是一个需要考量的因素，毕竟我们没有必要选择一个自己根本不感兴趣的创业方向。兴趣是最好的老师，因为喜欢才会投入，才能支撑自己走过千难万险。

　　这三个因素，是每一个创业者都必须要面对的，且需要在三者之间找到一个平衡点，至于顺序和权重，因人而异，选择余地大的人可以首选自己的兴趣爱好再考虑需求，选择余地小的人就必须首先考虑市场需求，之后考虑自己的专业特长，最后再考虑自己的兴趣爱好。无论如何，需求都是最基础的，没有需求一切都是空想。

选对创业方向在战略上就已经成功了，正确的方向让你事半功倍，错误的方向让你事倍功半。中国有一个典故叫"南辕北辙"，如果方向错了，执行力越强错得就越深，败得往往也越惨。紧紧抓住用户的强需求，围绕用户需求创业，这才是关键。需求的强弱既决定了市场的大小，也决定了成功的概率。需求越强市场越大，需求越大成功的概率越高。

不论是做产品还是做服务，我们都需要清楚我们的用户是谁。如果只是少数人在少数时候才会需要的，那么趁早别做，那是概念不是产品。如果是大多数人在大多数情况下非用不可的，那才是创业机会。越多的人在越多的情况下非用我们的产品不可，就说明需求很大。如果你能找到一个所有人每天都要用的产品，你就是腾讯了。

创业之路想要获得持续发展，创业者需要找到能够长期满足消费者持续刚性需求的行业选择，这样的创业才更具有优势和发展前景。创新不在于新潮，而在于创造。亚马逊是一家伟大的公司，也是一家有原则的公司。然而，很多人不知道的是，亚马逊自成立以来，外界对它的质疑声就从未间断。杰夫·贝佐斯（Jeff Bezos）交出的短期成绩常常不尽如人意：尽管销售持续增长，但报表却屡屡亏损。关于这一点，贝佐斯用坚定的行动给出了明确的答案：着眼于长远目标，做一个长期主义的领导者。

1997年，亚马逊上市之初，贝佐斯就对公司股东表示："亚马逊立志做一家有长远发展的公司。公司所做的一切决策也将立足于长远的发展而非短期的利益，我们会尽自己最大的努力来建立一家伟大的公司，一家我们的子孙们都能够见证的伟大的公司。"之后，他在 2011 年年报中说："如果你做一件事，把眼光放到未来三年，和你同台竞技的人很多；但如果你的目光能放到未来七年，那么可以和你竞争的人就很少了。因为很少有公司愿意做那么长远的打算。"

反观当下，太多的创业者追逐的都是快进快出的快速获益。第一年进入，第二年上市，第三年退出。于是，创业者在投资方的业绩增长压力下，也只能追求短期利益最大化，从而也就失去了成为一家伟大公司的机会。

创业应该建立长期主义的价值观。长期主义的前提是价值观和目标导向，目标一定要正确，不以人的意志为转移，不以短期利益为导向，只有这样，你才会成为时间的朋友。在一个巨变的环境当中，唯一可以超越变化的，是长期主义，而不是机会主义。我们现在很多人去判断风口期、红利期，或者所谓的商机，但这帮不到你，如果你认为那是一个机会，那你仅仅是机会主义者。优秀的创业者，最重要的是要把一件事情有价值地持续地做下去，那些能够超越时代、超越变化的优秀公司，真正有价值的部分是它们能够把爱、信任和承诺交付给顾客，真正有价值的公司都是长期主义者。

衣食住行、吃喝玩乐任何时代都需要，但不是任何时代都需要比特币或者上门美甲这样的行业。巨变环境下的挑战和诱惑非常多，越是在这样一个不确定的时代里，越是要坚守创业的初心。因为只有坚守企业的基本假设才符合长期发展利益，保有长期主义的价值观，才有机会赢得明天。所以在今天，不是机会变多变少的问题，而是你的笃定和坚持够不够的问题。

要做到不可被替代，就要更好地满足客户的需求，踏踏实实地、专注地、心无旁骛地去为客户创造价值。这就是笔者想告诉大家的，不管环境好与坏，每天要做的事情，就要坚持做好。在一个极限环境中，达成目标的方法也不过如此，就是把每一天都当作最重要的一天，每一个当下都做到最好。

长期主义是成功最关键的要素，无论是创业也好投资也好，都需要构建长期的竞争力。有的时候快就是慢，慢反而成了快。是金子总会发光，但大多数人都在想怎么发光，很少有人思考如何成为金子。什么时候发光，是不可控的，运气的因素更多一些。但能不能成为金子是可控的，它取决于我们的能力和执行力。为长期价值而准备的创造，本身也会是长期的。

洞见之十　　适度融资

在所有的财务指标中，现金流是企业 CEO 每天必须首先关注的最重要指标，没有之一。现金流是一个公司的血液，充足的现金流是一个企业正常运转的前提。现金流分为经营性现金流、投资性现金流和筹资性现金流。前两个是企业自身经营和投资活动所产生的现金流，本篇重点探讨的是筹资性现金流。

金融是企业发展过程中必不可少的一环，金融和资本相当于推手和杠杆，用得好能使企业迅速做大做强；反之，则会成为创业失败的加速器。

作为在金融行业摸爬滚打多年的业内人士，笔者深深觉得筹融资是企业重要战略之一，也是一个公司的管理层最为重要的事。反观当下很多企业家，要么是对筹融资的认识还远没有达到战略的高度，认为只要把产品和市场做好就水到渠成了；要么过于激进，过度融资，过度扩张。这二者都是不正确的融资方式，笔者曾亲眼目睹过，很多原本非常有潜力的初创企业，就是折在刚开始的融资环节。因为创业者对资本不熟悉，导致本可冉冉升起的新星却陨落在筹融资这个环节，这些壮志未酬，英雄气短的悲情不断上演，实在让人扼腕长叹。

融资是每个企业都要面对的问题，融资方式大体分为债权融资和股权融资两种。债权融资是指企业通过举债，以向债权人在约定的时间内还本付息的方式获得资金，包括民间借贷、银行贷款、融资租赁、供应链金融、信托理财、商业保理、互联网金融等。对债权融资来说，企业应积极与银行、租赁、信托等各类金融机构建立良好关系；不同的金融机构在准入门槛、融资期限、风险偏好等多个方面存在不同，企业应在满足金融机构各种条件的前提下，与各类债权融资机构开展相应的业务。这里需要强调的是，债权融资机构与股权融资机构的风险偏好和根本出发点存在本质的区别，股权投资机构主要是为了分享企业未来成长的超额收益，所以风险偏好较高；债权融资机构不参与分享企业未来发展的收益，只赚取固定的收益，因此风险偏好较低，体现在具体业务上就是：流程相对烦琐、风险控制要求更高、对风险容忍度极低。企业在债权融资的时候需要注意两点：一是要控制财务杠杆和财务费用，二是要做好流动性管理来保障按时的还本付息。

股权融资是指企业以增资扩股的方式引进新的投资者成为公司股东，即"以股份换资金"。根据企业的不同发展阶段，股权融资通常分为天使投资、风险投资、私募股权投资等，选择一个慧眼识珠的投资人对于企业的发展至关重要。企业在规模化和业务上升期间与资本的动机一定要捆绑一致，因为在大规模扩张时，往往需要大规模融资。这时创始人对公司的控制力也会减弱，公司就可能出现价值观或者决策方向的不一致而导致分裂。这个道理听起来虽然简单，但具体什么样的投资人有可能和公司的诉求产生分歧，对于不同的行业、不同的企业以及不同的金融机构来说，差别会很大。

初创期企业融资策略

对于创业者而言，可以毫不夸张地说，成功是偶然的，而失败是必然的，如何成为必然中的偶然，需要创业者们认真斟酌思考。一般而言，由于在创业期公司没有太多可用于抵押或担保的资产，也没有过大可带来业务流水的经营活动，所以可选的只能是通过股东自筹、天使投资、风险投资等方式进行筹融资活动。

1. 股东自筹

对于此类型的创业者而言，虽然商业蓝图很美好，但或者由于所处的行业或产品对外部投资人没有太大的吸引力，或者其核心团队的构成不是高精尖人才，抑或其商业模式的竞争壁垒不高等因素，想要吸引口味刁钻、见多识广的天使投资人或 VC（风险投资）可能性不高，最具备可行性的就是通过股东自筹或者民间借贷的方式进行筹融资。

需要提醒的是，通过股东自筹或民间借贷方式进行筹融资时，一定要在一开始就设计好合理的股权结构，杜绝形成股东间股权比例接近的平衡股权结构，同时也要预防股权过度集中在某个股东手中。

2. 天使投资

此类型的创业者所面临的局面，是比较有代表性的。若创业团队和所处行业有一定的吸引力，市场空间也足够大，此时最好的筹融资方式就是引入天使投资人。天使投资人作为风险投资家，在面对创业者时，重点考察的是创业者的商业能力与商业潜质，其中包括个人优势（如自信、成熟、理性、务实、责任心强、商业经验丰富等）和项目优势（项目前景、竞争优势、投资回报等）。

而考察个人优势和项目优势最好的方法，就是通过项目说明会上演示 BP（商业计划书）来作出判断。因此，学会写好一份商业计划书，对于创业者能否成功融资影响重大。这不仅有助于创业者深入思考自己的商业模式，更有助于创业者提高融资成功率。

3. 风险投资

风险投资一般发生在创业中后期、成长早期的企业，此时企业已经有了一定的经验，商业模式已经探索得比较清晰，创业团队的搭建具备一定规模，为了进一步扩大市场份额，一般需要引入 VC 进行 A 轮或 B 轮股权融资。由于此时的融资规模已经逐步扩大，需要考虑股权和治权的平衡问题，前瞻性地完善公司治理结构，为未来的 C 轮、D 轮等进一步的股权融资稀释和优秀人才的股权激励池做好筹划，预防出现公司治理混乱、创业者失去公司控制权、公司出现治理僵局或股权纠纷等问题。

股权融资和债权融资的优缺点

股权融资的优点在于筹集的资金具有永久性，无须归还本金，而且融资金额可以很大。股权融资通常会通过路演或者通过专业的 FA（融资顾问）等多种手段向投资者推介，有利于提高公司的知名度。引入专业投资机构，也会对公司治理规范运作等方面提出专业意见，因此有利于企业建立规范的现代企业制度。一些科技型企业，资金需求量大，投资风险也大，这类企业通过在交易所首次公开发行上市，或者上市后进行股权再融资，为企业的发展壮大提供了坚实的资本后盾。但是通过上市进行股权融资也有一些不便之处，表现在当前中国资本市场还处于发展初期，市场容量有限，企业上市门槛较高，上市时间长、成本高，无法满足企业对于资金的紧迫需求。而企业一旦上市，作为公众公司，公司需要履行信息披露的义务，各种信息公开也可能让商业秘密暴露。最重要的是，企业这种以股份换资金的融资方式，容易分散企业控制权，原有股东未必都愿意接受。

相对于股权融资，债权融资方式可以利用财务杠杆，降低融资成本，而且不会稀释原有股东的股份，可以保证原有股东对公司的控制权。债权融资常见的方式有银行贷款和发行债券。由于银行对风险把控严格，银行贷款会设置各种保障措施，对企业来说要求很高，而且还款期限短。相反，发行公司债券，还款期限一般比银行贷款要长，附加限制较少，但发行债券手续更为复杂。但不管是银行贷款或是发行债券，都是大企业的福利，对于那些数量众多，没有合格的抵质押品或担保的中小企业来说，传统融资模式几乎高不可攀，只能徒叹奈何！近年来兴起的以应收账款转让来融资的商业保理和金融科技正在大行其道，这从根本上破解了数以千万计的中小微企业融资难、融资贵、效率低的困境，对于常年处于"缺水"状态的中小微企业，不啻荒漠甘泉。

从风险层面来看，股权融资风险较小。投资者基于对公司盈利水平和未来发展的预期而进行投资，公司融资后即用于发展业务，最终会反映到股价上来，投资者退出获益。企业无须承担还本付息的压力，且普通股也没有固定的到期日，因此不存在还本付息的融资风险。相反，企业进行债权融资则必须要在约定的时间内偿还本金和利息，这种义务是企业必须承担的，与企业的盈利水平和经营状况不直接相关。企业如果经营不善，则可能会面临巨大的偿还压力，严重的话还可能造成资金链断裂而导致企业破产。

融资要适度，不是越多越好

创业是个"慢功夫"，是一点点做起来的，企业估值也是逐步上升的，企业的做大做强并非一朝一夕之功。前不久让人大跌眼镜的瑞幸咖啡自曝财务造假，一夜之间股价下跌近80%，还可能面临着集体诉讼等诸多风险。这之前，瑞幸可是一个笼罩了太多光环，被称为史上最快节奏上市（从创立到IPO仅用了18个月）的明星企业。

融资要坚持适度原则，并非是越多越好，融取的资金能够满足企业发展所需即可，这才是至关重要的。要对企业做一个合理的估值，不要贪婪，否则会适得其反。

对于创业者来说，融多少钱以及稀释多少股份，都是需要根据实际情况来规划的，并不是拿到的钱越多越好，钱多容易让团队冲昏头脑，战斗力反而会下降。如果没有好的产品和服务，没有相对完善的商业模式，没有以奋斗者为本的创业精神，没有足够的忧患意识，创业者无论融到多少钱，都很难从那么多家竞争对手中脱颖而出。尤其是现在的媒体，经常把重心放在哪家公司又融了多少钱，哪家创业公司的估值又创了新高，哪家公司又成了独角兽，哪家公司又上了市等。这无疑会给创业者造成一个假象，好像融到的钱越多，估值越大，上市越快，就越能证明自己是成功的，但却很少有人关注产品和服务为消费者创造了什么价值，融资的企业到底被稀释了多少股份，付出了什么样的代价等。

企业所需融资的规模应与其经营规模、发展阶段、业务正常展开的需求相匹配。如果融资过少，则无法满足企业发展的需要；而一味追求更多的融资量则往往会埋下经营失败的祸根。过度融资主要有两种，一种是超过企业的还款能力，一种是超过实际生产经营和项目建设需要。企业融资需要依据自身实际情况，量力而行，寻求最适合企业的融资规模和最佳资本结构才是企业筹融资的最优解。

案例：摩拜单车和 ofo 的例子

相信很多人对共享单车都不陌生，这里还是简单地梳理和对比下摩拜和 ofo 这两家鼎盛时期占据中国共享单车市场 90% 份额公司的创业背景。它们的产品看起来相似，但两家公司在创始人背景、投资人选择和退出把控方面都有极大的不同。

一、创始人背景

ofo 的创始人戴威是典型的精英创业者，从小家境不错，自己一路是学霸路线：从高中就读于北京人大附中，大学就读于北大光华管理学院，到当选北大学生会主席，一路顺风顺水。

他就读于北大时就对自行车青睐有加，当时他还是北大车协的骨干成员。本科毕业在青海支教时，愈发热衷于自行车这个交通工具，所以就和几个北大车协的同学从自行车入手，不断琢磨创业的点子。他们尝试了很多创业方向，比如自行车旅游、自行车社交甚至健康数据等。最终走投无路时，在北大校园内做起了共享单车，算是国内第一家把共享单车模式运转起来的公司。

　　摩拜创始人胡玮炜相比戴威更偏草根。父母从事木雕行业的小生意，她在浙江大学城市学院毕业后做了 10 年的记者，应该说距离创业比较远。之所以选择创业也是机缘巧合，2014 年年底，她带着做智能自行车的创业团队去见一个叫李斌的投资人，李斌是汽车网站——易车的创始人，对出行方面的投资比较敏感，想让这个团队转型做共享单车，但这个团队不想做，倒时差来打酱油的胡玮炜被说服了，于是她拿着李斌的投资，一下子扎根到了这个行业。胡玮炜知道自己并不是一个有经验的管理者，所以很快邀请 Uber 中国（Uber 为美国一家互联网打车服务提供商）的王晓峰来做 CEO，她主攻产品。

　　所以从创业者来看，有两点值得关注：

　　第一，戴威对自行车行业和创业本身是持续性热爱的；而胡玮炜成为一个创业者应该说是一个偶然事件。

　　第二，戴威从来没有给别人打过工，而是一路当学生会主席，当领导，当 CEO，所以他对控制权有强烈的兴趣；相反，胡玮炜记者出身，是一个比较自由的人，对管理和控制权并不是特别渴望。

二、投资人选择

　　在共享单车开始火起来的那段时间，大概是从 2016 年年底开始，ofo 和摩拜开始大规模地融资，两家公司都开始大规模地扩张。在这个时候，融资已经不仅是考虑钱的问题，而且要考虑投资人能够给自己带来什么样的业务资源。我们通常把纯粹投钱、赚取回报的机构叫财务投资，比如像红杉资本、软银这样的风险投资基金机构。而能够真正在业务上带来帮助和资源的投资人（通常是企业），我们一般称之为战略投资人。

　　摩拜这时选择的战略投资企业是腾讯，获得的是微信生态的资源;而 ofo 选择的战略投资企业是滴滴,获取的是滴滴出行的资源。虽然表面看两家都是战略投资者,但其实差别很大。因为腾讯本身的业务和出行相距较远,所以对摩拜的控制欲望不强;而滴滴本身做的就是出行业务,所以它对 ofo 的控制欲相当强烈。因此,腾讯基本是甩手掌柜;但滴滴很快开始与 ofo 展开长期的控制权争夺,几次安排公司的高管插手 ofo 的管理,后来这些高管被戴威轰了出来,两家公司从此反目。滴滴也开始经营自己的共享单车品牌,不顾 ofo 大股东的身份,直接和 ofo 展开正面竞争。

戴威为了摆脱滴滴对 ofo 的控制,也开始积极地去找其他战略投资人。但滴滴作为大股东,不让 ofo 引进其他的股权投资人,后来戴威只能求助阿里巴巴通过债权投资的方式来帮助 ofo 缓解资金压力,并且用了大量的自行车资产为债务做抵押。

三、退出把控

共享单车一直采用大量的补贴扩张,其最基本的利润模式还没有打通,所以一直处于不可持续的大规模烧钱状态。很长一段时间内,所有人都认为摩拜和 ofo 会像快滴和滴滴,或者之前的赶集网和 58 同城那样合并,然后达成市场垄断。但由于滴滴和 ofo 在合并中对控制权的诉求都比较高,最终合并没有谈成。相反摩拜则选择把公司卖给了美团,创始人算是赚了一笔。而 ofo 选择了独立经营,最后由于资金压力巨大,逐渐走到了破产的边缘。

案例解析

简单回顾下这两家公司的脉络后,这里简单谈谈企业资本"动机捆绑"这个概念给我们带来的三个启发。

一、投资人是把"双刃剑"

越是和自己公司业务相近的战略投资人，能够带来的资源越直接，但对公司的控制诉求也就越强。同样都是战略投资人，腾讯离出行比较远，就不太想要控制摩拜，滴滴离出行比较近，就很想要控制 ofo；如果这两家公司做的是社交行业，这种情况可能就会倒过来。如果作为创始人想要的是拥有对公司长期的控制权，那引进战略投资人之前，就必须要对它的业务和诉求非常清晰。

二、债权融资人未必和你一条心

为什么后来 ofo 找阿里巴巴救急，最终却没能达到长期的合作呢？实际上阿里巴巴不但没有帮助 ofo 摆脱滴滴的控制，甚至还投资了另一家名为哈罗单车的共享单车公司。

这里面比较微妙的一点在于：阿里巴巴是以债权方式而不是股权方式进入 ofo 的，债权投资不分享公司未来的成长，仅赚取固定收益。在破产的情况下，债权投资人很可能直接接收公司全部的股份，所以在某种程度来说，债权投资人其实并不一定和公司是一条心，在重大危机面前，它甚至可能希望公司破产来清算。

三、创业者一定要清楚自己的动机

商学院里面有一个著名的说法是 Cash VS King，意思就是：创业者要清楚自己想要追求的到底是财富还是王位，或者说权力。

像戴威明显就更偏向后者，对控制的诉求更高，所以无法同滴滴这样强势的战略投资人共处。如果戴威更偏财富导向，选择滴滴这样的投资人，可能也就没有什么问题。如果没有想清楚自己要什么，就很难找到好的合作伙伴。

最后还有一点非常非常重要，不管是债权融资或是股权融资，一定要在企业形势好的时候进行，原因不言自明。没有哪家金融或投资机构去救死扶伤，那不是投资，是公益。但很多现金流暂时还不错的企业会有一个误区，认为自己的现金流不是问题，收入很稳定，毛利率也很高，根本不在乎金融机构，这其实是一种短视行为。今年的新冠疫情就暴露出了很多这方面有问题的企业，我们相当熟知的餐饮龙头企业西贝（西贝餐饮管理有限公司）就是一个例子。西贝创始人贾国龙在春节期间自曝公司的现金流仅够维持两个半月，超过两个半月公司就会倒闭，谁能想到这个年收入数十亿元的餐饮大鳄也是如此脆弱。新闻出来后，几家银行出手相救。事后贾国龙非常诚恳地坦承，此前自己对金融的认识不够，不知道融资对企业的经营有这么大的影响，以后一定在此高度注意，吃一堑长一智。

并不是所有的企业都有贾国龙如此好的运气，在最困难的时候自曝家丑就能获得别人出手相救。金融机构个个逐利，一个小的创业公司是不会有这个运气的，所有运气背后都是实力。

与金融机构保持良好的合作关系是公司最重要的战略之一，创业公司除了要与银、保、证、信这些传统金融机构合作外，还要与 HOPE 这样的供应链金融公司、保理公司、融资租赁公司、大数据金融公司等保持良好的合作关系，因为创业公司很少有相对齐备的传统金融机构所需的抵押、质押物，当然也很少有大的机构给你做担保，而这些最近几年成长起来的新金融机构对中小微企业研究很多，也有专门满足它们的产品，这些新金融机构对破解中小微企业融资难、融资贵、效率低等难题作出了不少贡献。

洞见之十一　　做轻公司

你知道吗？苹果在国内每卖出一部 iPhone，都要给一家你可能都没有听说过的公司上交 300 多元人民币，这家公司是何方神圣，连苹果都得乖乖交钱？它就是美国的高通！商界将这笔钱戏称"高通税"。高通是一家卖芯片的公司，但凡用到它芯片的公司都要交高昂的授权费，之所以能收这么高昂的授权费，就是因为高通几乎拥有芯片的各种专利。这种专利可不是机器、设备及厂房这样的重资产、大家伙，它是一种科技含量极高的资产，这种资产就是非常昂贵的轻资产。能如此轻松赚钱，似乎是每个公司梦寐以求的事儿，也使得很多重资产公司都想从重资产模式向轻资产模式转型。

那么什么是轻资产模式？什么又是重资产模式？二者又有何区别呢？

所谓重资产模式，就是你把资金投到厂房、机器、设备等为企业赚钱的经营方式。在资产负债表上重资产大多是以固定资产的形式展现的，属于非流动资产。很多传统制造业就是一种重资产模式，因为它的主要资产是固定资产。无论对于企业还是个人，由于这些固定资产都看得见摸得着，所以也称有形资产。那么土地算不算固定资产呢？在欧美大多数国家，土地是私有制，当然列入企业的固定资产。在中国由于土地是公有制，企业没有土地所有权，只有使用权，所以土地在中国不能算作企业的固定资产，而是作为使用权计入无形资产。

传统制造业就一定是重资产模式吗？也未必。大名鼎鼎的苹果公司固定资产占总资产的比重仅为 8% 左右，固定资产的投资规模对于苹果公司而言处于一个比较低的水平。而中国的联想集团固定资产占总资产的比重也只有 9% 左右，跟苹果差不多。苹果和联想很大程度上可以归类到制造业里去，但都不是重资产模式，因为它们的固定资产占比很低，连 10% 都不到。那如此低比例的固定资产是怎么制造出那么多享誉全球的产品的呢？其实，这都是以更为智慧的供应链整合的方式进行的。富士康就是苹果的代加工生产商之一，富士康赚的钱连苹果的十分之一也未必有。

为什么苹果和联想自己不生产？其中至少有两个原因：减少固定资产投入和降低风险。苹果把自身的固定资产投入转移到富士康，因而苹果就无须为固定资产投入大量资金，减少资金占用比例。

轻资产模式可以降低固定资产减值的风险。因为电子消费品行业技术进步快，而且经常是颠覆性技术创新，导致对行业原有产品完全更新换代的频次极高。苹果的智能手机就是对传统手机的一种颠覆，在这种情况下，传统手机不仅存在销量问题，更致命的是它背后的生产线及其设备面临着被淘汰和资产减值的风险，而这会大幅降低企业价值。

举个简单例子，假如诺基亚（芬兰一家科技公司）投资了一个 500 万的生产线来生产传统手机，计划用五年，年折旧 100 万，那么这条生产线正常使用两年以后，折旧一共是 200 万。本来这条生产线还剩下 300 万的价值，但这个时候 iPhone 问世，传统手机失去了市场，无法再继续生产，这条生产线不到 5 年就被提前彻底淘汰，那么剩余的 300 万就成为了沉没成本。这就意味着原来预期的收入和利润根本没有完成，这也是许多传统重资产行业在技术革新年代发生重大亏损的主要原因。

为什么原来既不是物流企业也不拥有任何一家物流企业的菜鸟物流，在短短 7 年时间里能够迅速成长为物流行业的领军企业？除了阿里巴巴本身的背书及其对技术和研发的投入与重视以外，很大程度上是因为菜鸟采取的是轻资产模式。

所谓轻资产模式，就是你把钱投到产品研发、品牌运营、市场营销、客户体验等为企业赚钱的经营方式。在资产负债表上轻资产大多以无形资产的形式展现，属于非流动资产。例如咨询公司、会计师事务所、律所、审计所、设计研发公司等就是轻资产模式，它们以人力资源为主驱动力，固定资产很少，就是我们通常所说的人脑加电脑。此外以互联网为主的高科技企业大多也是轻资产模式，包括平台类的互联网公司大多也是轻资产模式。对个人而言，你的 IP、人设等也都属于无形资产。因为这些资产看不见摸不着，没有实物形态。

其他无形资产主要包括专利、版权、商标、知识产权、特许经营权以及土地使用权等，通常这类无形资产受法律保护。为什么辉瑞的药价格那么高？因为有专利保护。与固定资产类似，无形资产也有折旧和减值。可口可乐公司前总裁罗伯特·伍德鲁夫（Robert Woodruff）对可口可乐的品牌曾经有一段描述，他说可口可乐的所有工厂即便一夜之间全被大火烧毁，不用多久就可以通过"可口可乐"这个金字招牌重新恢复生产与运营。这背后充分展现出可口可乐卓越的品牌信誉，这是企业最重要的资产。

　　所谓创业把公司做轻就是以客户为导向、以产品创新为导向、以客户体验为导向而进行的创业。尤其是在创业初期，在没有足够的资金、团队及经验积累的前提下，更应该把公司做轻。创业公司的资产属性已经从土地、厂房、设备等重资产转变为流量、粉丝、市场、品牌等轻资产，产品和服务是这个阶段的关键成功要素。在创业初期，要想办法削减一切不必要的开支，人员关系、办公形态和组织形式也要尽可能做轻。我一直都非常反对创业者一开始就把最为宝贵和稀缺的资金投入到固定资产上。放眼全球，不管是你所销售的产品，或是所提供的服务，不可能是你一家的独门生意，同质化的产品市场上比比皆是。与此同时很多工厂又都面临着开工不足的问题，如果你找他们进行战略合作，这样的资源整合不但优化了整个供应链体系，还实现了产、供、销多赢。当你准备开始创业，初期没有产品都没关系，先根据自己的 IP 去积累客户，当拥有大量的用户资源后，再根据用户的需求去进行研发、生产和销售，把你前期的用户变成客户，这样的模式就更轻了。

　　把公司做轻，并不是不得已而为之，而是一种新时代创业的方法论，是一种主动的选择，也是深刻理解了当下的外部环境、市场环境及竞争环境下更为智慧的战略取舍。过往的创业是以产品和服务为导向，未来的创业一定要以人为导向；过往的创业是以重资产高投入为竞争方式，未来的创业一定是以大规模的个性化、差异化以及追求精神层面的愉悦为竞争原则。把公司做轻并不是为了偷工减料，更不是坑蒙拐骗，而是把资源和精力聚焦在重要且紧急的事情上，深刻洞察到客户的痛点，然后集中优势兵力去解决这些痛点，从而创造出一条与以往完全不同的新价值路线。

洞见之十二　　拥抱未来

　　大众创业、万众创新的热潮正在风靡全中国，在当下创业已经成了一个热词、一个现象，而中国的创业成功率之低又是世所罕见的。究其原因，其中很重要的一条就是中国创业者喜欢一窝蜂，在"创业做什么"这个问题上往往很少经过系统严密的论证，不是熟悉什么干什么，就是碰上什么干什么，或者什么热闹干什么。很少有创业者真正思考未来到底是什么，未来的消费者需要什么，未来的时代是个什么样子。当前我国经济转型和供给侧改革在加速推进，宏观经济将从投资驱动转向消费驱动，从资源投入转向创新增长，从单纯的商品竞争转向资源互补、互利共赢。创业者要善于把握大趋势，所谓的取势、明道和优术，取势就是面向未来，拥抱未来。从当下来看，面向未来的创业主要关注哪些大的趋势呢？

　　第一个趋势是"互联网+"或"+互联网"。市场上流行着这么一句话，就是不触网便下岗，笔者深以为然。互联网对大家来说都不陌生，京东、淘宝、腾讯等都是互联网领域创业的佼佼者，在互联网领域内创业可以说成就了很多创业者。现在没有一个人能离得开互联网，不论干什么都需要互联网的支撑，互联网领域的投资依然是当下各类基金投资的热门风口。创业圈有一句话广为流传："站在风口上，猪都能飞起来。"在互联网之风的劲吹下，各行各业都在掀起互联网的风暴，互联网教育、互联网医疗等犹如百花齐放。"互联网+"或者"+互联网"，给了每个人平等创业的机会，不管多大年龄多高学历多少身价……只要有一个好的创意，就能在互联网这个汪洋大海里开启创业的旅程。而且，"互联网+"或"+互联网"也打破了地域的限制，使得合作伙伴之间异地创业的成本大大降低。

互联网对传统行业的改造或重塑正在加速，有一个投资大佬说得好，任何传统产业都能用互联网的手段和思维重做一遍，此言不虚。三百六十行，凡是线上和线下交易比目前没有达到 1∶1 的行业，都存在着巨大的用互联网重塑的创业机会。中国经济的每个领域，金融、信息、能源、医疗、娱乐、服务等，都有被新模式、新技术颠覆的可能。在传统领域，条条框框比较多，民营企业可能会受到许多限制，这使得民营企业只能到新的领域"野蛮生长"。当用户需求得不到满足时，所有效率低下、交易成本过高、被监管过度的领域，在未来都存在被创新颠覆的可能。

第二个趋势是企业将更专注核心业务，非核心业务会通过外包或者协作的形态与第三方专业公司合作完成。什么是核心业务？行业不同，企业关注的核心点也不一样。比如说商贸流通型行业，库存周转率就是企业的核心，因为存货周转效率决定了资金使用效率，在这个关键点上帮助企业提升效率，价值更大；对于工业制造行业，炼钢或者石油化工等企业，一套流程下来，提升它工艺环节的效率，会大大降低企业成本。因为这种复杂的流程作业每一步都需衔接在一起，影响着最后的成品率以及成本。生产效率的提升，会直接降低企业的成本。再比如说像金融行业，风控就是核心业务，把钱贷出去容易，如期把本息收回来才是核心和关键。

在过去，灵活用工的主要形态是人力外包，劳动密集型行业是需求主体，比如说餐厅的服务员、酒店的清洁工，都属于劳动密集型岗位。如今，知识密集型产业也在慢慢走向外包的形态，一些基础技术岗位开始进入外包市场，并且在某些企业呈现出部门整体外包的情况。以研发岗位为例，虽然是 IT 技术部门，有些缺乏晋升通道的员工岗位，任务相对单一、管理简单，这类岗位更适合采用外包的形式满足岗位需求。相应的提供外包服务的公司，也由过去针对一家企业、单一提供人力招聘和管理服务，逐步发展到能够同时提供多项服务并服务多家企业。

总体而言，科技赋能能够让企业更加专注于核心业务，围绕核心业务构建竞争力。为核心业务服务的支撑部门，则更多会采用合作外包的形态来实现。

第三个趋势是智能制造、数字化、物联网和区块链。智能硬件和物联网会是未来发展的重要方向，而数字化是今天必须要掌握的本领。跟过去谈物联网不一样的是，过去的物联网由 PC 控制，现在的物联网都是由手机控制，这样才会让我们的生活和工作变得越来越快捷和美好。物联网第一个阶段还没有走完，现在真正的智能硬件应用量比例还很低，还有非常大的想象空间和可能性，智能硬件是当下市场上最重要的热点。现在正处于人工智能的产业爆发节点，几乎所有的互联网巨头，都在往人工智能领域投入巨大的财力和人力。这说明产业发展的趋势，也是技术爆发的节点，未来所有的技术公司，也逐渐会发展为人工智能公司。

传统产业全面数字化是一个大的趋势，因为今天除了互联网公司之外，还有大量的行业没有被数字化。在消费环节，中国的移动互联网，或者我们称为消费互联网的整个生态和用户体验，已经处于全球最领先的位置。而生产环节和流通环节现在还相对落后，未来蕴藏着非常大的机会。驱动这一进程发展的，除了消费互联网在中国的高速增长，从而推动整个产业互联网的渗透之外，还包括人力成本因素和科技发展因素的综合影响。

未来的企业服务会更加智能化，智能化来自于科技驱动。PC 互联网、移动互联网，还有初期的云计算，美国在这些领域领先中国三到五年，甚至已经提前十年进场。而今天，在云计算、大数据、人工智能以及物联网等领域，技术的应用在中美两国间已经没有太大的差别。科技可以让企业服务产品承载的功能越来越多，提升产品的竞争力，使产品不仅仅局限于过去的流程管理，而是能在业务决策中提供重要的参谋作用。

比如柔性制造（C2B）、个性化定制，需要在生产的供给端实现工厂之间及产能之间的协同，或者说冗余订单和空余产能的匹配，从而提高整个产业链的效率。把产能的冗余或者产能的空闲在线数字化，同时有效控制整个工艺、质量，然后按照规定的时间、规定的动作完成规定的产品，按期交货，这就是科技 + 企业服务所赋能的，也是能够有机会去改变的行业。

笔者所说的拥抱未来并不是盲目追风口，并不是所有的风口都是趋势，有些风口本质上是一种投机行为。看似大量的资本涌入某些风口行业，也可能是虚假繁荣，对于创业者而言，不要盲目追逐风口，而是要理性判断未来和顺应社会发展趋势。对于趋势，正所谓顺我者昌，逆我者亡。

创业最关键的是在对的时间做对的事，当历史性的机遇扑面而来时，拥抱机遇，拥抱变化，是创业者最最重要的战略。HOPE 创学院所研究创业的三大本质"路人钱"，路永远排在第一位，什么是路？就是找对方向、把握好方向、看准机会、找对趋势。如果赶在一个爆发式的成长机会里，你做得好，就会被趋势推着走；但如果你行驶在一个无风无浪的水面上，那就更多地靠自己去划桨，拼的是体力；最糟的是逆风逆流而上，那注定不会有太好的结果。

洞见之十三　　战略三法

创业企业的核心本质实际上就是三个字——"路人钱"，所谓的路是指方向战略；人是指人力资源战略，也可说成团队战略；钱是指资本战略。"路人钱"的概念是笔者多年来对于创业本质的高度概括和洞察。

一、定方向

创业企业必须要创新和创造价值，这也是企业存在的根本原因。企业的方向战略有很多种，在实践中，不懂理论未必会死，但理论懂得太多而不会做则一定会死。笔者认为，差异化是创业企业众多方向战略中最重要的战略，坚持创新、创造差异化价值足矣。

差异化，这是一个大家耳熟能详的概念，也是最重要的创业企业战略之一。差是彼此有差别和差距；异是差别和差距的真实不同；化是差异在企业内部是融合和一体的。理论上讲，商业竞争的本质就是为了制造差异化，竞争越激烈，商品越多，越需要不断制造差异化。如果没有差异化，那我们购买商品就会味同嚼蜡，谁还会愿意花钱购买呢？所以，优秀的企业总是会通过不断升级为我们带来有差异化的商品，也因为差异化的存在，使得购买成为一种享受。从本质上讲，人们购买的不是产品而是"不同"。

所有企业最重大的利益和最核心的任务是活着，创业企业必须找到不死的理由，不死的要求是不可替代和难以复制。企业活着的策略中，竞争而活是中策，上策是不争已胜，不争已生。不争已胜和不争已生，最主要的原因是因为彼此不同而没必要冲突。彼此不同的产品价值来自不同的消费需求，永远不存在冲突。比如餐饮企业中的西贝，不做八大菜系中的任何一种，只做自己会做的西北菜。西北菜不需要跟传统菜系竞争，传统菜系也无法点评西北菜系的好坏，互不伤害，各自发展。

差异化的核心内容是给客户价值的差异化、与客户联接的差异化和建立在认知中的记忆差异化。差异化的关键是产业链视角，是价值的创造创新，而不是竞争视角。差异化基本不关注与别人的竞争，是自己差异化，跟别人无关，但注重如何创造自身独一无二和不可替代的价值。我与你不一样不是为了同你竞争，我的独一无二和不可替代是针对我的客户而言的，我只关心如何服务好我自己的客户。

差异化战略需要通过产品和服务呈现出来让客户体验感受，需要通过聚焦于差异化价值点的运营体系创造：差异化同时存在于产品和品牌的价值中、商品流通和交付中、客户体验和心智认知中、产品创造和创新的价值链中，以及产品和品牌的营销故事中。

差异化是在他人视线之外的深耕，自己做自己的。创业企业核心任务不是竞争取胜，而是业务开创和市场生根，不引人注意地长大；最好的办法是，做他人没做的、不会的、看不懂的，甚至是根本看不见看不起的业务。而差异化，就是这种业务的具体终极捷径。

当企业面向的客户群与其他企业相似时，就必然发生市场中常见的价格战，也必然有企业要面临"优胜劣汰"的命运。差异化的本质，就是说既然两个生态习性相近的物种，不能同时占据相同的生态位，那么，物种间就应该保证创造出彼此的差异才能共存，商业中的企业、品牌也是这个道理。

企业应该找到自身的差异化价值，与其他同一品类的品牌形成错位，这意味着企业各自追求的利益从开始就不相同，既然企业追求的利益不同就没必要再竞争和争抢，从而可以通过主动规避竞争获取快速成长的空间。所以，中小企业获取倍速成长的经营成果，最优先级的任务就是创造差异化价值以回避不必要的竞争，最重要的经营就是聚焦差异化发展以获取不受竞争干扰的成果。

二、建团队

在创业过程中，团队无疑是至为关键的因素。一个三流的团队，即使有一流的战略，其结果往往也是三流的。好团队的一个很重要的标志就是要有好的合伙人，好的合伙人一般符合以下三个原则：

原则一：合伙人之间的性格和能力的互补性

合伙人之间的性格和能力是互补的，这是做事的基础，小事可以一个人搞定，大事则需要多人配合。最好每个合伙人都能独当一面，分工明确，能力互补。创业启动后，随着公司的发展，会出现大量的职能，产品创新管理、软件研发管理、硬件研发管理、营销运营、设计管理、生产供应链、投融资等各种职能都可能出现在组织体系中，创始人不是万能的，需要能够独当一面的合伙人进行分工协作。所以这是第一点，性格和能力的互补性是在业务上能够做成功的基础保障。在实际创业过程中，合伙人的分工安排，可以根据实际的业务模块的划分进行分工，根据预期的工作量和战略重要性进行划分，也可以根据预期投入的类型进行划分，分为技术型合伙人、资源资金型合伙人、管理型合伙人等。

原则二：信任与价值认同的情感共鸣

这一点看似简单，但实际上要求是非常高的。真正的合伙人之间，一定要在一些务虚的层面，在人生观、价值观上的重叠度比较高，这样才能走得长走得远。很多问题能够同频共振，很多可能的矛盾就会化解于无形。同频的人在一起，一加一大于二，不同频的人在一起，一加一小于二。同频的合伙人在一起，会逐步建立起彼此认同的企业文化，变成未来招聘员工的一种导向，变成公司的人格特征，这是很多优秀的公司都具有的；而如果创始合伙人的价值认同差距很大，基本上也很难形成企业层面的文化，未来公司规模变大，员工人数较多时，缺少价值观的凝聚，员工也会比较涣散，容易形成小团体。

原则三：利益和权力安排的公平合理性

这其中涉及最多的就是合伙股权架构问题。这一点是关于合伙人之间，彼此在利益和权力方面的合作规则，彼此之间的相处规则，怎么做事，怎么分配利益，合作过程中出现重大问题后怎么解决等一系列的事情，都要有规矩，要提前说清楚。

创业初始，大家一定是抱着长期合作的态度，想一直走下去的。但是我们也看到很多的企业，创始团队出走，合伙人中途离开，甚至有一个很奇怪的现象，那就是企业发展越快，死得越快。其中一个很重要的原因，就是合伙人靠感情维系，没有规则，没有章法，当外部利益、诱惑足够大的时候，或者是分歧足够大的时候，人情往往是靠不住的，出现矛盾是迟早的事。

合伙人之间的相处之道，不能依靠哥们儿感情，只能是依靠规则。公司法上有明确的治理机制和规则，从企业内部来看，也需要有更加自治化的顶层设计，最核心的就是合伙股权的顶层利益机制和决策机制。

一个企业能否健康发展，在很大程度上取决于员工素质的高低，取决于人力资源在企业管理中的受重视程度。人力资源在企业管理中处于核心地位。从企业外部环境来看，企业间的竞争由成本竞争、市场竞争逐渐演变成以人才为核心的竞争，谁拥有了高素质人才，谁便拥有了竞争优势。

创业者要把最优秀的人放到人力资源的岗位上，人力资源部在任何公司都是最重要的组成部分，因为它在公司几乎所有领域都发挥着积极的作用。如果把公司比喻成一个人的话，那么人力资源部门就相当于人体的新陈代谢系统。人力资源就是通过提高人的技能的适用率、发挥率和有效率，达到人尽其才、人尽其用、人尽其能，最大限度地发挥人的潜能，最终实现企业利润最大化的目标。

三、筹融资

资金对于企业，犹如血液对于身体。企业一天都不能没有资金，就像一个人任何时候都不能没了血液。从大量的研究中得知，相较于未得到或完全脱离金融支持的企业，那些一直使用金融服务的企业，似乎总是生命周期更长，发展得也更好、更快一些。所以当企业发展到一定阶段，适时地引用金融服务，用金融的杠杆支持企业发展，几乎是企业成长的必经之路。作为在金融行业摸爬滚打多年的业内人士，笔者深深觉得筹融资是企业战略非常重要的一部分，也是一个公司的管理层最为重要的事。反观当下很多企业家对筹融资的认识远还没有到达战略的高度，他们认为只要把产品和市场做好就万事大吉了。当然，没有好的产品和市场也是万万不行的，但这并不能影响对筹融资战略的认知。既然融资如此重要，是不是把钱融到就可以了呢？当然也不是。如果对筹融资缺乏系统的认识和规划，有时拿到钱反而不是一件好事，得钱失地的案例不胜枚举，很多企业家因为融资问题失去了企业的控制权，更有甚者，被逐出公司也不是没有可能的。

从广义上讲，筹融资也叫金融，就是资金的融通，是当事人通过各种方式到金融市场上筹措或贷放资金的行为。企业的融资方式主要分股权融资和债权融资两大类。其中，股权融资是指企业原有股东通过出让部分企业股权，以增资扩股的方式引进新的投资者成为股东，即"以股份换资金"，主要包括股东增资、引进股东、众筹融资、股权激励、债转股、股权置换、企业并购、发行股票等。债权融资是指企业通过举债，以向债权人在约定的时间内还本付息的方式获得资金，包括民间借贷、银行贷款、融资租赁、供应链金融、信托理财、商业保理、互联网金融等。

从现代经济发展的状况看，作为企业，需要比以往任何时候都要更加深刻全面地了解金融知识、了解金融机构、了解金融市场，因为企业发展离不开金融支持；作为企业主，不管你喜不喜欢金融，你都必须要与之打交道。不同阶段，不同类型的企业，匹配的融资策略也是不同的，融资要适度，并不是越多越好。

洞见之十四　　战术三法

　　创业企业的战略，笔者认为最重要的就是差异化战略。战略是司令部，但真正去攻城略地的是战术，所谓战术，就是打胜仗的本领，本篇我们主要讨论战术。笔者认为，创业企业战术层面至少要先做好三件事，即定义产品、利益分享、客户体验。

一、定义产品

　　在整个战术层面，创业企业应该做好的第一件事就是定义产品。很多创业者没有定义产品的思维和概念，当产品面临同质化竞争的时候，他们首先想到的手段就是降价，既然在产品层面没办法做到差异化，那就只能用低价打败对手。不可否认的是，降价在大部分情况下似乎都能起到作用。但是，作为创业者一定还要知道另外一个深层次的道理，那就是在竞争中只有降价这一个杀手锏，本质上是创业者用以逃避思考和自废武功的作死把式。实际上，降价只不过是一种短期转移负担的手段，看似即刻奏效，却导致更根本的解决办法被忽略，从而对"降价"产生更严重的依赖；只有将产品定义清楚，才能从根本上解决问题，创业者一定要非常清楚，在战术层面上首先要做好的第一件事情就是定义产品。

　　定义产品的过程实际上就是向消费者展示差异化价值的过程。差异化的本质是为客户提供一种选择你而不是别人的理由。在大量同质化产品市场中强行切入，就必须给自己的产品找一个独一无二的卖点，并尝试给用户讲一个独一无二的故事。要想使产品形成差异化的特质也是需要遵循一定的方法的，具体步骤如下：

步骤一：必须做好竞品分析工作

竞品分析，也就是我在 HOPE 创学院所讲的"李三标"，所谓"李三标"，就是立标、对标和超标，这个标就是竞品，当然也可以是一个方案，也可以是一个公司，不管是公司或是方案，其着重点还是镶嵌在其中的产品上。

我们了解一个需求当前的主流解决方案时，最快的方法就是体验竞品。竞品分析方法有很多，我的做法是不去直接照搬大家提供的各种分析方案，比如：用户体验要素经典模型分析法。因为这些方法就像战争的具体打法，你还没有分析自己想打什么目标，有什么武器，战略和战术是什么，就大量投入去铺市场，必然不会有实质性的收获。

首先，看每个竞品的公司商业模式，比如：产品卖点＋市场策略。如果是竞品被良好接受，那么最好观察并访谈究竟是哪些内容和服务吸引了客户。如果是竞品不被接纳，那么更要观察和了解是什么让客户拒绝，并思考自己的产品会不会遇到同样的境遇，该如何规避等。

其次，分析自己团队的商业模式和实力，产品承载的商业目标权重是多少；再分析竞品的功能设计和发展方向，这个时候要牺牲精度，可以直接进行功能分块，先求同，再找异，甚至主动寻找和总结竞争对手可能实现的差异化特质，进一步分析用户。要非常非常深入地分析用户，观察场景。被忽视的需求是什么？对手在产品应用推广过程中遇到了什么实际问题？目前的业务流程还有哪些能优化？环节能不能增减，顺序可不可调整？服务是不是必不可少，什么样的服务能够吸引到客户？上下游环节产品有综合竞争力吗？上下游产品我们有缺失吗，如何解决？哪个时间是最近的市场切入点，客户和用户会关注到我们什么？

带着这些问题，才能进入第二个阶段，这个阶段就不能"待在家里"看竞品了，而是要走出去，走到客户和用户中去。

步骤二：洞察行业痛点，测试客户反应

在做完了第一阶段的竞品分析工作以后，你需要接近你的客户，提出你产品的亮点，测试他们的反应。我们开始寻找目标客户和目标用户群体，这个时候公司已有的市场关系网就为我们提供了极大的便利。另外，在竞品市场区域也参与到了部分竞品公司的客户服务现场，进一步验证用户的反馈。

完成客户的测试后，你需要作出决策，在进行重要决策时，听取少量专家的意见更加靠谱，有三次以上成功经验的人的意见更加靠谱。对各种意见按照可信度进行一个加权汇总，能让你得到更好的判断。

步骤三：创造新的需求，设计一个故事场景

场景对于用户的选择来说至关重要，对于不同的产品而言，一般有用户场景、使用场景和运营场景三种场景，定义产品也需要结合这三个场景。

1. 用户场景

用户场景就是用户在什么样的场景下会需要产品，当然，这里的产品不是特指你的产品，而是所有用户会想到的能解决他"痛点"、满足他"需求"的产品。

这个场景其实已经超出了产品介质本身，而是从商业模式和业务逻辑的角度来思考。或者简单地说，主要目的在于明确在什么场景下用户会出现痛点。

2. 使用场景

使用场景就是用户在某个场景下会如何使用产品，使用场景需要解决两个问题，分别是"如何让用户更少地思考"和"如何让用户更多地使用"。使用场景的设计必须以这两个目标为方向。

3. 运营场景

运营场景就是如何让用户选择或使用我们的产品，这里需要结合营销工作。运营工作的核心就是八个字：获得用户，留住用户。

步骤四：结合场景，进行功能规划

目标是结合用户的需求以及自己的优势与场景，设计出差异化的卖点功能。这些差异化的卖点功能决定了产品的核心竞争力和预防跟风的护城河。

这里推荐创业者可以在规划潜在的功能和用途时进行 SWOT 分析，结合自身的优势、劣势、机会和风险等对产品的功能进行规划。

在进行功能规划时，对前期产品做减法是很关键的。切忌产品经理随意堆砌功能点，而是要将功能与需求和场景进行有机的结合。

二、利益分享

创业企业在战术层面应该做好的第二件事就是要有一个好的利益分享机制。作为创业者，一定要思考一个问题：人为什么走到一起来做事？不同的企业为什么会走到一起来合作？答案其实并不难，大家都是为利益来的。利益分配，是一切合作的目的，人们之所以合作，就是为了更好的利益分配机制。所以，企业所有的问题都跟分配有关系；钱分好了，管理的一大半问题就解决了。

通过设计合理的利益分享机制，要让全员充分认知到企业是靠结果存在的，在公司与员工彼此约定清楚的前提下，谁能给企业带来结果，谁得到的回报就会多；谁能和企业倡导的价值理念保持一致，谁就能带领团队往前发展。所以，企业必须建立能上能下、能进能出的人才流动机制，这样的企业才能持续发展。

所有的企业都重视人才，但重视人才有个前提，这个前提是得有人才肯为这家企业努力工作。人才努力工作的前提是要有一个好的、正向的分配激励机制，如果人才都想着往外走，多半是因为这家企业的分配机制出了问题，这样的企业也不会有好的发展。

提到利益分享机制，就不得不提一家企业，那就是华为。华为的强大，与其"财散人聚"的良好分配机制密不可分。华为是一家 100% 由员工持股的民营企业，持股员工达 9.68 万人。然而，股东计划并非对所有员工开放，员工通常只有在 3 年表现强劲后才能获得股权。值得一提的是，创始人任正非的持股比例并不算多，仅为 1.14%。在华为，强制规定必须给核心员工增加薪酬。每年完成任务，给部门前 20 名的员工加 20% 薪酬。人性逐利，华为也正是牢牢抓住了这一点，将 18 万员工打造成了"优秀的奋斗者"。

华为从 1997 年开始试行虚拟股权计划，2001 年华为正式推出股票期权计划。虚拟股权计划，即员工拿到的股权不是真正意义上的股权，只是一个利润分红权，你在华为工作就参与分红，你不在华为工作，离职后不再为企业做贡献，股权就由公司回购，回购之后放在一个池子里，又卖给持续贡献者及新加入的奋斗者。

任正非让渡了超过 90% 的利润，实现了对公司 100% 的控制。伟大的企业家都懂得"财散人聚"这个道理，都爱才如命，挥金如土，舍得让利，善于分钱，但最看重的是对公司的有效控制，以实现其做大企业、做大事业的远大目标与追求。

三、用户体验

注意！这里指的是用户体验，不是客户体验，用户未必是客户，但客户是由用户转换而来的。创业企业在战术层面应该做好的第三件事就是用户体验。用户体验是指用户在使用产品或服务过程中产生的一种主观的感受。用户体验产生于品牌与消费者之间的互动过程，包含产品、网站、客服、销售、广告等。所有关于产品的信息都会在时间的累计下彼此建立联系，形成用户体验。简单来说，好的用户体验就是产品在用户使用前、使用中、使用后都能够满足他们的需求，并且在使用过程中产生一种"得心应手"的感受。

创新就是从用户出发、从用户体验的细节出发、从很多细微之处出发，对用户体验作出持续的改进。好的用户体验是从细节开始的，并贯穿于每一个细节。

如果说用户体验是感受营销，那产品本身就是基础价值。我们可以将产品按价值和体验进行如下分类：

1. 低价值低体验的产品会很快死掉；
2. 低价值高体验的产品能"火"一时，但不长久；
3. 高价值低体验的产品有一部分用户基础，但不够"火"；
4. 高价值高体验的产品，才能"火"并持续燃烧。

用户体验不仅是一种体验，还是商机。在消费升级的大背景下，我们都会发现，消费者对产品的需求不再只限于单纯满足使用需求，更多的人对品味和格调有了需求。人的需求是由低到高的，低层次的需求得到满足以后，自然而然就会产生高层次的需求。产品的属性就是品牌从不同角度给消费者营造出的用户体验。

洞见之十五　　资源整合

　　在大众创业万众创新的号召下，当下中国掀起了一波狂热的创业浪潮。观潮很美，弄潮很难，几经坎坷后，创业者们才会发现，通过创业实现成为企业家的梦想并非想象中那么容易。如今，创业已不是简单地发明创造，不是简单地低买高卖，也不是简单地依靠所谓的关系……那当下创业的本质是什么？是资源整合。

　　创业者能否成功地把握创业机会，进而推动创业活动向前发展，通常取决于他们掌握和整合到的资源，以及对资源的利用能力。整合已有的资源，快速应对日新月异的变化，是创业的利器之一。创业者更像一个积木的拼接者，他们善于用独特的眼光，洞悉身边各种资源的属性，将它们创造性地整合起来。这种整合很多时候不是处心积虑仔细计划好的，它非常符合笔者的"车灯理论"。所谓"车灯理论"，就是它不会一下子照亮前行的路，而是在一步步前行中摸索正确的方向，是具体情况具体分析、"摸着石头过河"的产物。而这也正体现了创业的诸多不确定特性，并随时考验创业者的资源整合能力。

　　资源整合，是企业战略调整的手段，也是企业经营管理的日常工作。整合就是要优化资源配置，获得整体的最优。创业资源是指新创企业在创造价值的过程中所需的特定资产，包括有形与无形资产，它是新创企业创立和运营的必要条件，主要表现形式为：

创业人才、创业机会、创业资本、创业技术和创业管理等。

以中小型企业为中坚力量的成长型企业，是当今国内成长最快的企业，在当代经济发展中占有重要地位。从创立到发展，企业都需要人力、物力、财力等各种创业资源，需要市场、技术等发展资源。可以说，企业家的资源整合能力决定了企业的发展前景。历史上最善于整合资源的就是汉高祖刘邦了，刘邦虽无项羽的勇猛，但刘邦善于用人，"夫运筹策帷帐之中，决胜于千里之外，吾不如子房；镇国家，抚百姓，给馈饷，不绝粮道，吾不如萧何；连百万之军，战必胜，攻必取，吾不如韩信；此三人，皆人杰也，吾能用之，此吾所以取天下也"。正是凭借善于用人、知人善任的优势，才让泗水亭长出身的刘邦，最终战胜军事能力远远强过自己的项羽。想起西方有句谚语说："你不必发明轮子！"这句话的原意是说你想造汽车，不必自己去发明轮子。推而广之，还可以说，你也不必发明发动机、车身、方向盘……造汽车所需要的一切都不必亲自去发明，只需要发掘你的创意，去"借用"别人的成果即可。一个人的成功也是如此，正如牛顿所说，他是站在巨人肩膀上成功的。刘邦成功的原因在于善于用人，对于当今的创业者来说，除了知人善任之外，还可以整合其他类型的资源推动企业更好地发展。

企业的核心竞争力在于资源整合能力，成功的企业、企业家善于整合资源。天猫和淘宝不生产任何商品，而在其平台上有800万卖家在线销售产品。阿里巴巴把厂商、卖家、买家等多方资源整合在一起，搭建起巨大的商品交易平台："双十一"购物节成交额年年创新高，2019年全网"双十一"成交金额超过5000亿元。又比如，最近很多互联网企业提到"生态圈"，生态圈指将商业活动中的各利益相关者汇集，共同建立的一个价值平台。其中，雷军创立的小米（小米科技有限责任公司）最为典型，在小米的生态圈里，不只是智能手机业务，还有智能电视、电饭煲、空气净化器、净水器、空调等。小米有近百家生态链企业，整合了众多生产企业，将小米生态链扩展到生活和工作的方方面面。小米生态链企业中，目前位列制造业独角兽的就有四家，还有许多采用平台经济整合资源的企业。美团自身没有一家餐馆，却整合了餐饮、住宿、休闲娱乐、订票等多种生活服务需求；Airbnb（美国一家旅行房屋租赁公司）自身没有一家酒店，却整合了超过 100 万间房间供人们出行住宿，房间数量全球第一；滴滴出行自身没有一辆汽车，却能满足广大中国老百姓的出行需求，它们都成了行业的翘楚。由此可以预见，未来这种资源整合的趋势还将继续发展，而能够抓住机会整合资源趁势而起的企业，将获得极大的发展空间。

广义上讲，企业发展所需要的各类资源都是企业家所需要整合的资源，具体是指在创业过程中为企业创造价值的特定资产，包括有形与无形的资产，并通过对不同资源的整合和利用，使其发挥最大的效益。结合成长型企业的发展环境，可以将创业资源分为六个方面：

1. 社会资源

主要是指成长型企业所面临的社会关系网络，从我国的创业环境看，成长型企业的活动需要相应的政治法律环境、经济环境和社会自然环境。在正确地处理好与各个组织之间的关系条件下，企业才能获得更多的国内外人才、贷款和投资、各种服务与优惠等。

2. 信息资源

随着 5G 与大数据等技术的普及，未来的万物互联时代，信息获取的便利程度会进一步提高，对于新创的成长型企业来说，更加需要丰富、及时、准确的信息，以争取更多生产要素资源。

3. 资金资源

资金资源对于任何一个企业都非常重要，对于成长型企业来说，无论是进行产品研发还是生产销售，都需要大量的资金。因此，如何有效地吸纳资金资源是每个成长型企业的管理者在企业成长的任何阶段都极为关注的问题。

资本的介入可以让企业迅速做大做强，但是资本也不是越多越好，要找适量的、适合自己的资本，过量的债权融资会让企业陷入流动性危机，而过量的股权融资会让实际控制人丧失控制权。

4. 人力资源

在成长型企业创立的初期，各类资源严重匮乏，此时人力资源的利用是其所倚重的重点，让每一位员工参与企业的发展，充分发挥人才的价值，一起思考问题和解决问题。事实上这是一件比较节约成本的事情，至少，比个人单打独斗要靠谱很多。一个好的企业内部应该有各种各样的角色，各司其职。高素质人才的获取和开发，是现代企业可持续发展的关键。

5. 管理资源

成长型企业的发展实际上是一个依赖于管理来集聚、整合并优化提升多种企业资源使其增值从而实现可持续发展的过程，很多企业的失败都是由于无法有效地实现其管理的计划、组织、指挥、协调和控制职能。这意味着拥有一套完整而高效的管理制度是新创企业宝贵的资源。

6. 技术资源

这往往对成长型企业整体的各种资源配置方式起着根本性和

决定性的作用。对于成长型企业来说，积极引进、寻找有商业价值的技术成果，将有助于加快产品研发速度，促进新产品、新工艺、新设备的出现，为企业在市场上的竞争提供较大的优势。

资源的整合过程分为资源识别与选择、资源汲取与配置、资源激活与融合三大环节。资源识别与选择从企业宏观战略上来看，要根据产业、产品和市场状况对资源选择进行定位；从微观战略上来看，要选择与企业自身的战略目标相匹配的资源。资源的汲取与配置是指企业将创业资源积极融入企业发展过程之中，快速提高企业能力的活动，这当中包括了市场机制下资源的获取以及外部资源完全内部化的并购等。资源激活与融合环节将创业资源完全用于企业研究开发领域、组织和管理领域、产品生产领域以及市场开拓领域，是最终决定着创业资源能否发挥最佳效益，进而提升企业获利能力的最重要环节。

现在是互利共赢的时代，合作共赢已成为人们的共识。我们在经营事业的时候，通过资源整合，就可以让彼此的事业都做大做强，彼此的发展都越来越好，财富也会越来越多。在现在这个时代，整合不仅使资源优化配置，还创造多方共赢。在抱团取暖的时代，多赢已经成为资源整合的目标之一，我们通过资源的整合，不仅要达到资源优化配置的目的，还要为大家创造共同的利益。

洞见之十六　　慎选行业

男怕入错行，女怕嫁错郎。对于创业者来说，选行业是创业中最为关键的第一步，正所谓"一着不慎，满盘皆输"。

事实上，创业成功的比例极低，有研究者说是万分之三，虽然未必准确，但九死一生显然不是说重了而是说轻了。而决定创业成败最关键的要素就是行业选择，但很少有创业者或创业研究人员对此有清醒的意识，这就像跳水运动员在起跳的那一刹那，结果往往就已经注定了。关于如何选择行业，每个人结合自身的实际情况与优势往往会有不同的选择。

选行业一般有三个标准，第一，行业规模是否足够大？第二，行业集中度是否足够低？第三，行业的创新边界在哪里？是否可以通过管理及技术创新来驱动？

行业规模是前提，一个行业只有具备一定的规模，创业者才有在这个行业施展的空间。拿 HOPE 从事的供应链金融行业来说，这个行业每年的规模是 20 万亿，如此庞大的市场规模，可以说在相当长的时间内，任何一个该领域的创业者都很难触碰到天花板。相反，我的一个朋友专门生产手机电池的保险丝，整个市场规模只有 5 亿元人民币，即便他占据着整个市场的大半边天，也不过两三个亿的规模而已，这样的行业未来成长空间本身就很有限，如果指望做出非常大的事业显然是不可能的。

　　很多人一想到创业就是摆摊开店的个体商户思维。然而摆摊开店，或者说做实体零售，显然是个天花板很低的生意。开家小店，不管你开的是小餐馆，还是卖服装，实体店的辐射范围就是那方圆几公里，一个月最多也就几万元的营业额。

　　与之形成对比的是，即便是遭到互联网强烈冲击的今天，各类全国性、大区域性的批发市场仍然门庭若市，里面的商户还是非常赚钱的。因为对于初次接触的交易双方，大额的批发生意显然还是在线下完成比较让人放心。这些批发市场里的商家面对的是全国的客户，天花板相对较高。

　　行业集中度如果已经形成，留给新进入者的机会将非常有限，除非你有颠覆性的替代产品或技术，但在传统产业里这种可能性已经很低。比如房地产、钢铁、矿产等行业，市场规模都足够大，但由于近年来国内、国际经济环境的影响，这些行业出现产能过剩，集中度已经趋于饱和，新创业者已经没有更多的发挥空间。

　　行业的创新边界同样极为关键，中国的商业环境发展到今天，很多行业的护城河已经形成，你如果选择一个传统的、不受科技驱动的行业，你将要面对的一定是异常激烈的市场竞争和随时被取代的可能。今天的京东就是一个很有代表性的案例，当年刘强东在决定做线上京东商城的时候，线下已经有八家实体店面，年收入达到 2000 万元，在看到了实体店面低价的恶性竞争愈演愈烈的趋势后，刘强东毅然决定放弃现有稳定现金流的八家店铺，转而大刀阔斧地开展线上商城，从而成就了今天的京东。

　　在创业初期选择行业的时候，要选择那些模式相对简单、成本低、占用资金少的行业；选择那些受国家政策、经济环境、外汇政策影响小的行业。对于国家限制或者不支持的高污染行业，需要环评的行业需要特别谨慎，因为这类企业的贷款难度较大，政策一旦对企业不利，企业可能无法持续经营。而对于出口企业来讲，一旦外汇贬值，风险会很大。

对于一般的创业者来说，有些行业是不适合早期创业者的。这里以金融行业为例，金融是国民经济的支柱行业，社会的发展方方面面都要使用各种金融服务。但金融行业却是不适合大多数创业者的行业，究其原因，主要有以下三点：

1. 金融是强监管行业

以传统意义上的四大金融机构银行、证券公司、保险公司和信托投资公司为例，这四类金融机构都必须是持牌机构，必须受人民银行、银保监会、证监会等监管部门的监管，普通的创业者根本拿不到主流金融机构的经营牌照。

2. 高风险特性

高风险特性是金融行业最为突出的属性，很多创业者只看到了开小额贷款公司的人赚了很多钱，却没看到90%以上的小额贷款公司破产倒闭，没有认识到高收益背后是高风险。金融机构一般是杠杆经营的，很多机构能达到十倍左右的杠杆，这样高的负债率需要专业的人才、完善的制度以及极强的抗风险能力才能持续稳健经营，而这些是初期的创业者所不具备的。

3. 资金密集、科技密集、人才密集

金融行业内部虽然有很多分类，但不管哪类金融都是资金密集型、科技密集型、人才密集型的行业，无论是其中的哪一个密集，对于普通创业者来说，都是无法达到的门槛。

综合以上三点，金融行业不适合创业初期的创业者。类似的像石油石化、钢铁、铁路、航空等资金技术密集的垄断性行业都不适合普通创业者，当然，为其做配套服务等是可以的。

所谓选行业并不是一定去开辟一个新的战场，不是在已经大量过剩的行业里再去做重复建设、重复投资的低效率创业，而是要研究现有的企业、行业和产业被忽视的潜在价值，是否有已经过剩的、没有被利用的，或者是要付出代价和成本去处理的、可以变废为宝的资源。譬如再生资源这个行业，其实就是与城市垃圾打交道，城市垃圾的处理本身需要付出很大代价，这曾经是政府最头疼的事情，但今天却成了各类再生资源企业最为青睐的宝贝。

Uber 虽然一辆出租车都不买，但是 Uber 却成为全球最大的出租车公司；Airbnb 虽然一间出租房都不买，却成为世界上最大的房屋租赁公司。"共享经济"和"分享经济"利用互联网降低了交易成本、提高了生产效率、减少了资源浪费，这是一种可持续发展的经济模式，也是未来创业创新的大趋势。在不久的将来，"共享经济"和"分享经济"的发展将会使共享主体与客体换位、共享的范围会不断拓宽、共享的形式变得更为多样、共享社交活动也逐渐趋于目的化等。每一个行业都会有一个 Uber 和 Airbnb，共享经济和分享经济的发展势必会激励各行各业的创业者应用共享经济思维构建第三方共享服务平台，这些平台将激活无数资产。在"大众创业，万众创新"的浪潮之下，在供给与消费转型升级的时代大背景下，必将涌现更多的 Uber 和 Airbnb。虽然共享经济和分享经济的理念并非产自于中国，但处在经济快速发展的时代，这两种经济模式一定能助力拓展我国发展的新空间。

然而要做共享经济也并非易事，中间也存在很多亟待解决的难题。如何解决信用成本就是共享经济面临的最大难题，作为用户如何相信这些专业机构？这些"新生儿"是不是没有经过监管机构授权的服务者？而作为服务者，如果遇到流氓用户，又如何保护自己的权益乃至安全？ Airbnb 在保护房东权益上还是做了不少工作，包括巨额的损失保险，以及简单的索赔手续，这一点也是很多同行容易忽视的竞争门槛。Uber 也因为乘客与司机之间的官司，赔了不少的钱。这也是共享经济所遇到的一个尴尬。当共享经济和分享经济的创业者成功倒逼监管部门放开权限出让利益的时候，新的专业服务商就会收割利益。共享经济和分享经济是利用闲置资源，利用互助的精神，来实现资源共享的一种经济模式，但是发展起来一看，新的专业服务商借助共享经济的名义发展起来了。专车司机取代了兼职司机，而越来越多专业的房东也逐渐占据了 Airbnb 的位置。我们还记得淘宝，最开始是业余小卖家的平台，到后来，全部给专业卖家让路。

洞见之十七　　内容制胜

　　互联网平台的红利期早过了，行业集中度已经形成，BATJTMDP 等几乎已形成垄断优势，当下是"内容为王"的时代。今年直播行业风起云涌，李佳琦直播卖火腿，导致订单积压一周生产不出；薇娅曾在 5 个多小时的直播里，帮助一个 0 粉丝的淘宝新店拿下 7000 万元销售额。一个顶级网红一年的直播收入抵得过一家甚至几家上市公司。

　　当平台俯拾皆是时，优质内容就成了稀缺资源。不管是精神方面的内容，还是实物方面的内容，现在都是极度匮乏的时代。

　　过去相当长的一段时间内，免费、补贴一度成为中国互联网产业发展的普遍路径和竞争逻辑。通过砸钱推广，借助"免费"模式吸引用户关注，获得流量后想尽一切办法快速获得多轮融资，这之前被很多互联网公司奉为圭臬。一些互联网从业者甚至认为，平台覆盖越大、渠道越通畅、流量越充足，就越能盈利。然而事实证明，如果没有高品质的内容支撑，渠道和流量都将成为无本之木、无源之水。"免费"或许可以成为短期最有效的推广手段，但从长期来看，要想积累用户忠诚度，推动企业和平台的持续健康发展，还需要通过优质内容提升用户对产品本身的好感度和黏性。

　　"内容为王"的意思是指创业企业和平台对接用户需求，供给优质内容，有助于在与用户的良性互动中建立有效的商业模式和盈利模式。例如，有声读物及在线音频平台以其优质内容，帮助用户利用碎片化时间扩大知识面、打开认知边界，很好地契合了用户的需要。在线音频平台的发展壮大以及知识付费行业的兴起，就很好地体现出"内容为王"这一理念的价值。

所谓"内容为王"，就是更注重以优质的产品与服务获得合理的营收，以内容品质论成败，而不是以流量大小论成败。近年来，外卖平台不再免费送餐，网约车、共享单车不再盲目打价格战，花钱订阅资讯的人越来越多，知识付费备受追捧……这些趋于理性、趋向"内容为王"的变化，正是网络新经济日益成熟的重要体现。平台对于"内容"的建设当然不能放任自流，提供的产品和服务直接关乎平台能否具有长期盈利能力。可以说，"内容为王"始终是吸引用户、扩大流量的硬道理。

"内容为王"也是由消费升级决定的。作为消费市场的一个重要扇面，互联网经济同样面临着随时需要创新产品和服务、更有针对性地满足消费者需求的现实问题。随着移动互联网的普及，手机等移动端已成为用户获取产品和服务的重要途径，用户为高质量产品、服务付费的意愿和能力也在提升。不仅是付费音乐、付费阅读，从百家号、头条号的风靡流行，到一些知识付费平台的不断涌现，正是把握住了人们对美好生活和优质内容的新期待，使企业和平台得以不断开拓市场。用户需要优质内容来满足自身的需求，平台也需要优质内容来吸引用户。内容创新在消费升级的大背景下，前景广阔、潜力无限。

所以说内容制胜的时代来了，无论是实物产品，还是知识等精神方面的产品，包括各知识付费的产品，好的内容都是稀缺的。

这几年看过春晚的人都知道，春晚上大部分的小品内容都来自直播段子,不少好听的歌曲同样来自网络。有一句话说得很形象,原来是网络抄春晚,现在是春晚抄网络。抄的是什么?抄的肯定就是内容啊!

但要把内容做好也并非易事,除了需要工匠精神外,还至少要满足以下几个前提:

一是到底能为他人提供什么样的价值?这是别人是否关注你的理由。

二是你要和用户建立什么样的关系和链接?

三是如何做到与众不同?就是如何提供别人所没有的差异化内容。

这就是我们常说的产品和服务的内核,就是你的核心价值是什么,有怎样的个性、价值观、生活态度;有什么样的形象、风格。只有通过系统的具象化、人格化,才能与用户形成深度的心理沟通与认知,而不是刚开始就频繁地花钱推广、做活动、追热点。

要站在用户的角度审视你内容的三个维度。一是熟悉而又陌生:讲的和别人一样,不如不讲;新知需要建立在人的旧知上,否则无人接受。二是有意义还有意思:有用,够酷或够文艺或够有趣。三是有颜值还有言值:要好看又要好玩。

内容为王的核心逻辑就是:只有做出更优质的内容,才能赢得更多的客户。这句话不只是体现在形式上,还要依托于各种各样的专业能力与见识,提供又营养又健康又有品质的内容,提供高质量的信息,使内容在与时俱进中产生引领价值。

随着互联网技术快速更迭,特别是商用 5G 的到来,直播离我们每个人的生活越来越近。但直播也面临着大量的问题,内容低质化、同质化严重,结构性过剩,优质内容稀缺等问题亟待解决。

很多年前有从业者认为，互联网缺的不是渠道，而是好的内容与产品。这句话同样适用于移动互联网时代。未来很长一段时间，不管是短视频也好，直播平台也好，缺的依然是优质内容。而在泥沙俱下的直播、短视频发展的当下，主流平台同样应该给用户提供更加优质的、有价值的内容。

其实，"互联网 +"的重要价值就在于为用户提供更加个性化、更高质量的服务和产品。无论时代如何变化，科技如何发展，人们对高品质产品和服务的渴望不会改变，"内容为王"理应成为互联网企业始终秉承的第一理念。

洞见之十八　　不做平台

　　如果单说互联网平台，如今中国的互联网平台等基础设施已经高度完善了，我们都能感受到中国的消费者今天最不缺的就是各类交易平台、支付平台、社交平台……而真正缺乏的是各方面具有差异性的产品和内容，这正是未来创业者最好的创业切入口。

　　如今再做平台类的创业，已经不适合我们这些资源和能力都有限的小小创业者了，那是大资本、高投入的大集团才有能力做的大事，在《熵》一书中我也有相关的论述。现在做平台，就是九死一生。互联网刚刚兴起的时候，创业者都迷恋搜索引擎，不愿意做交易平台。而从 2010 年到 2020 年，交易平台成了这十年里最风光的公司，淘宝、天猫、京东、美团、携程、赶集等大部分都是交易平台，如今最鼎盛的也还是交易平台。

　　什么是"做平台"？

　　2014 年前后，一直岁月静好的实业界突然间兵荒马乱，很多从容不迫的企业家变得焦虑无比，因为他们慢慢发现：在"大众创业，万众创新"的新形势下，曾经"振臂一呼，应者云集"的英雄主义年代过去了；传统中央集权、管控思维、流程体系、薪酬绩效的那一套打法失效了；更可怕的是，他们一夜之间发现自己的"一亩三分地"被人抢走，不是隔壁的老王，也不是邻村的老李，而是不知道从哪里冒出来的小马。他以互联网为阵地，跨界打劫，所向披靡。阿里巴巴没有一家属于自己的店铺，却让无数人在淘宝上忘情地"剁手"。

后来，人们终于醒悟，原来新经济相比于传统经济最大的区别就是——以"小马"为代表的这帮人都在做互联网平台！

平台是一种新型的商业模式，是一种可以快速连接交易双方的互联网产品；平台也是一种组织方式，打破了原有的管控型组织模式，推动"内部创业"，调动员工创新和创业热情；平台更是一种全新的战略思维，通过优势平台迅速集聚资金、人才等资源，从而实现赢家通吃的格局。简单来说，平台创业法就是寻找市场的需求点，通过互联网媒介，即网站、微信公众号、APP 或者小程序等搭建一个 B 端（商家企业端，也就是服务端）和 C 端（消费者端，也就是被服务端）对接的平台，引入 B 端的服务，提供给 C 端。当平台的用户足够多的时候，就借助所拥有的用户资源盈利，即变现。而平台只需要做好两大工作：一是平台的维护运营，二是市场的开发推广。比如滴滴打车，搭建一个网约车平台，引入 B 端（即车主），为 C 端（即乘客）提供乘车服务。又比如饿了么，搭建餐饮外卖平台，引入 B 端（即餐厅），为 C 端（即需要点外卖的消费者）提供在线下单，上门服务。学会了新技能的企业家们不再焦虑，也不再迷茫，一个接一个的互联网平台如雨后春笋，纷纷崛起。

做平台无外乎两种：一种是做平台型产品，一种是做平台型企业。但后来，很多做平台的公司都死了。虽然死法花样百出，但死因却都逃不出以下两种：

1. 平台型产品太过同质化

从"百团大战"到"千播大战"再到"共享单车的颜色不够用了"，

近年来，只要有一款新的互联网产品（平台）诞生，就会迅速引来一群跟风者。

平台多了，流量就成为人人争抢的稀缺资源。各大平台为了获客，除了在产品功能和体验上精益求精，各种补贴大战也是无所不用其极。除此之外，平台们还要比拼融资速度——谁先拿到钱，谁就能领先一步。这样的竞争十分残酷——由于平台的排他性，在任何细分领域，最后的赢家仅有一两个。比如：电商领域的淘宝和京东；美食领域的美团；出行领域的滴滴；视频点播领域的爱奇艺……

互联网世界，只有第一，没有第二，绝非虚言。对于很多小平台来说，最好的归宿是被大平台整合，但大多数还是成为了历史的炮灰。

2. 平台型企业不好做

成为像 BATJTMDP 一样的平台型企业，是很多人孜孜以求的梦想，但做起来又何其之难。每一个成功的平台型企业，无不经历从做产品（业务），到做品牌，做企业文化，再到做成大平台的漫长过程。如新东方，首先因为俞敏洪讲 GRE（有核心产品和业务）备受欢迎而成为名师（头牌），所以他才请来了徐小平、王强等更多的牛人，并通过品牌和经验输出的方式，开拓了雅思、留学咨询等更多业务，最终把新东方做成了一个英语培训平台。

但现实中，有不少人是这样做平台的："天冷了，在家里吃火锅不错。请五个人，一起吃火锅。给第一个人打电话：顺路买点菜来，就差蔬菜了；给第二个人打电话：顺路买点羊肉，就差肉了；给第三个人打电话：顺路买点冻豆腐和各种丸子，就差这个了；给第四个人打电话：就差酒和土豆了；给第五个人打电话：就差点火锅底料和酥肉了！然后，挂电话烧锅水，完美！"。这种"攒局思维"的误区在于：首先这个局很难攒起来（需要攒局者有很强的号召力，同时各方要有吃火锅的需求）；即使能攒起来一次，也很难攒起来第二次第三次（这年头，除非受邀者是傻瓜）。

但很多人总以为，只要把一些业务和人才等优质资源攒到一起，就可以打造出一个无可匹敌的平台。比如首富老王，他就曾联合腾讯和百度，想搞个针对淘宝的电商平台，取名叫"腾百万"（TBW），或者叫"玩淘宝"（WTB），却被马云斥为"乌合之众"，如今也的确不了了之。所以，做平台型企业，不只是把人才和业务简单地攒到一起就够了，而是要基于共同的愿景、使命、价值观，通过核心的产品、成熟的业务、优秀的品牌自然发育而成。

想不透这一点的"平台型企业"，当然只有死路一条。

不论是创业型公司还是正在转型的大企业，最忌讳的就是一开始就奔着一个大平台的目标去做。原因很简单，用户不会因为一个平台就会接受你的产品，说服最普通的用户使用你的产品，不需要大肆向他们宣传产品所谓的十大功能，只需要在一个点上做出突破就已足够。

如今，BATJTMDP 几乎垄断了所有领域的平台，再去争夺平台毫无胜算。但是，当平台俯拾皆是时，优质内容就成了稀缺资源。经历了过去几年的"互联网+"泡沫，越来越多的人开始意识到，无论是做平台型产品还是做平台型企业，都非等闲之辈可以为之。重新回归到做内容、做技术、做匠人渐渐成为新的创业潮流。所以创业者不一定非要去做平台，平台是"高速公路"，创业者只需在上面开足你车的马力就对了。

现在当然也不要再想着去做一个更大的电商平台，互联网红利已经快步入尽头，但产业互联网所带来的 C2M（用户直连制造）变革才刚刚开始。包括智慧零售、供应链管理等，我们都可以通过互联网、大数据、区块链等新技术来寻求巨大改变，以内容为法宝，为客户解决痛点、痒点和爽点，还有大量未被满足的市场空间等着我们去拓展。

洞见之十九　　组织重塑

今年春天的疫情，或者任何突发的危机，如果以积极的心态来看，对于大部分企业来说，应该是一次企业组织模式重塑的机会。

在今年的新冠疫情中，互联网企业受疫情冲击较轻，其中一个重要的原因是分散化权力结构的团队工作制，或者说是以一个个业务团队为基本组织结构的分散化组织在起作用。无论是腾讯、阿里巴巴还是小米，它们的初始阶段一般不会超过三层，之后可能会多一些，但一定是以某个团队为核心，按照新的任务再重组，出现随机的、可以流动的资源组合状态，这可能是未来组织的一种常态。

因此传统企业的职能化组织结构，也需要根据变化进行优化与调整，从"一个中心大脑"变成"分布式网状结构"，唯有如此才能快速应对内外部环境的诸多不确定。

工业化生产催生了现代企业，实现了规模效益并提升了产品质量。与传统的个体经营等陈旧的生产方式不同，现代企业将所有权和管理权分开。在管理层的召集、组织与管理下，把相关的生产因素如资本、技术、人才、供应链等有效率地结合起来，制造与提供物美价廉的产品或服务，争取客户与市场占有率。这种以管理层为中心，即由股东（或委托人）出资成立企业，然后交给管理层（或代理人）来控制与管理各个生产因素的现代企业组织方式，在公司治理不足或失效的情况下，长期以来一直出现相关的"代理"问题与缺陷。例如心术不正的管理层可能假公济私，夺取或滥用企业资源或篡改公司资料，做假账掩饰损失或高估利润以谋私利等，从而损害股东或其他利益相关者的利益。

目前大多数的企业管理仍然基于这种金字塔型的组织架构，但随着近些年高科技企业和互联网企业的高速发展，新的组织架构产生了，如分布式组织架构和网状的组织结构等。

无论是 Facebook 还是谷歌，或是国内的腾讯，都在企业发展到一定规模后，采取了类似的分布式组织架构或网状组织结构，为企业持续的创新动力和竞争力提供了切实有力的组织保障。

不少小企业做大后，其创业初期的中心化组织架构，已经严重阻碍了企业进一步的创新和发展，导致企业内部交易成本居高不下，发展停滞不前。

因此，分布式和去中心化是一种新的企业组织形式、创新模式和激励机制。

什么是分布式与去中心化

分布式与去中心化是当下互联网的重要理念之一，它们是互联网建设的基础。随着互联网逐渐走入人们的生活，分布式与去中心化的理念也开始成为一种思维方式。

科学家们研究蜂群时，发现蜂群是一个去中心化的社会。细心观察，每当蜂群在空中飞行的时候，并没有任何一只蜜蜂在队伍前领队，但蜂群依然朝着正确的方向前进着。整个蜂群没有一个中心，每个蜜蜂或许都有自己的想法，整个蜂群飞行的方向，便是由每个蜜蜂的想法组合比较而产生的。这样的机制使得蜂群能汲取到每个蜜蜂的智慧，从千万个目标中找到最优选择，这就是蜂群思维。因为蜂群思维能够同时进行感知和记忆的分布式内存，科学家就以蜂群思维的方式来思考分布式问题，从中发现了其合理性。

去中心化的意义

中心化的重要性不言而喻，中心是一个集中所有资源和数据的地方，是所有路径的交错点。中心的意义在于控制，尤其是在工业时代，人们将生产和工作集中在一起，以达到完全控制的目的。中心化希望能够控制所有的过程，保证完全准确和无错误发生。

中心化能达到控制的目的，意味着所有的资源和数据，都需要通过中心才能到达另一位置。但这样的过程在这个时代意义已不大。

在互联网的建设过程中，互联网的创造者们曾想过设立一个中心来交换数据，但这个方案很快被否定。因为互联网有巨大的数据需要处理，而设立一个中心，虽然达到了绝对控制的目的，却引出了更多的问题。一个中心来处理整个互联网的数据，将使得这个中心极其容易发生错误和故障，一旦这个中心出现问题，便会导致整个互联网的崩溃，所造成的后果不堪设想。于是互联网只能被设计为无中心即去中心化的形式，从而使其效率大大提高。

中心化带来控制的便利，致使整个系统必须做到不出一点错误，一旦出现错误，中心的控制能力便丧失了，整个系统便处于一片混乱，继而出现更大的错误。而采用无中心的形式，整个系统看似处于"失控"的混乱状态，频繁出现许多小的错误，但这样的形式却让整个互联网系统不会出现大的错误。正是由于互联网的开放性，使它不断地孕育着小的错误，从而避免大的错误的发生，这便是去中心化的意义。

分布式的优势

思考是一种依赖中心的行为，它需要从各个个体收集数据，并进行处理和决策，这便需要构建一个非常复杂的系统来保证所有信息都能够被及时、准确地更新，并按收集到的数据迅速作出决定。如果这个过程中出现一点延迟或错误，将导致整个系统处于极大的危险中。而如果将所有的个体分割开来，抛弃中心，给每个个体分配一项简单的、持续的任务，整个系统的处理能力便可以大大提升。

例如人体的条件反射与非条件反射，反射所做出的应激反应是由身体的每个部分分散控制的，而不是通过大脑思考得到的。显而易见，虽然反射的动作会造成一些小的错误，但条件一旦符合，反射回路就会工作，身体便会自发做出反应。由于反射只需要判断条件是否符合，这对个体的要求极低，所以这个过程速度可以达到极快，从而使得人们在面对危险时，能以最快的速度做出反应，而不是进行复杂的思考。这便是分布式的优势。

分布式办公

随着经济、技术全球化的发展，市场的竞争环境越来越激烈，企业生存变得更加艰难，为应对现代商业环境下严酷的生存挑战，寻找提高企业运行效率、降低运营成本的方法是企业经营者的首要任务。以互联网技术为基础提出的分布式办公理念逐渐被企业家们接受，通过在线办公平台实现线上沟通、互相协作的方式被各大企业广泛应用。

所谓分布式办公，就是多人同时在不同地点共同完成同一项任务的办公方式，与以往集中化的办公模式相比，分布式办公具备运营成本更低、办公效率更高、人才体系更完善、服务触达更高效等优势。

1. 降低运营成本，提高办公效率

企业成本支出的大头是办公场地租赁费用，为便于部门间顺畅沟通，企业被迫将所有部门部署在同一区域，而难以根据业务需求选择成本更低的办公场所。在线办公平台只需手机、电脑等设备，就能在互联网环境下随时建立比拟线下面对面的连接，这就增加了企业对办公场地的选择空间，让企业向布局多元化、低投入化、去中心化时代迈进。同时员工在任何地方都能和全国各地的任何同事面对面视频沟通，不受时间、空间限制，高效解决工作中出现的任何问题。

2. 完善人才体系

人才是企业发展的基础，能否招到合适的人才并把他培养好，对企业的发展是至关重要的。传统的招聘方式受地域和烦琐的流程限制，给人才引入带来很大的阻力，而线上远程招聘的应用极大缩短了人才引入周期、拓宽了引入渠道，面试者、HR（人力资源）、业务部门等利用网络即可进行面试。如何让培训不受规模和距离的影响一直是 HR 头疼的大问题，使用线上远程培训，讲师在总部培训室就能对遍布全国的员工进行互动培训，并能及时了解员工的学习和技能掌握情况。

3. 服务触达高效

在产品同质化严重的市场环境下，企业通过打造出色的客户服务能力而建立服务壁垒是增强市场竞争力的必要手段。视频客服的应用让用户在线上即可体验到优质的服务，通过在线办公平台建立线上面对面视频连接，及时解答客户疑惑。

在线办公平台作为互联网时代技术与创新的产物，有效地帮助企业节省运营成本、提高沟通效率，并省去了企业内、外部人员为保证沟通质量而忍受的舟车劳顿之苦，已受到众多企业的青睐和广泛应用。

如今在全球经济一体化的背景下，产业融合加速、消费需求升级，市场经济已经呈现多维度、多层次、高密度的竞争格局，对企业的创新能力、决策判断、反应速度提出了极高的挑战；传统的商业分析模型和经营手段不断失效，金字塔式的组织架构在应对变化日益加速的市场环境时，往往容易顾此失彼，反应迟缓，错失窗口。

新时代的创业企业一定要调整、优化企业的组织模式，也就是由原来的一个中心变成分布式的多点网状布局。2020 年春天面对席卷全球的新冠疫情，为什么很多互联网公司能很快就转向远程办公和线上办公，而有些公司却做不到？因为它们的组织形式还没有发生变化，公司制把所有人集中在一个写字楼里，流水线式的办公方式，已经远远不适应当下这个瞬息万变的时代，这次新冠疫情把在家办公、线上办公、远程办公变成了一种必需品。同时，底层支撑体系如信息化平台，标准化业务工作流程与作业指引，以及与网状式企业结构相匹配的目标化绩效体系也成为必需。

洞见之二十　　企业文化

　　在重大危机面前，国家塑造的是众志成城、万众一心和不屈不挠的国家精神；同样在危机面前，企业应该塑造面向未来、接受挑战、危中找机的拼搏文化。

　　企业就像一个磁场，如果企业的磁场充满了负能量，再好的员工也会慢慢被腐蚀，变成一个"不听话、不守规矩"的坏员工；如果企业的磁场充满了正能量，"坏员工"也会慢慢被感染，并最终作出两个选择：第一，改变自己，让自己充满正能量；第二，离开这个磁场。这个磁场就是我们常说的企业文化，它似乎虚无缥缈、不可言状，却时时刻刻影响着企业员工的行为。

什么是企业文化

　　所谓企业文化，教科书的解释是企业在生产和发展过程中形成的物质文化和精神文化的总和；我的解释则是：企业文化就是一个公司的精气神，是一个公司对是非、取舍以及奖惩的标准。

　　一个公司的文化是该企业的精神支柱，是企业生存与发展的内驱力。它包含着非常丰富的内容，其核心是企业的使命、愿景和价值观。这里的价值观不是泛指企业管理中的各种文化现象，而是企业或企业中的员工在从事经营活动中所秉持的价值观念。

企业文化作为现代企业管理的重要组成部分，在统一员工行为、塑造企业形象、提升企业管理能力、增强企业凝聚力中发挥着越来越重要的作用。优秀的企业文化是企业的灵魂和发展的无尽动力。它像一根纽带，把员工和企业的目标紧紧联系在一起，使每个员工产生归属感和荣誉感。

美国兰德、麦肯锡等公司的专家通过对全球优秀企业的研究，得出结论：世界500强胜出其他公司的根本原因在于这些公司善于给它们的企业文化注入活力，这些一流公司的企业文化同普通公司的企业文化有着显著的不同。

成立于1991年的珠海格力电器股份有限公司是全球最大的集研发、生产、销售、服务于一体的专业化空调企业，格力电器旗下的"格力"品牌空调，是中国空调业唯一的"世界名牌"产品，业务遍及全球90多个国家和地区。它的经营理念是：一个没有创新的企业是没有灵魂的企业；一个没有核心技术的企业是没有脊梁的企业；一个没有精品的企业是没有未来的企业。

企业使命是：弘扬工业精神，追求完美质量，提供专业服务，创造舒适环境。

企业愿景是：缔造全球领先的空调企业，成就格力百年的世界品牌。

核心价值观是：少说空话、多干实事，质量第一、顾客满意，忠诚友善、勤奋进取，诚信经营、多方共赢，爱岗敬业、开拓创新，遵纪守法、廉洁奉公。

正是由于优秀的企业文化所造就的管理奇迹，让格力电器在2019年凭借令人瞩目的营收成绩和创新能力强势上榜世界500强。

在上榜世界 500 强榜单的 129 家中国企业中，格力电器的净资产收益率（ROE）居首位。

实践证明，企业文化作为一种企业管理模式，重在发挥人的作用，使文化和精神能够发挥出现代管理技术、手段和物资所起不到的功能和作用。

企业文化是企业前进的旗帜和方向，企业提倡什么，反对什么，追求什么，有什么目标，都将体现在企业文化中。企业文化能使企业具有一种"文化定势"，把员工的努力方向引导到企业目标上来，使员工把企业追求作为自己的追求，把企业荣辱作为自己的荣辱。

松下的缔造者松下幸之助说过："明确企业的社会使命，能够凝聚所有员工的向心力。"凝聚功能是企业文化最显著的一种功能，它能汇集全体员工的聪明和智慧，把员工的意志和行为引向同一方向和目标，使员工之间产生共同的语言、共同的组织荣誉感和共同的责任心。

企业文化的凝聚功能建立在约束力这一基础之上，尤其是在企业创立之初，没有制度约束的企业文化，无异于空中楼阁。它在组织内表现为两个方面：一方面是通过制度反映的，直接要求员工应该怎样做，禁止员工怎样做的规定和批评、警告、罚款、降薪、降职、解雇等处罚制度的"刚性"约束；另一方面是使命感使然的，一种思想潜移默化的指导，一种精神与时俱进的影响，包括企业伦理、职业道德、公共舆论、人际关系等隐含的"柔性"约束。两者相辅相成，不可或缺。

企业文化反映了一个企业的最高追求，是企业想要达到的理想境界。只要这种追求和境界与每一位成员的切身利益息息相关，就将激励全体员工共同为这一目标的实现而拼搏奋斗。企业文化观念形成的群体意识的驱动及良好文化氛围的熏陶和感染，使员工的事业心、责任感得到不断加强；积极性、创造性得到不断发挥，为企业提供了源源不断的激励力量。

为什么重塑企业文化

很多企业一直存在面子文化，我们把人与人之间、上司与下属之间，遇到问题后相互包庇、不负责任理解为相互给面子；把遇到问题后，大家很委婉不直接针对问题来追究责任，理解成为给面子，从而养成了一种面子文化，形成了一种推卸责任的企业文化。

我们还把老板文化当作企业文化，唯老板风格、喜好、命令是从。殊不知，企业文化一定程度上反映老板的个人风格，但不一定是正确的、科学的、合理的风格。老板文化阶段是企业文化最低级、最初的阶段，最容易建立和实施，但却是最不稳固、最容易破坏的企业文化。总体而言，企业文化一直存在于所有企业，只是有的企业之前建立的文化不是理想当中的企业文化；与其说打造企业文化，不如说重塑企业文化。

现代企业发展的过程中，受多方面因素的影响，企业文化没有跟上当今社会的发展步伐，不仅影响了企业的经济效益，还对企业进一步前行产生阻力。比如，企业管理人员的企业文化意识薄弱。在多数企业发展的过程中，管理者往往只重视企业的经济效益，而忽略了企业文化的构建，造成了企业文化的缺失。企业在长期运作的过程中，没有与时俱进，其管理模式没有跟上社会的发展，因而在一定程度上制约了企业文化的推进。在市场经济的大背景下，部分员工受社会不良风气的影响，一味地"向钱看"，追求个人利益最大化等，都给企业文化的重塑带来巨大的挑战。

2019 年 9 月 10 日，是阿里巴巴 20 岁生日，经过 14 个月的讨论和 20 多次改稿，阿里公布"新六脉神剑"。"新六脉神剑"价值观由六句阿里土话组成，每一句话背后都有一个阿里发展历史上的小故事，表达了阿里人与世界相处的态度——客户第一，员工第二，股东第三；因为信任，所以简单；唯一不变的是变化；今天最好的表现是明天最低的要求；此时此刻，非我莫属；认真生活，快乐工作。这六句朴素的土话将成为阿里巴巴继续践行使命、实现愿景的出发点和原动力。

升级的使命、愿景和价值观体现了阿里巴巴鲜明的态度，体现了阿里人对企业发展方向的本质思考，更是阿里人对于如何走向未来的共识。这将帮助阿里巴巴凝聚同路人，进一步提升组织的创造力，进而更好地拥抱数字经济时代的机遇与变革。可以说，这是阿里巴巴企业文化的一次重塑。

企业文化的重塑，既关系着企业今后的发展，也关系着员工的工作态度及价值取向，对企业的发展有着至关重要的作用。那么如何重塑企业文化呢？

重塑企业文化 提升凝聚力

一个企业要想长久发展，就必须有强有力的凝聚力，企业在高强度的凝聚力之下才能更好地运转，才能拧成一股绳、劲往一处使，才能坚不可摧、所向披靡；一个企业只有团结一致、同心协力，才能朝着一致的目标共同前进。所以说，提升企业的凝聚力有利于使企业有更强的发展动力。

重塑企业文化，提升企业凝聚力有哪些途径？

1. 把"以人为本"作为始终不变的发展信仰

人是企业最重要的基础要素。一个企业如果没有了人，那就是一个简单的空壳，也就失去了它存在的真实意义。"以人为本"是企业行事的根本。企业所做的任何一件事都必须遵循着以人为本的原则，在以人为本的行事准则之下去发展是科学的。要想构建良好的企业文化来提升企业的凝聚力，必须遵循以人为本的理念。

2. 依据企业的发展实际制定相应的文化、凝聚力促进措施

企业的任何决策都必须是在立足本企业的发展实际之上作出的，不能盲目照搬照抄他人的发展经验，也不能盲目自大，过于自信，应该在符合实际的前提之下作出科学决策。立足实际，构建优秀文化、提升凝聚力，积极寻求一种真正适合企业的发展之路。

3. 鼓励创新、引领创新，用创新促发展

创新是一个民族进步的灵魂，同样也是一个企业进步的源泉；创新也是构建企业文化、提升企业凝聚力必不可少的一部分。企业应该积极鼓励创新、积极引领创新，以创新谋发展、以创新促进步，形成自己的文化创新力和自己的创新凝聚力。

4. 建立公平公正的人才评价机制和人性化的管理模式

首先，企业要建立公平公正的人才评价机制，这有利于在企业形成一个良好的工作、学习、创新氛围；如果企业的评价机制不完善、不健全、不科学、不公平，员工的工作积极性就会大打

折扣，就不能很好地激发起他们的工作热情和信心。所以，建立公平公正的人才评价机制，有利于企业形成清正严明的文化基调和奋发向上的凝聚力。

其次，企业要建立人性化的管理模式。一个人性化的管理模式包括：时刻关注员工的物质生活情况，比如对于家庭比较困难的同事进行物质上的援助，以帮助他们顺利渡过难关；时刻关注员工的精神生活情况，比如对于工作、生活精神压力比较大的员工，请专业的心理医生帮助进行精神方面的治疗；定期开展丰富的企业联谊活动，增强企业的文化氛围优势，提升企业凝聚力。

一个企业的文化是一个企业对外的形象名片、对内的温情牌。企业文化就像一种精神食粮，它在彰显一个企业基本的发展理念、长远的发展愿景的同时，增强了企业的凝聚力。企业的文化和凝聚力一起构成了企业的核心竞争力，在构建企业特色文化、提升企业凝聚力的同时，逐步促进了企业的发展。

洞见之二十一　　用户思维

很多初创业者都会面临这样的疑惑：自己有产品，而且质量又好，但销量却怎么也上不去，这到底是为什么呢？

他们哪里知道，这主要是因为他们的思维出了问题。遭遇这样问题的创业者，他们还一直停留在产品思维上，那是多么可怕的事情啊！

在创业初期你总是想，只要自己有好的产品就能够打动用户，打开市场，能够取得很好的市场份额……可惜很遗憾，现在已经不是30年前产品稀缺时代了，而是产品过剩时代，同质化产品多如牛毛，再好的产品用户如果感知不到，也不会选择你。光靠产品思维，研发好产品打天下的时代已经一去不复返了，现在是用户为王的时代。

什么是产品思维，什么是用户思维

所谓以产品为中心的产品思维，是指围绕产品做到极致，深刻地洞察到消费者的心理和动机，解决消费者的核心痛点，再从小众人群进行孵化，并不断迭代产品，让消费者参与到产品的设计、开发和迭代中，逐步扩大到普通人群和大众人群。产品思维的本质是用户的搜索和浏览，像传统的线下门店、超市、卖场；线上的京东、淘宝、天猫等都是典型的经营产品的思维。消费者无论到线上还是线下购物，其本质是去搜索某一种产品，所有这些商业场景都是围绕着产品构建的。传统企业在没有遇见互联网之前，大多都是一锤子买卖，商品到了消费者手中，交易就此结束。产品思维的核心是"4P"理论。

1963 年，杰罗姆·麦卡锡（Jerome McCarthy）教授在他的著作《基础营销学》中提出划时代的 4P 理论，即产品（Product）、渠道（Place）、价格（Price）、促销（Promotion）。"4P"理论是 20世纪 60 年代诞生的经典理论，在市场营销领域被奉为圭臬。

当下是一个物质极大繁荣的时代，也是一个产品严重过剩的时代。随着互联网的兴起与发展，消费者不用担心买不到东西，传统的买卖关系逐渐被改变，从消费者收到货的那一刻起，体验才刚刚开始，买方与卖方的关系也才正式开始。那么，这个转变过程，实际上也是从"产品思维"到"用户思维"的进化过程。

用户思维顾名思义就是指"站在用户的角度来思考问题"的思维，深刻了解用户的痛点、爽点和痒点，并将这些不断融入自己的产品中。一方面让产品给用户提供实际价值，带来良好的使用体验；另一方面，加强互动，提升用户的参与感；最后再将这两方面有机地结合起来，逐步提升用户对产品的黏性和忠诚度。

用户思维是先做用户，后做产品。不盲目猜测各种商机，先确定用户，知道自己的用户是谁，他们的需求和痛点是什么，把它找出来，想办法满足他们的需求和痛点；再把大量的资源和时间投入到用户身上，然后想办法与用户互动，在互动过程中收集用户的痛点、爽点和痒点，尤其是一级痛点，继而做出一套整体解决方案来深度满足用户。比如今日头条、拼多多以及当下带货网红李佳琦。用另一种描述，叫作"货找人"。其实，以用户为核心做驱动，贯穿于产品的各个阶段，从产品的开发、设计、包装、营销到售后服务等各个方面。

用户思维为什么特别重要

互联网时代，大家基本都能对称获知产品的基本信息、价格、服务信息，市场竞争变得日益激烈和透明，所以说用户主导的时代到来了！

目前企业界流行这样一句话：所有市场化的企业，如果在市场上被淘汰出局，并不是被竞争对手淘汰的，一定是被其用户所抛弃的。

只要你拥有了庞大的用户数量，这个公司肯定会值钱，全世界的优秀人才都会为你打工，最优秀的产品经理也都会汇聚到你这里。今天的微信为什么牛，是因为它有十亿级的用户。在微信中随便上架一款游戏，像《王者荣耀》，就能赚很多钱。但到别人手里这个游戏就未必，因为没有用户。"此山是我开，此树是我栽，若想从此过，留下买路财"，微信现在就变成了一家这样的公司，它拥有的庞大用户数量和入口，就是一棵永不凋零的摇钱树。

赢得用户，才是王道。不要固执地认为埋头做出一款好产品就能包打天下，那样的产品思维早已过时了。从产品思维转向用户思维，不是从自己的角度考虑产品需求或者改进方向，而是要深入到用户中，去挖掘用户的深层需求和体验，从产品、服务、文化、精神愉悦等多角度，满足用户个性化、多元化的需求。

怎样抓住用户思维

创业者具备用户思维的基础和本质是尊重用户，占取用户的心智，以用户为核心，满足用户需求。

小米在没有产品上市的时候，就开始构建自己的用户社群和用户社区。通过推出米聊吸引大批的用户互动，通过深入用户，去了解市场需要什么样的手机产品，去了解市场的实时动态，这样不断地与用户交朋友，与用户保持深层次、高质量的互动才开发出了一代又一代的小米产品。这就是用户思维已经被验证的成功案例。

所以说创业首先要有一个垂直细分的产品定位，通过这个定位去寻找用户，获取市场动态，直面消费者，站在用户的角度去了解用户，从而挖掘出甚至连用户自己也很难描述清楚的潜在需求。

小米具体是从哪几个方面体现用户思维的？

一是注重用户的体验。小米的口碑营销取得了巨大的成功，以至于不少企业纷纷仿效。小米公司的副总裁洪峰在解释小米的业务模式时，多次指明用户体验和感受的重要性，他一直说，小米公司永远把用户的整体体验放在第一位。小米公司在生产手机时，不仅仅注重硬件方面，而是把软件和硬件结合起来，加上后期的服务，带给用户更多好的体验，从而让用户觉得钱花得值。

二是满足用户的需求。小米对于自己的商业创新是这么认为的：不因为高大上而创新，而要把满足用户的需求放在第一位。

他们把售后服务当成了营销中心，他们在招聘售后人员时，多次强调售后的重要性。在小米，售后服务是很重要的一个部门，其目的也是为了从用户的需求出发，及时帮用户解决问题，给用户带来良好的体验，口碑就这么做起来了。

此外，小米手机在产品的设计思维里，先保证实用，再追求美感，这也是从用户的需求出发的。

三是加强用户的参与感。小米创始人雷军说："小米销售的是参与感，这才是小米成功背后的真正秘密！参与感在小米公司里得到了着重强调和广泛传播。"

人是产品的使用者，也是服务直接的感受者，所以一款好产品只有获得了用户的认可和喜欢，它才会有市场前景。和用户做朋友，把用户当朋友，从朋友的角度出发，给予帮助和建议，做好服务，这就是用户思维。而用户思维基本上已不需要大规模的广而告之，销售产品的过程，就是吸引用户的过程。

面对用户时，企业要具备用户思维，随时关注用户需求，从微观上深入地去洞察，你到底为用户创造了一个什么样的价值，怎样和用户建立联系，怎样服务好他们，这才是"以用户为中心"的重点所在。

洞见之二十二　　底层逻辑

如前所述，随着互联网，特别是移动互联网的不断发展，商业的底层逻辑已经发生了翻天覆地的变化，过去商业的底层逻辑是经营产品为中心的产品思维，现在和未来商业的底层逻辑将是以经营用户为中心的用户思维。

用户思维在当今商业的体现主要有以下两方面：一是以大数据和算法驱动的社交商务，二是打造个人品牌即个人 IP。

一、以大数据和算法驱动的社交商务

社交电商的三大核心是场景、内容和社群。场景可以从根本上激发购买，形成刚需和流量；内容产生有效连接；社群是整个链条的驱动力。

以今日头条和拼多多为例，今日头条在 2018 年的估值为 750 亿美金，拼多多已经成为 1000 多亿美金市值的上市公司，这两个平台新秀在过去的红海市场当中找到新的战场，建立新的蓝海，重新建立了一个新平台的大帝国。

它们的核心是找到了一种新型的寻找新用户的方法和复购的模式。通过对消费者的了解，对消费者习惯的推测，对整个商家能力的掌控，利用算法来帮助消费者更好地找到自己喜欢的商品，买到自己喜欢的商品，这是商业模式的改变。

过去不管是线下商铺还是线上电商，消费者往往是先确定商品信息和商品质量，然后才进行下单。而在移动互联网世界当中，很多消费者隔着屏幕，看到的都是非常有限的信息，只有算法驱动的推荐才是个性化的实践。

今日头条的创造性在于打破了以前搜索新闻和资讯的模式，转变为根据用户的行为和偏好所形成的大数据进行个性化推荐，这就极大增加了用户的黏性。拼多多早期是利用微信朋友圈，来获取更多的流量，但是一旦形成临界点，它就开始尝试利用线下的朋友圈去建造新型的流量入口。入口不是单纯买到的，品牌的资源入口是通过社交分裂来重新吸引更多新的用户成为它品牌继续分裂的资源，这属于算法非常深入和精准的社交商业模式。

二、打造个人品牌

当今社会，人们已经厌倦了随处可见的商业广告，相比于冰冷的企业，消费者更愿意相信一个"活生生"的人，正因为如此，打造个人品牌显得尤为重要。拥有个人品牌，才会有核心竞争力，才不会轻易被取代。未来，有个人品牌的人才更有价值。

个人品牌，即个人名片或名号，就是一个人最形象、最直接、最具代表意义、最有特点并且独一无二的代名词。那么拥有个人品牌，就会有以下优势：

1.更低的认知成本

拥有个人品牌的人率先完成了别人对他的认知过程，先入为主；而没有个人品牌的人，需要消耗他人更多的精力、时间和金钱，这些都是别人不乐意额外付出的机会成本。

2.更好的信用背书

拥有个人品牌的人，更容易获取他人的信任，也更容易吸引他人的兴趣和注意力，这对发展业务是一个很好的帮助。

3. 更高的溢价

同样的产品，同样的服务，你的竞争优势会高于没有个人品牌的人，辐射面更广，利润也更高。

4. 拥有话语权

有了品牌，加重了话语的权重筹码。有人愿意听，愿意信，这就是价值。

个人品牌也需要定位，要有个性，要有鲜明的个人形象，要有一个朗朗上口的名称。尤其是互联网时代，个人品牌更要有明显的专业特长和典型的标签。那么如何打造个人品牌呢？

1. 确定个人定位

个人定位是个人品牌打造十分重要的一环，有了鲜明的定位，才能在新媒体的"海洋"中让用户容易抓取到你的个人特色，并有机会成为你的粉丝。

2. 确定受众人群

明确定位后，确认个人品牌的受众人群会相对比较容易。在确认受众人群时，可以从年龄、性别、爱好等方向进行考虑。

3. 粉丝互动，加强粉丝忠诚度

个人品牌的打造实际就是明星与粉丝的关系维护。明星与粉丝之间的小互动会使粉丝兴奋，更具有忠诚度，甚至有更大可能把你推广给周围的朋友，这种口碑传递效果有时候要远远高于品牌主个人带来的宣传效果。

4. 创意 + 原创

吸引新粉丝，创造力是成功永不枯竭的源泉。要做个人品牌打造，前期可以依靠模仿来寻找一些方向。但是，真正想打造成一个大的个人品牌还是需要依靠原创的力量。只有真正的原创才能被尊重，有创意的内容才能吸引更多的粉丝。

5. 不断输出和维护

在别人认可你、信服你的同时，还需要长期坚持不懈地有效输出，并以强大的毅力和动力维护好自己的个人品牌，找到变现模式，让粉丝从认可你过渡到认可你的专业、你的产品。

把个人品牌当作一家公司来运营，做自己的首席品牌官。找到适合自己的细分领域，努力成为这个领域的专家，持续输出高价值的内容，尽最大努力做好全网传播，采用适当的方式商业变现。当你成功打造个人品牌，坐拥几百万粉丝的时候，一定会有好的资源和人脉找上门。

我们都已经过了粗制滥造、依靠小伎俩就能赚钱的暴利时代，现在想要让用户接受"脑白金式"的洗脑已经不太可能了。想要走得更远，就需要洞察商业底层逻辑的变化，就需要走心，需要站在用户和消费者的角度考虑问题。

洞见之二十三　　底线思维

创业九死一生，这一方面说明了市场的残酷性，初创公司会遇到各种各样的压力，另一方面也反映了很多创业者缺乏风险管理意识和底线思维。在实践中，创业团队首先考虑的往往是战略、产品、商业模式、融资等，将企业做强做大，很少考虑创业所具有的风险是什么？应该具备的底线思维是什么？

我们创业的每一次决策不能做到先知先觉，但可以做到认真抉择，至少要有风险意识。风险意识其实就是底线思维，没有底线思维就是没有给自己留有回旋的余地，把自己往死路上逼，但凡没有底线思维的人最后似乎都死得很惨。

底线思维蕴含着前瞻意识、忧患意识、责任意识和积极防御意识，居安思危，努力争取最好的结果，这样才能有备无患、遇事不慌，牢牢把握主动权。木桶原理告诉我们要保护好最脆弱最短的那一块木板，以确保整个木桶的完整。创业本身就具有重力加速度，由于地心引力，在没有到达第一宇宙速度之前，你都会被地球拉回来，直至到达第二宇宙速度，你才能飞离第一宇宙速度的束缚。比如一个拖后腿的初始团队，一段反复糟糕的经历，一个远离风口日益下行的行业，一场毫无征兆随机降临的突发事件（比如新冠病毒），以及上述每一项给内心还不够强壮的你所带来的情绪黑洞，随便哪一个出手，就足以压得你喘不过气，更何况有时它们还会以组合拳的方式随机出现。因此，如果你想在创业的路上不断突破，就要具备底线思维，同时找到像 HOPE 创学院这样的良师益友，共同携手前行。底线思维是一种思维技巧，拥有这种思维的人会认真计算风险，估算可能出现的最坏情况，并且为之做充分的准备。底线思维的作用主要有三点：

1. 底线思维可以防止"爆板"

所谓防止"爆板"即防止木桶的某块木板突然爆破断裂，造成整个木桶"决堤"。在创业的过程中，就是要防止尖锐矛盾和突出问题从量的积累到骤然出现质的变化，产生影响全局的突发性风险。防止"爆板"是"底线思维"的防御式运用，体现了积谷防饥、曲突徙薪、未雨绸缪、居安思危的敏锐性和远见。"爆板"往往发生在薄板、弱板和吃力板之处，因此防止"爆板"的着力点往往就在这些关键的地方。企业获得更好发展的前提是先要生存下去，没有了生存，也就谈不上发展。

2. 底线思维可以补齐"短板"

所谓补齐"短板"即补齐木桶边缘较短的某块木板，不因这块短板影响整个木桶容量。在现实中，就是要把落后的环节和领域作为"底线"，着力加强短板建设、夯实弱项基础，防止落后领域"发育不良"、拖后腿、影响大局。补齐短板是"底线思维"的统筹协调式运用，是解决好发展平衡问题的关键。

3. 底线思维可以加固"底板"

所谓加固"底板"即对具有决定性作用的底板进行加固，防止因底板缺失导致"木桶打水一场空"。在创业的过程中，要把握好战略性、方向性、决定性问题，坚决防止出现颠覆性错误。加固底板是"底线思维"的战略式、原则式运用。

底线管理所基于的底线思维是一种后顾性思维取向，与战略计划、绩效管理、效益最大化、激励与反馈等注重前瞻性的思维取向不同的是，底线思维是对危机、风险、底线的重视或防范，是创业者必须具备的思维方式。

底线管理是创业过程中的基础性工作。企业要想更快发展，首先方向要明确，这是战略计划的范畴；其次是不能走弯路，不能跌倒，这是底线管理的边际范围；最后才是绩效管理、人力资源管理、激励与反馈等。

风险管理与危机管理是有区别的，风险管理比危机管理更加积极、更加具备全局观念、更加具有可操作性，而危机管理是建立在风险管理的基础上。底线思维的价值更加注重避免因政策、措施、管理的疏忽等人为因素所带来的破坏，更加注重人力可以做到的防范措施和系统建设，更加注重从减少负面影响来促进发展。对于创业者而言，底线思维的一个突出表现就是不要踩"红线"，创业过程中的"红线"主要有以下几个：

红线一：盲目投资

一个企业真正陷入困境，很少是因为管理不善，也很少是因为企业操作的问题，大部分都是因为做了不该做的事。比如不该盲目去投资、盲目扩大规模以及多元化投资等。投资一定要遵循一定的原则：

（1）一定要是朝阳产业，如果不是就不投。

（2）这个行业你熟不熟，不熟的行业不做。

（3）你的干部、队伍的特长能不能发挥最大，发挥出来才可做。

（4）发现苗头不对要当机立断不做，强撑到最后会导致资金被耗光。

红线二：缺乏流动性管理

多数企业往往不是饿死的，而是撑死的。创业者往往更关心公司的营业收入、资产、利润，流动性恰恰是很多企业忽略的因素。企业家为了扩大规模，为了多元化经营，盲目扩张，在经济扩张期大量借债，引入投资。到了经济下行期，债务到期时发现无法偿还，出现流动性危机，进而影响企业的信用，最终破产。这样的例子不胜枚举，大到几百亿营收的上市公司，小到普通的个体工商户。创业者应该量入为出，时刻关注自己企业的现金流，将流动性管理作为公司工作的常态来抓，在公司合理运行的前提下，确保公司现金流永不枯竭。

红线三：管理不规范

责任、权利一定要配套并且落实。激励和考核制度要能真正对团队产生正向的激励作用，不能只限于形式。企业文化是企业管理的重要环节，很多企业口号喊得很响，上报指标时报得非常高，但执行时往往只采取"喊一喊，说一说"的态度，年底一看完成率基本都不到 50%。还有一些企业总是搞双重标准，对于其他人其他部门的要求很高，审视自己时却放松要求，工作出了问题也没人承担责任，长此以往，就会出现劣币驱逐良币的效应，员工凝聚力越来越弱，这个企业也会慢慢死掉。打造具有高效执行力的团队是解放老板的唯一出路！

红线四：法律红线碰不得

中国的很多创业者都喜欢打政策的擦边球，但其实创业的政策性风险一直存在，这个不用遮遮掩掩。除了"偷税罪""抗税罪"，其他有许多都是创业者的"原罪"，无处可躲。很多政策法规的执行，在司法实践中有很多不确定性，这样就无形加大了创业者的政策风险。作为一名创业者，能够做到的就是在规则容许的范围内谨慎运作，一旦跨越雷池，就会面临失败的风险。

红线五：安全红线要牢记

安全是能致命的红线，创业者在生产经营过程中，劳动安全要放在第一位，稍有不慎，造成事故，那也将万劫不复。新闻里我们经常会看到事故发生，背后的经营者都难脱干系。有些事故，看起来是偶发性事故，其实质是经营者没有做好有效防范，这其中特别是很多小微企业，更要注重加强这方面的工作，增强安全意识，时刻绷紧这根弦。

任正非和他领导的华为一直有着很强的风险意识，"华为离死亡，可能只有一步之遥"就是对风险意识的最好诠释，也正是凭借这样的忧患意识，华为才能挺过美国的打压，成长为当今世界的通信巨头。当今的时代，竞争无处不在，挑战无处不在，风险无处不在。企业越是在快速发展，红红火火的时候，越是要清醒，越是要理性，越是要有风险管理意识。风险管理意识和底线思维要在创业过程中贯穿始终，2020 年的疫情也让我们更加认识到它的重要性，这不只是企业实际控制人要有的意识，更是全体员工都应该具备的意识。

洞见之二十四　削减成本

　　2020 年春节在全球暴发的新冠疫情，给企业带来前所未有的生存压力，尤其对中小微企业，更是不堪承受之重。春节期间，在我献给创业者的首次直播课上，对中小微企业面对疫情如何自救，我提出了"辟谷式"疗法、"西医式"疗法和"中医式"疗法。尤其在当下，我告诫所有创业者首先要采用"辟谷式"疗法，其中包括低价变卖一切可以出售的商品，降低一切可降成本，砍掉非核心、不赚钱的业务，从企业高管开始降薪，从不创造价值的员工开始裁员等……企业要想渡过疫情，就必须想办法生存下来，活下去才有可能增加未来成功的机会，如果企业在本次疫情中倒下，何谈未来？

　　中小企业该如何降低成本呢？

　　企业的利润是收入减去成本，再减去费用，要想增加利润，只有开源节流，别无他法。

　　开源节流，顾名思义是在企业生产过程中增加收入，节省开支。开源节流，用于企业运营管理中，是指将企业生存的各种优势、潜在能力、资源和已经发生的浪费转化为实打实的利润的过程。

　　把成本费用控制下来，利润自然就提升上去了，如果公司的收入增加了，在费用、成本不增加的情况下，利润也可以增加。所以无论任何形式的创业，开源节流是不二法门。企业是否能做得好活下去，就在于你是否懂得开源节流。

《荀子·富国》中说："故明主必谨养其和，节其流，开其源，而时斟酌焉，潢然使天下必有馀，而上不忧不足。"

不少企业老板爱面子，车要豪车，办公室面积越大越好，前台要招漂亮的，助理和秘书既要漂亮又要名校高学历。这个面子的成本非常之高，但又很难直接创造价值。细究起来，这些装裱门面的成本都可以一刀削掉，并且越快越好。

创业企业如何节流

1. 把钱用在刀刃上

把每一笔大额支出都要用对地方，要区分哪些是战略性开支，哪些是非战略性的。要确保比竞品费用更多的是战略性成本，不管经营结果好坏，这笔钱尽量不缩水。要知道哪些钱不要省，哪些钱一定要省，企业才能开始省钱，正确的省钱方式比一刀切式的省钱难得多。客户能为企业产品买单的核心原因，就是刀刃，其他的都是刀背。

2. 放下面子

企业在业务繁荣时，创业者的内心膨胀，面子开支也会自动增加。每个人都有虚荣心，很多大手笔挥霍都埋藏着最终失败的地雷。如今在线协作，共享办公空间已经普及，开源技术平台也很多，传统时代的标配，已经变成了超配。要坚决地将非战略性成本降到最低。HOPE 在寸土寸金的北京主城区有 2000 多平米的办公室，因为疫情缩减了不少，我 200 多平米的办公室也砍掉了，现在我和公司同事在开放办公区一起办公。

3. 放弃鸡肋

鸡肋容易对决策者造成两难，虽然长期增长趋势不好，但又有一点点份额，能否有远见地放弃鸡肋成为成本优化的一个统领。鸡肋的概念，不单是业务，还可以延伸到鸡肋的门店，鸡肋的产品，鸡肋的品牌，鸡肋的员工等多方面。鸡肋就是黑洞，在不知不觉损耗企业的成本，拖累创业者的带宽。学会用减法，削减掉创业者身边的鸡肋。

4. 削减总部

总部与基层业务线比较，对业务效率的内耗是更大的。总部是企业的中枢，看重的是战略决策质量和智慧密度，不是人员排场规模和层级体系。2019年2月，京东实行末位淘汰制，10%的副总裁离开，随后京东开始在总监级岗位实行淘汰制；喜茶也取消了副总裁职位，由CEO聂云宸直接领导总监，喜茶现在员工有6000多人，坚决不设副总裁。不仅民营企业，现在央企也开始降低总部成本。过量配置的企业总部就像不合适的靴子，40码的脚穿上44码的靴子，是很难跑起来的。

5. 精益运营

精益的概念来源于日本，代表着无止境地消除浪费。在精益运营中，要秉持抓大不放小的原则。用餐饮业举例来说，一家餐厅仅仅是将后厨一个不起眼的水槽改变型号，就省出将近一个平方米面积的操作空间，这一平米用作前厅就能多出一个客人用餐的面积。如果这家餐厅有40多家连锁店，每个店多一个餐位，就增加了40个餐位，这等于零成本多开了一个店。精益运营推动的不间断成本优化，才是企业持续削减成本之道。

6. 算法驱动

算法是从互联网借用的概念，竞争激烈的互联网行业，也是算法最密集的行业。算法是结构化策略表达方式，策略只有结构化，才能建立方法论。最讲血缘关系的中国，有"远亲不如近邻"说法，这其实是对人际关系有效性算法的世俗化表现；还有"群鸟在林，不如一鸟在手"，这是对可用资源性算法的总结；还有"宁断一指，不伤九指"，是对有效性战斗算法的概括。德国《战争论》和中国《孙子兵法》都是驱动算法的开山祖师，现代商业和最残酷的战场是同样的环境，算不对就要付出企业倒闭的代价。

7. 智能复盘

复盘是企业常用的方法，很多时候复盘变了味，变成了奖能罚劣。甲有功，乙有过，丙有功有过，丁将功补过等，这种复盘就是走形式。复盘真正的意义是评估结果，不是针对结果的盖棺定论。智能复盘的核心有二：（1）锚定目标；（2）面向未来。没有锚定准确的目标，复盘就会是一团乱麻；没有未来的视角，复盘就会是员工的甩锅游戏。就像射箭没有找到箭靶子，每天拉弓又有何意义？智能复盘的阶段有三：启动前项目的沙盘演习、进行中的项目阶段回顾、结束后项目系统整理总结。只有全程贯穿，才能有一以贯之的常态。最高级的复盘是：不仅创业者复自己的盘，还要复其他创业者的盘，既站在别人的肩膀上，也要躲开别人的坑。

8. 使用好股权激励

公司资金不够支付员工的薪水怎么办？可以尝试分散些手中的股权，因为中小企业股权分配出去，不会有太多资金和权益上的牵扯。但是企业一旦做大，一点点股权都有以一当十当百的作用，所以很多创业者对于自己手中的股权严防死守，看得很严实，结果耗费了很多的现金流，这样虽然保全了股权，企业却撑不过现金流随时中断的创业初期。针对高薪人才，更应该以股权激励为主，以此将员工个人目标转换为企业团队的整体目标。

9. 做好节俭质朴创业的带头人

作为一个创业者，自身给别人留下一个质朴节俭的印象，这就非常具有感召力，毕竟企业文化就是老板文化，另一方面可以让员工们更好地利用预算，更好地发挥他们的创造性。

创业企业如何降低成本

日本企业将浪费视为公司管理的天敌，以浪费为耻，所以总是千方百计杜绝浪费，如稻盛和夫老先生曾说："企业应对萧条时，更加要集中精力搞研发，开展降低成本的工作，让企业员工时刻具有危机意识。"

节省的成本等同于为公司又添加了一笔可用的流动资金，这对于企业或许是一笔救命钱，所谓"干毛巾也能拧出水"，在企业生死关头，如何不断降低成本费用，值得每个创业者反省与思考。要想方设法做到让费用控制不再只是创业者的事，让全员主动参与成本控制，而不是成为成本控制的对象。

采购成本与生产成本都是企业开销控制中的核心重点，采购成本下降 1%，就能够给企业带来很可观的利润，因此降低采购成本至关重要。生产成本降低，与之对应的是企业生产技术水平的提升、生产能力的提高。

如何降低采购成本？采购成本是企业购买原材料的关键开销。

现在购买原材料里面的漏洞多，如同样价格的原料，开发票时，把购买价格提升一些，填写在发票里，然后到财务做支出；还有些采购专员用假发票来入账；更有在采购时，有原料价格优惠或折扣，而采购专员隐瞒价差，按市场价与企业核算，自己谋取利益。再者，现在的原材料采购成本价其实是受市场行情影响的，因此，企业在降低采购成本时，要派诚实的、有议价能力的采购专员去完成。企业也可以与原材料供应商签订长期供应合作协议，以减少价格波动，来降低企业采购原料成本。还可以主动地提供各种技术与协助，来使原材料供应方削减成本，以达到企业降低原料成本之目的。

如何降低时间成本？例如一件商品一分钟就可以制造出来，但是企业多花了两分钟，这无意中就增长了时间成本与人工成本，时间不可能重来，是不可再生的资源。但是国内的很多企业，浪费时间成本很严重，完全没有时间成本概念。如做决策、执行、交货、检验与审核拖拖拉拉，这一系列的拖延导致时间成本大大增加。时间成本是实打实的金钱成本，而不是虚构成本。比如，本来一个月能够完成的事情，拖了两个月，这两个月同样要支付员工工资成本。在这拖拉的两个月里，挥霍掉了三种成本，时间成本、人工成本、机会成本。如果转换成金钱，不是一笔小数目，浪费时间不仅是浪费金钱，更是浪费生命。

如何降低企业运营成本？运营成本包括主营业务成本和其他业务成本。主营业务成本包括：直接材料成本、直接工资成本、间接材料成本、间接工资成本、其他直接开销、制造成本、管理费用等。降低运营成本，有几个方式可以效仿：一是尽量运用高科技设备来提升生产效率。高科技设备，可以用更少的员工，制造出更多的产品；二是用技能纯熟度更高与技能知识更高的员工，把知识运用在生产制造上，能创造更多的价值；三是把一些非重点业务外包，让更有优势的承包商承担本企业的产品生产，本企业专注在核心的能力、设计、营销方面；四是提升员工的培训力度与水平。培训要培养员工们的实用与实战能力，而非其他的东西；五是运用优越的管理方法来管理企业。

如何降低企业管理费用？现代企业中，管理人员的配置要本着少、精、干的原则来设立。少是极力压缩高管的人数；精就是精打细算；干是很有才干能力。先要缩减高管人员的编制和职位数，有助于缩减管理费用与人工费用。例如，一家企业原本只要董事长一人，没必要设立副董事长。总裁一人，管理运营、人力资源、营销的副总裁三人。如果企业的规模庞大，最多再增加管理财务的副总裁一人，与管理信息和技术的副总裁一人就足矣。财务和信息技术，也可由总裁与其他副总裁兼职管理。企业的其他职能，一样可以由这几位高管兼顾。少一位高管，就少一大笔要付的人工费用。

如何充分运用一切资源来削减成本，减少费用和浪费，这也是企业持续运营的关键。企业降本增效是一项长期的艰巨任务，建设节约型企业是走精细化创业的必由之路。

洞见之二十五　　人力资源

从历史上看，当经济低迷时，企业的人才战略首先面临风险。

由于企业的业绩不断下降，迫使中小企业裁员的幅度加大，很容易在不经意间就损失掉对企业有贡献的宝贵人才，或者放弃重要的培训与员工发展计划。其实这种做法并非智慧之举，也不是一项长期发展的人才战略。在经济下行期或者危机面前，中小企业可以把降低成本的努力，化为重新设计岗位的机会，使工作岗位对于承担相应工作的人更有吸引力，通过这种做法，来激发对内外部人才的吸引力。一个工作岗位的责任水平、自主程度以及控制范围，都和员工满意度有关。裁员提供了有力的刺激，让企业可以通过打破各自为政的壁垒，扩大富有挑战性管理角色的控制范围，来更好地使用现有资源，提高吸引关键人才进入重新设计的岗位的机会。

来看看世界 500 强的思科公司（美国一家网络解决方案供应商），在经济萧条期间采用的精简方法。2001 年，由于日益恶化的财务状况，迫使企业需要裁减掉 8500 个岗位，思科公司重新设计了职位和责任，改进跨职能协调，并且减少了岗位的重复。这些举动，创造了更富协作性的环境，提高了企业工作场所的满意度和生产效率。当企业在精简工作模式中运转，一开始就专注于重新设计工作岗位，并且留住了所需人才，这样的举措就会取得成功。

　　企业在进行大规模裁员之前，应该运用业绩管理流程，帮助识别能力强的员工。对业绩卓有成效和有潜力的人才进行严格的评估，任人唯贤，企业才能作出更好的人事决策。企业在决策中还应考虑其他的战略因素，评估哪种类型的人才目前推动了业务价值，哪种人才会从现在起的三年之内推动业务价值。中小企业还应考虑，哪种类型的人才需要数年时间才能替代或者培养。例如，由于退休而引起工程师人才供应的下降等。充分考虑战略问题的绩效管理，可以最大限度地减小企业精简的负面文化影响，提高盈利水平，帮助识别企业应该努力留住的人才。

　　经济低迷时，裁员的企业必须及时地、坚定不移地关注降低成本，不过，容易导致内部文化影响和外部声誉后果。尽管强大的企业品牌具有恢复力，但是品牌文化受损，就很难重建品牌优势。很多企业大规模精简的方式，降低了员工工作效率、士气和动力。这种做法也会刺激现有优异者的流动率，并损害企业将来吸引人才的能力。因为，未来潜在的员工会掂量在这种企业工作的风险。

　　2001 年，思科公司为其解雇的员工提供了慷慨的补偿费，并协助解雇的员工找工作。还推出一项计划，向同意为本地慈善机构或社区组织工作的前员工支付三分之一的工资，外加福利和股票期权。此类措施，不但让离职的员工对思科公司有较好的感觉，而且保护了思科的企业品牌。同时，对那些留下的人，突出强调了公司对员工的承诺。因此，思科在《财富》杂志"最适合工作的公司"榜单中仍占据着显著的排名位置。

　　经济低迷时，如何留住重要员工呢？

　　在经济下行时期，特别是正在创业中的中小企业，留住重要的人才就显得更加关键，同时也更加困难。员工们可能士气低落，而且企业资源短缺，会导致一些非常有价值的员工，或是现任企业领导和有潜力成为领导的人，开始寻求别处的机会。因此，有必要采取有效的战略，来保护这些企业中最珍贵的资源。留住重要员工需要的投资，很可能比替换重要员工或有潜力的员工，所需要的成本低得多。

尽管大多数创业者，都承认留住企业重要员工的重要性，但根据相关资料显示，至少有三分之一的中小企业，并没有列出他们重要员工的名单。另外，只有不到一半的企业在员工总流动率之外，单独追踪统计该群体的流动率。

最有效果的战略就是为员工创造项目，提供鼓励其发展的机会。大多数获得成功的企业领导，都会使用多重战略，如给予更多具有挑战性的工作、提供员工更多机遇接触管理高层、提高员工工作满意度，以及提供一些计功受赏的充满活力的工作条件等。建议运用战略手段，让重要的领导担当"变革促进者"或"项目领导者"的角色，这样员工们不仅可以参与到关键的决议过程，而且可以使员工们的工作成绩和公司的目标相关联，具有两全其美的效果。

经济低迷时，企业的人才战略方向主要有两个：

一是保守求稳，控制成本。成本不仅是工资，还包含招聘、培训、用人的成本，是人力资源整体成本。现在用人整体成本的问题是，企业花了许多时间招人，员工留存率很低，这便是一笔非常大的隐性成本。需要一些创新才可以处理这个问题，用非常科学的维度去实行人才的适配，可以提高人才的留存率，能够降低企业的整体用工成本。

二是人才战略必须创新突破，从而达到从成本逐利到人才逐利的转变过程，通过高端、创新人才的引进和机制建立，求新求变。经济低迷时，企业在中高端人才方面要扩大招聘和培养力度。因为企业要渡过困境，降低成本最有效果的方法是提升产能和效率，靠的是中高层杰出人才的智慧。往往在经济低迷期中，高端人才的招聘更加容易，企业就能利用这个时机做人才储备。

推动长期生产效率提高的培训。能够在经济低迷期后仍然保持增长的中小企业，基本上都具备了一个共同的特点：生产效率更高了。因为经济低迷过后，经常带来的是用户对产品、服务的更高需求。如果在低迷期中小企业没能为提升效率作出筹划，那么低迷期过后，企业仍然没有可能迎接春天。

对员工进行必要技能的培训，可帮助员工适应可能的、新的工作要求。经济的低迷通常能够推动客户产生新的标准和需求，能够推测新需求导向的中小企业，通常可以在经济低迷期后迎接新增长。就像乔布斯把握住了大众对娱乐的需求，所以苹果的产品在金融危机之后迎来了一次飞速的发展。而在低迷期，企业是否可以帮助员工获取适应新产品、新服务，是企业战略能否落地的重要因素之一。

经济低迷时，正是人才储备时。

在经济陷入低谷，企业运营堕入困境时，企业通常只想到裁员，而不会想到储备。但实际上，经济低迷期正是人才储备的最佳时机。从外部环境来讲，由于很多企业都堕入低迷期，所以会有大批的人才从原来的企业离开。中小企业可根据未来发展需要借机收揽有用之才。中国的文化讲究知遇之恩，在这个时期进入企业的人才，即使进入经济蓬勃期，也会有相当长的稳定期。

当然，经济低迷时，人才储备更是要有计划性的，不能盲目揽才。否则，那只会换来背道而驰的效果。从内部条件来看，在低迷期企业的繁忙程度必然不高，有些本来必须是工作经验丰富的熟手、老手才能确保有效率的工作，现在可以调配一些"新手"来完成。这是一次轮岗、换岗，培养多面手、提高业务能力的机会。

为了保证企业的盈利能力和未来的竞争力，经济低迷时期的削减成本通常是必要的。企业不该停止所有的招聘和员工发展计划，而应将这段时间作为人才升级，更好地使现有企业员工提升的机会。要把通过削减成本而解放的一定比例的资本，重新投资于周密设计的招募和发展计划，以及维护企业文化、重新安排工作岗位等，以便提高企业对人才的吸引力。

洞见之二十六　　一线决策

　　"让听得见炮声的人来做决策"，是华为创始人任正非从美国特种部队作战的方式方法中总结出来的。

　　美军在阿富汗的驻军部队分为多个作战小组，每组有 3 个人，一名战斗专家、一名信息专家和一名火力专家，彼此了解。假如发现敌人或是遇到特殊情况，战斗专家承担警戒，负责保护小组队员的安全；信息专家需要迅速确定敌方的数量、位置和装备等；火力专家会依据信息专家提供的数据，来配置最合适的远程打击火力，按照规定立刻向后方指挥部下达作战命令。命令下达后，美军的炮火就会淹没整个目标区域，达到瞬间消灭敌人的目的。授权范畴完全按照炮火的成本决定，一次作战的打击炮火成本不超过 5000 万美元时，前线可以不经上级批准，直接下达作战命令。

　　2019 年华为成为仅次于爱立信的全球第二大移动通信设备供应商。与此同时，任正非却担忧企业机构日渐庞大、尾大砍不掉的问题。于是任正非向华为全体员工提出了"让听得见炮声的人来做决策"的理念，授予企业一线团队独立做抉择的权力，后方只是起保障服务的作用。

　　华为的员工在拜访客户时，总是由三人组成基础服务团队：客户经理、解决方案专员、交付专员，称为"铁三角"。每个基础团队能够在华为授权范围内，直接向企业的后台下达指令，要求后台工作人员进行产品的推广和项目的实施。"铁三角"工作小组的成员训练有素，他们彼此了解，并且协同作战。这也是让华为走向成功的"以客户为中心"的服务理念。

"以客户为中心"的矩阵式企业组织架构设计优点在于：

一是能够应对市场竞争环境的不确定性。当企业面对复杂、动态的外部环境时，采用矩阵式企业组织架构设计，能够更快速地感知环境因素的变化。由于抉择链条短，能够对市场变化迅速作出反应，对企业运营管理中出现的问题随时进行调整，减少环境的不确定性对企业造成的威胁。弹性的矩阵架构还能够有效辅助业务发展，当矩阵架构网收缩后叠加起来，意味着企业要精简部门、岗位和人员；当矩阵架构扩张时，网就会拉开，就需要企业增加部门、岗位和人员。在矩阵的牵动下，企业组织架构会产生一定的变形，但流程没有产生变化，只是部门与部门之间联系的频率、内容产生了变化。这种变化是暂时的，当阶段性的任务达成之后，整个企业组织架构又会恢复到常态。这种企业组织架构与军队在非战争时期有序训练和战争时期集中动员的状态很相似。

二是能够更好地满足客户差异化需求。如果说苹果是以标准化的产品模式来满足客户需求，那么华为则是采用差异化的企业服务和处理方案的路线，以此建立市场地位。各地区的市场情况，发展中国家和发达国家的市场情况差异很大，一视同仁地对待全球市场，就会错过市场的发展机遇，也会错失市场机会。横向的区域组织向一线转移，非常有益于加强对本地市场的组织和管理，实时捕捉当地市场信息，迅速响应当地市场需求。

三是能够促进产品多元化演进。企业的组织架构是面向企业客户群设计的，依据客户群再进行部门的业务细分，针对不同客户群市场，能够依据不同的客户需求开发、设计新的产品，推进产品多元化进展，而企业矩阵式的架构也有很好的弹性与扩展性来满足这一要求。当企业进入新的领域时，可以依据不同的需要，再增加新的利润中心。

华为的矩阵式组织架构设计能优异运作，除了强大的平台支持以外，关键是华为的价值观，即评价体系的一致性。"以客户为中心，以奋斗者为本，长期艰苦奋斗"的价值观，无论在哪条业务线上都很清晰，每个团队都是为了共同目标协同进化，如此才能高效运作。

毛泽东在《论持久战》中说："不得其时，不得其地，不得于部队之情况，都将不能取胜。"与远在千里之外的上级指挥部比拟，前线指挥员对战机的变幻莫测更有体会，对部队的动态变化情况更能掌握，所制定的决策也更具针对性。如果不能当机立断付诸实施，而是向上级层层报批，事事等待上级决断，则贻误战机。正因如此，在战争年代类似毛主席"情况紧急时机，一切由刘陈邓临机处置，不要请示"的电文非常多。陈赓将军也讲过："开战前是我指挥前线，开战后是前线指挥员指挥我了。"可以说，把指挥权交给前线，"让听得见炮声的人来决策"，是军队作战的实际需求，也是实事求是的体现。

不论打仗还是经济建设，让听得见炮声的人来做决策，都是科学之道、可行之法。企业要实现这个目标，就要建立涉及四个方面的体系：能听见炮火、能听懂炮火、能呼叫炮火、炮火能呼之即来。可见让听得见炮声的人来做决策，不是纯粹的一句口号，而是企业从上到下的权力分派、资源流转、支撑服务、考核评价等，是一系列企业机制体制的重新建立，是对每一个功能节点、职能的再次定位和给予责任。

第一，企业要增加"能听见炮火"的团队数量。让更多的信息及数据来源于市场，来源于客户，而不仅是简单的依据结果数据，等待了解分析市场和制造方案。企业必须将主要兵力集中用于攻城略地，转向有自治才能的小单元战斗，使小单元潜入到市场的每一个角落，对市场内部的所有变化都能实时、准确地反馈。

能听见炮火的团队包含市场一线团队，也包括支持企业服务的团队，只有企业内外听见的炮火声音一致，才能做到领悟一致，才能保证呼叫的精确性、支持服务的及时性。

第二，企业要培育尽可能多"能听懂炮火"的人。这些人是企业必须要有的"少将连长"，不是班长，不是简单地服从命令的执行者，而是具有综合能力的一个中层管理者，要具有培养、锻炼团队成员，合理组织详尽工作的能力；有与用户沟通的能力；有将用户需求转化为产品的能力；有持续学习新知识的能力；还需要随市场而动，有灵敏嗅觉；以及敢于向错误指令提出个人意见等，这才是我们需要的"能听懂炮火"的人，也是企业重点培养、打造的团队领队。这些人数量的多少，将决定企业能够将战斗单元细分到怎样的程度，也决定着对市场反馈的敏捷度，能不能做到更加精细化。

这些"能听懂炮火"的人需要从一线中来，来自于与客户紧密接触的岗位。企业也需要让尽可能多的员工有在一线锤炼的机会，以发现拥有这样素质的员工；刚开始就拥有合理组织工作的能力、敏锐捕捉市场机会的能力、主动思考能力的员工，将成为着重关注的对象。这将更有利于使一名员工慢慢成长为班长，再通过企业内的相关内容培训，带领小团队实践后，拥有综合素质的人就能提升为"少将连长"。同时，企业也能建立起学习体系、岗位晋升机制、薪酬提升通道，完备"少将连长"的个人发展要求。

第三，授予"呼叫炮火"的权力，这是企业权力再次分配的结果。企业分割好承包区域，培养选拔好"少将连长"后，就要授予连长"呼叫炮火"的权力，使其能够将团队优势最大化发挥，否则就成了"巧妇难为无米之炊"。同时，企业也要做好对赋予的权力数量、权力类型、权力大小、权力运用效率等的规划及管理；权力不可以说下放就都下放了，也不可左顾右盼地不下放，或者有形无实地假下放。

赋予"少将连长"的是可以有效支撑市场竞争所要的权力，包括团队成员的选择，额度下资源的随意调度和使用，技术的支持等；只要是以市场发展、企业受益为目的的权力需求，都是可以授予下放权力的。以集中支持、集中处理来解决共性问题，提升员工的使用效率、工作效率，需要集中的一定要集中。这样就使企业成为一个整体，以共同的目的为指引，共同有效地运用企业赋予的资源。

第四，企业要建立"炮火能呼之即来"的实时响应体系。让授予的权力发挥更好的功效，从而高效地拓展更大的市场、发展更多的客户，让新的生产关系顺应释放的生产力，即使是大型企业也可以在市场中快速响应。

所以企业要"让听得见炮声的人来做决策"，在资源有限的条件下，科学、迅速地作出决策、发射炮火，以获取企业最大收益。这不仅是简单地给予一线团队各种各样的权力，授予企业各部门和人员组建支持与服务的意识，也是重新建立与之相匹配的新的企业管理体制，更加强调管理体制，重新优化业务流程，在过程中更加迅速有效率地获得结果。

"让听得见炮声的人来做决策"，看起来简单实用，容易学习，却很难依葫芦画瓢。作为创业者、管理者、人力资源工作者，只有从企业自身系统的角度考虑问题，基于问题产生的根源提供解决方案，才能做一个具有更高思维能力的创业者！

洞见之二十七　　重新定义

　　彩妆，大多数人认为客户群体只是女孩子，然而 2019 年彩妆销售统计结果表明，其中一半的彩妆卖给了男生，并且是男生专用彩妆。这个颠覆性的认知结果表明，产品不是一成不变的，市场也不是一成不变的，尤其是 90 后、00 后，男生化妆背后，是时代审美的迁移，用户及客户的变化必然导致市场发生变化。在新的时代下，势必要用新的思维重新定义产品。

过去的经验已不再灵验

　　在复杂多变的市场中，如果仍抱持惯常思维和经验做法，往往会犯后悔不迭的错误。甚至可以说，经验有时不是财富，而是累赘。

　　有一家房企在做项目决策时，将其项目卖得很好的一个 87 平方米小三房户型搬到了新项目上，结果卖得很差。究其原因，是因为项目定位不同，企业犯了简单照搬的错误。其实只要稍微想一想，即使面积同是 87 平方米，刚需住宅可做成三室，改善型住宅可做成两室，豪宅甚至做成一室都会嫌小。不同的产品定位，户型怎么可能一样呢？

　　我们在做产品调研的时候，类似这些依赖经验决策而犯简单错误的事例屡见不鲜，甚至很多标杆企业也经常犯这种低级错误。

　　市场在变，客户在变。当过去的经验已不再百试不爽，甚至可能成为累赘的时候，是到了重新思考、重新定义产品的时候了。

　　所谓重新定义产品，就是要勇于颠覆既往做法，也不必效仿标杆企业的做法，而是站在未来，从客户视角回望现在，重新审视、改变甚至颠覆传统。

重新定义产品

　　许多传统行业的产品，正在失去市场空间，怎么办？重新定义产品（服务）属性以及基本价值，就是一种有效的途径。下面我们介绍几个重新定义产品的案例。

　　一、重新定义图书

　　当前，在电子书籍、信息平台的冲击下，国内读纸质图书的消费者显然越来越少了。但是据资料显示，美国的纸质图书的销售却开始反转上升。为什么会这样？实际上是因为目前图书的价值定位已发生了改变。

　　长期以来，人们认为：书是知识的载体，读书是获取知识的途径。但图书还有其他什么作用吗？还能满足其他需求吗？通过对图书市场的观察发现，书籍越来越精美。对很多人来说，未来图书的主要价值未必是阅读，它可以是一种收藏品，也可以是一种格调的体现，甚至是一种装饰材料。目前，已有地产商把样板间客厅的背景墙打造成整体书柜。不久以后，书籍很有可能会成为彰显社会地位、价值观、生活态度和生活方式的标志。以我本人为例，有时候买书并不是为了阅读，可能是为了满足自己特殊的情感需求。未来的图书领域，可能会从选题、内容、装帧、版式等多方面考虑到更多特殊人群的需要。

二、智能手环重新定义手表

对类似于图书这样的传统产品进行重新定义的案例还有很多。大家都知道，手表作为传统的计时工具，已经被手机等产品严重地替代了。现在，戴手表的人要远远少于戴手链的人。那么，手表如何自处？如何激发消费者对手表的新的需求呢？

科技的魅力就在于更新换代，重新发明，改变人类的生活方式。

智能手环、智能手表的出现逐渐取代了传统手表的使用。除了计时外，还可以计步、查询天气、监测心率、移动支付等；而智能手表更像是智能手机的缩小版，功能完善齐全，带 SIM 卡的版本甚至可以支持通话，炫酷的表盘即使进军时尚界也毫无压力。

所以智能手环、智能手表等产品重新定义了手表。

三、江小白重新定义了白酒

江小白（重庆江小白酒业有限公司）是在重庆的一个小酒品牌，在西南市场非常火爆。它的目标人群是年轻人，18–30 岁的青年，所以它是年轻人爱喝的一款时尚小酒。

江小白重新定义了时尚小酒，也开创了白酒的一系列时尚喝法。

江小白在重庆开了一家酒吧，在这里江小白发明出 108 种喝法。江小白发明了许多语录，这些语录都很符合年轻人的想法，也很符合年轻人的心理，这就创造了年轻人的消费场景。

酒本身也不是酒，它在商品属性之外，能够提供消费者在饮酒场合社交的解决方案。因此江小白在低迷的市场上异军突起。

四、苹果重新定义了手机

有的人是发现需求，满足需求；还有的人是创造需求，定义产品。

乔布斯发布 iPhone，石破天惊！大家突然发现一款 iPhone 产品原来不仅可以用来通信，而且还可以如此炫美，如此使人爱不释手，如此让人有尖叫的体验。

手机行业循规蹈矩的思维模式——所谓手机外表、信号强、耐摔等统统见鬼去吧。苹果重新定义了一切，整个手机生态的交互逻辑发生了翻天覆地的变化。苹果对于速度、优雅和极简美学的无尽追求，贯穿了整个产品线。

手机的性质也被彻底颠覆。多达 200 万 + 的 App Store（苹果应用商店）应用数，覆盖了从最基本的日历、地图、计算器，到社交、游戏、新闻、金融、生活服务领域，几乎呼应了日常生活的大部分需求。手机不再是手机，而是变成了一个平台。因为有了那块几英寸的小屏幕，我们把电脑装进了口袋，完成了智能手机的彻底变革。

换种思维重新定义你的产品

人工智能、物联网的勃兴，不只带来全新的产业机会，更是驱动企业节节攀高的绝佳契机。面对新市场，只有重新定义产品，率先推出颠覆传统的新产品，才有可能突破围堵，脱颖而出。

让我们换个思维方式重新定义你的产品。

一、认识产品本身即是知识

所有的产品和服务都可以理解为一种知识。如果我们把营销、推广或者与顾客沟通的重点不放在产品具体的物质形态上，而是放在产品知识上，那么就构成了知识营销。

比如，有一种家庭装修产品为实木地板。实木有很多品种，诸如柚木、香脂木豆，更高级的包括红檀、花梨等。如何把地板的认知价值提升上去？不能仅仅围绕产品功能、环保等命题，更多是要讲木种的知识。就是说，把产品展厅变成实木知识的博物馆，对每一种产品的原料进行主产地的标注，对其分布、种属、特点、性质、功能等方面给予说明。人们在选择地板时，实际上更注重的是地板背后的知识。

二、产品背后的美丽传说

我们再看看，衬衣怎么卖？衬衣的差异性实际上是比较小的。要通过衬衣本身的性能，无法真正形成差异化。如果通过面料的差异化来提高产品附加值，不是独家面料的话也很难做到。在这种情况下，我们可以讲一些设计师的故事，比如他们的个人生活、工作经历，或是在设计过程中所受到的灵感启发，这些都能影响消费者的认知。对客户而言，服装就会产生情感上的价值。

就知识而言，历史知识是最重要的组成部分。产品与品牌背后的故事属于历史知识，能够产生认知价值。所以，很多的旅游景区都学会了讲故事，比如，武夷山上有几棵生长在岩壁之上的古茶树，是游客必去景点。传说在古时，有一个赶考的书生，途经武夷山，淋雨感冒发烧，无法成行。饮用这几棵茶树上采摘的茶叶之后，感冒痊愈，他如期赴考，最终金榜题名。书生高中状元之后，不忘古茶树之恩，上书皇帝，请御赐此树一名。皇帝颁布圣旨，命名为大红袍。美丽传说虽不可考，但符合人们对美好结局、对大团圆的想象和期待。

三、对文化符号的运用

为产品赋予文化意义，可以使产品的价值得以爆升。日本的 Hello Kitty 就是一个成功案例，它主要是为少男少女提供生活、学习用品，比如普通的背包或者文具之类，其产品本身的价值并不高，但是，通过一只可爱小猫，以及围绕它发生的一系列故事，使产品身价增了百倍。可以说，在日本文化中，Kitty 猫是审美的载体，是爱与美的象征，它凝聚了很多人的美好情感，久而久之，在人们的心智空间留下了深刻烙印，并随着时间的推移，这烙印越发清晰，其情感的沉淀越来越深厚。这个时候，人们就不再是为一个小商品在付费，而是为了这个文化符号，为了自己的情感而付费。

除了 Hello Kitty，迪士尼是全球第一的符号产业集团。随着 90后、00 后的崛起，他们对符号价值会有更多诉求。

产品的本质是一种"感知"，而不是传统理解的那个看得见、摸得着的实物；产品不是一个静止的事物，而是一个从选择、购买到使用至最后处置等实现需求的完整"过程"。

西奥多·莱维特（Theodore Levitt）曾经有一句著名的引用："他们想要的不是四分之一英寸粗的钻头，他们想要的是四分之一英寸大的孔。"

莱维特认为，钻头是业务或产品，而孔才是客户要买的。这个判断很准确。钻头是产品，孔是客户价值。准确地说，钻头仅是完整产品的核心组成，孔是客户需要的功能性价值。这个价值可以用电钻（莱维特所说的钻头）这个产品来实现，也可以用能够打孔的其他产品来实现。

所以产品可以有多种，但客户价值却是稳定的，是变中不变的本质。因此，无论如何重新定义你的产品，都必须抓住最核心的一点——客户价值。

洞见之二十八　　拥抱O2O

　　随着电商的日益普及，线上购物、线上消费的模式正被越来越多的人接受，线上交易规模也越来越大。互联网的本质是连接，连接带来距离的缩短，而距离的缩短带来了信息不对称的打破。互联网对线下交易的冲击，需要优化交易结构，改善交易处境；同样，线下的优势也会反补互联网的缺陷，形成新的竞争力，这就是我们常说的O2O。

　　O2O本质是通过互联网信息优势分享富余资源和改善非理性溢价，实现消费者剩余价值和生产者剩余价值的最大化。传统商业由于信息不对称和资源分布不均，造成可替代性的伪需求。O2O是基于互联网信息上的"虫洞"效应，对接终端消费者，延伸服务的宽度和广度，通过改善非理性溢价和对富余资源的再配置，形成强需求的商业模式。

　　O2O的优势在于把线上和线下的优势完美结合。线上交易虽然流通环节少且成本低，但无法提供多种消费场景以及真实的产品体验，产品没有即得性。而线下交易虽然体验性很强，但流通和消费环节太多，商品的成本也较高。O2O模式通过网络导购，把互联网与地面店完美对接，实现互联网落地，让消费者在享受线上优惠价格的同时，又可享受线下贴身服务。O2O是商业和互联网的结合，核心理念是实现商业价值和提升用户体验。O2O模式具体的优势如下：

第一，O2O 模式充分利用了互联网跨地域、无边界、海量信息、海量用户的优势，同时充分挖掘线下资源，进而促成线上用户与线下商品和服务的交易，团购就是 O2O 的典型代表。

第二，O2O 模式可以对商家的营销效果进行直观的统计和追踪评估，规避了传统营销模式推广效果的不可预测性。O2O 将线上订单和线下消费结合，所有的消费行为均可以准确统计，进而吸引更多的商家加入，为消费者提供更多优质的产品和服务。

第三，O2O 模式在服务业中具有优势，价格便宜，购买方便，且折扣信息等可以及时获知。

第四，O2O 模式将拓宽电子商务的发展方向，由规模化走向多元化。

第五，O2O 模式打通了线上线下的信息和体验环节，让线下消费者避免了因信息不对称而遭受的"价格蒙蔽"，同时实现线上消费者的"售前体验"。

O2O 模式有三个特点：

1. 必须由线上和线下两个部分组成

O2O 从概念上讲是 Online 和 Offline，即线上和线下，但这个线上不一定是互联网，未来万物互联后，当饮水机没有水了，它会自动预定水，直接对接送水公司数据库，不通过你去操作手机或电脑。但它必须有线上和线下的互动，可能是线下触动线上，也可能是线上触动线下，但二者缺一不可，唯有如此才能形成 O2O 的价值。

2. 服务于 C 端

O2O 相对于 B2C，两者的差异在于 O2O 的标准在 C 端，B2C（企业面向用户）的标准在 B 端。B2C 与客户的关系是一种教化与被教化的关系，比如华为生产手机，只需要打印好统一的说明书，教导顾客使用与维护即可，是典型的工业化生产的模式。O2O 虽然也生产商品或者服务，但更多是按顾客需求定制，满足顾客的个性化需求。

3.B 端与 C 端参与链交互延长

一般情况下，商家通过线下的服务来延长交易参与链，尽量通过自身的优势获取客户，消费者则通过线上的信息获取来延长交易参与链，通过货比三家优中选优。但不管是商家还是消费者，这种参与链都是彼此交互延长，尽量减少第三方参与，使得自身利益最大化。比如 O2O 外卖，商家就是延长物流配送服务，消费者线上选择，延长了信息的获取。

如何打造一个好的 O2O 项目呢？好的 O2O 项目必须包含以下四个要素：

1. 规模

规模最重要的两个指标是频次和刚需。烧钱成长起来的互联网领域有很多，比如视频和电商，它们都有一个共同的特点，就是主流刚需，使用频次非常高，可以通过规模效益及庞大用户群来获取增值收益。

如果用这两个关键词来考量 O2O，毫无疑问，外卖和洗衣是更为刚性的需求，其次才是美甲、家政这类项目，还有一些匪夷所思的项目，比如上门洗宠物、上门做饭、上门洗车等，这种消费频率极低的项目，严格上已经不能算好的市场，规模非常有限。在资金匮乏情况下，这些就是最先倒闭的一批 O2O 项目。

高频次和刚需的优势是，最终能够形成流量入口。在具有大规模流量后，就能够形成移动端的服务平台，然后再向上下游生态进行延展。比如顺丰做的嘿客门店，e 袋洗将推出的综合性门店，都是基于原有业务基础上，通过 O2O 不断延伸业务的代表。

目前 O2O 领域规模最大的就是外卖，这也是唯一 BAT 都投入巨资争抢的领域。美团并购大众点评背靠腾讯，百度巨额补贴百度外卖，阿里扶持饿了么，虽然外卖 O2O 这场大战还将持续烧钱，但可以预见的规模以及想象力是巨头都不愿放弃的原因。

2. 成本和效率

O2O 出现之前，线下和线上联系并不紧密，正是通过移动互联网技术，两者联系起来，最大的意义是提升效率。比如一些半成品菜类的 O2O，提升用户做饭效率。叫外卖订餐提升用户吃饭的效率，不用把时间浪费在餐馆里。从 e 袋洗叫个服务，上门取衣洗好了送上门，自己不用辛苦地把衣服送去洗衣店。

更为重要的是，上面说的无论订餐还是洗衣也好，都是能够规模化的品类，一次上门可以承担多次送和取的服务。而一些看起来体验特别好的，比如主厨上门做饭、上门美发、上门洗车等，每个订单耗费的人力和时间成本都非常大，再加上客单价非常低，除了烧投资人的钱抢占市场，还确实没有别的好办法。

生鲜快递类，比如每日优鲜、美团买菜等，虽然是刚需，交易频次也非常高，但生鲜电商比起普通电商来说，对冷链的要求特别高。生鲜和果蔬类客单价同样很低，毛利率也不高，这样让用户得到便利的 APP，背后其实面临强大的成本考验，需要投入巨大的成本，这也是很多生鲜电商无法盈利无法坚持下去的根本原因。

京东到家也面临这样的问题。从京东 B2C 时代，成本和效率就是难题，即使到上市以后，具有如此大规模的网购体量，却也没有换来巨额利润，而是把赚钱的厚望寄托在金融业务上。京东到家为的是解决社区"最后一公里"，这是一个更加细化和庞杂的网络。与此同时，京东到家目前也主要以生鲜为主，竞争者除了每日优鲜还有很多，想要做到垄断的规模，压力很大，因此生鲜电商这类项目不适合普通创业者。

3. 门槛

之前 O2O 概念被热炒，不少创业公司是为了 O2O 而 O2O，投资人也抱着宁可投错不可不投的心态，让整个 O2O 市场虚高。比如最著名的上门洗车、上门美甲等低效率、低频次、低单价、低规模的项目，最重要的是完全没有竞争门槛，大批兴起也大批消亡。

从根本上来说，O2O 其实只是一个渠道，通过技术手段，让线上和线下直接对接在一起，大部分创业者来自于线上，但最重要的资源其实在线下。在经过一轮洗牌后，现在还具有生命力的两个领域外卖和洗衣里，前者通过并购产生门槛，后者来自于线下的资源成为门槛。

而更多的 O2O 业务，其实是没有太多门槛的。比如曾经热门一时的美甲业务，比较有名的是河狸家。美甲师愿意和河狸家合作，除了便利另一个动力是补贴。但随着玩家越来越多，美甲师们的要求越来越高，变成了非常不稳定的合作因素，对平台来说伤害很大，也容易引发行业口水战。

4. 品质

品质是决定 O2O 是否能持续发展的关键。当年团购兴起的时候，因为便宜吸引了大量用户，但很快用户就迅速流失，因为他们发现团购来的产品和服务，实在是低于市场的平均水平。O2O同样如此，而且服务是用户选择 O2O 的关键指标。

这就涉及一个服务标准化的概念。但在有些 O2O 项目上，这一点很难实现。比如家政领域，由于服务者是不同的个体，用户的需求也不相同，并且在主观的评判上标准也不同，导致这一领域口碑很难做好。如何通过一套体系建立标准化服务，是 O2O 服务类公司都要解决的问题。

对于创业者尤其是以线下业务为核心的创业者而言，一定要学会积累数据、掌控数据和运用数据，通过运用大数据的先进技术手段，并结合自己的经营策略和业务目标，对企业的营销、运营与销售过程进行数字化建设的升级改造，进而拓展业务模式与生态结构。

线上数据不是对线下业务的冲击，而是撬动增长拐点的数据引擎。企业若想减少被互联网渠道洗劫流量、压榨利润空间的冲击，就应该早日建立自己数字化的管理平台，用数据驱动的理念迭代经营策略，对线上服务、线下体验以及整个企业经营过程进行深度融合，早日找到业务增长的拐点，真正成为数据驱动的智能企业。

洞见之二十九　　全员营销

　　由于新冠疫情的影响，不少企业都高举起了全员营销的旗帜，以期将已经停摆的企业起死回生。

　　苏宁从 2020 年 2 月 27 日到 29 日，十余万名平时并不直接参与销售的管理干部"全员皆商"，变身苏宁推客和苏小团团长，通过微信朋友圈、QQ 群等渠道转发商品链接，进行线上推广。从当下最抢手的口罩、消毒液到持续热卖的茅台酒、戴森吸尘器，各种爆品顿时刷屏朋友圈。3 月 3 日，苏宁发布首次尝试全员营销的成绩单："三天时间，十余万管理干部深度参与社交营销，人均带单量达到 8.5 单，平均带单金额近 2000 元。"

　　不只是苏宁，众多大型房企、教育机构乃至服装品牌都在推行全员营销，不少企业甚至一举转危为机，在疫情延续的情况下实现逆势增长。

　　恒大、格力等知名企业的全员营销，则在疫情之前就已经开始推行，且已成为常态。

　　2019 年 2 月，格力启动"全员营销"，给 9 万多员工都开了网店，网店的产品基本上覆盖了格力电器绝大部分产品，包括手机、空调、充电电源、电饭煲等。据了解，格力根据每个员工的层级规定不同的销售指标，年销售指标从最低一万元到数十万元不等。格力电器总裁办相关人员表示："卖少了没考核，但卖多了会有奖励。"

全员营销，董明珠自然也不例外，她也有自己的微店，上线后曾经在一天之内卖出 1500 多个充电宝。

在房地产行业，恒大在 2019 年也举起了"全员营销"的大旗。

对于大多数房企而言，行业寒冬下，销售跟不上，一定程度上则意味着偿债压力陡然增大。为此，恒大采取随行就市的销售策略，在 2019 年"金九银十"期间实施"全员营销"政策。"全员营销"政策带来的效果可谓立竿见影，2019 年 10 月 31 日，克而瑞发布的销售榜单显示，恒大 10 月销售业绩 930 亿，同比大增75%，连续两个月创房企单月销售历史最高纪录。

从结果来看，"全员营销"都为企业带来了实打实的营收。

被誉为现代管理之父的彼得·德鲁克（Peter F·Drucker）曾说过："企业有两个并且只有两个基本功能：市场营销和创新。"还有不少企业不知道，产品的营销不只是营销部门的事，而应该是全员的事。作为一个创业公司，哪怕是内勤人员，也要有营销意识。

企业进行全员营销虽不是什么灵丹妙药，但却是非常有必要的，尤其在疫情等特别危机时期。新形势、新市场、新竞争下，人人是市场，人人面对市场。企业必须打破以往只有销售人员或者老板一人面对市场的局面，而迈入"全员营销"的新时代。

什么是全员营销？

百度百科是这样定义的：全员营销是一种以市场为中心，整合企业资源和手段的科学管理理念，很多大型工业企业采用后取得了不凡的成效。即指企业对企业的产品、价格、渠道、促销（4P）和需求、成本、便利、服务（4C）等营销手段和因素进行有机组合，达到营销手段的整合性，实行整合营销。同时全体员工以市场和营销部门为核心，研发、生产、财务、行政、物流等各部门统一以市场为中心、以客户为导向开展工作，实现营销主体的整合性。

通俗地讲就是：人人营销、事事营销、时时营销、处处营销、内部营销、外部营销。

企业管理大师稻盛和夫曾说过："萧条时期，全体员工都应成为推销员。"在稻盛和夫看来，全员营销是战胜困难的良方，并能为企业带来以下利好：

1. 激活用户的潜在需求

"员工平时有不同的岗位，平时都会有好的想法、创意、点子，这些东西在萧条时期不可放置不用，可以拿到客户那里，唤起他们的潜在需求，这件事全体员工都要做。全体员工团结一致，向客户提案，创造商机。"

2. 让全员主动思考

"不仅让客户满意，而且当事人本人也能掌握整个商务流程。不仅仅是陪着销售人员跑客户、当助手，而是将自己平时好的想法、创意、点子结合到商品中向客户推销。萧条时期这件事应该让全体员工都主动思考。"

3. 促进组织和谐

"生产人员也去卖东西，他们就会明白营销不容易。由于生产人员也有了销售的经验，生产人员理解了销售人员的辛苦，销售人员会感谢生产人员，这样就会促进两者的和谐，有利于双方更好配合，更好地展开商务活动。"

4. "一切以用户为中心"的价值观落地与统一

"营销的基本态度就是要当'客户的仆人'，只要是为了客户我们什么都干。缺乏为客户尽心尽力的精神，萧条时期要获得订单是不可能的。让缺乏这种经历的人当企业的干部，公司很难经营得好。"

但是很多企业似乎"误读"了稻盛和夫所谓的"全员营销"。

所谓全员营销，其实并非简单地等同于"全员卖货"。如果全员都卖货，都干一样的事，就不是全员营销而是全员推销。营销是创造与满足，而推销则是单向性地为提升业绩而产生的销售行为。

我们不能把营销狭隘化，把单向性的推销视为营销，假如所有岗位都以销售为导向，这个时候每个岗位都为自己的生存与利益而战，企业对于客户而言，就不再是创造和满足特定价值的赢利组织，而是纯粹的谋利机器，员工与企业之间也变成了赤裸裸的交易关系而非价值满足关系。这样的绩效指标最终不会让企业度过危机，反而会分崩离析。

目前在各行各业中推行的全员营销，从本质上来说，其实更偏向于全员推销。疫情期间，出于业绩考虑，短期做全员推销其实算是一种自救。

真正的全员营销是以市场为中心，以客户为导向开展工作，整合企业资源和手段的科学管理理念，对企业的产品、价格、渠道等营销手段和因素进行有机组合，达到营销手段的整合性。

如何做好全员营销？

全员营销不只是要求全体员工转发朋友圈，而是对业务流程重新改造，适合移动互联网，对营销策略进行调整，适应"圈层文化"。

1. 建立全员营销观念

全员营销观念很重要，企业要使员工建立这种观念，首先需要从上至下耳濡目染地熏陶。企业老板应自发主动带头学习线上营销，让线上营销成为公司内部的一种文化，在这种文化氛围下，去开展线上营销业务也会变得顺理成章。

2. 员工要有意愿、有能力做全员营销

公司内职能的划分禁锢了很多人的潜能。术业有专攻，如果过分把精力花在做营销上，那么公司的其他工作该如何进行？因此领导层要把握好一个度，在员工本职工作做到位的前提下，用闲暇时间做全员营销。

同时作为品牌实施全员营销，不能只是利益的诱导或者任务摊派；真正有效的全员营销，是员工或者用户对品牌价值的认同，愿意作为品牌的背书人在朋友圈分享。

全员营销能力应如何培养？首先全员营销要有完整系统的产品培训，公司所有员工都应知道公司是做什么的，卖的什么产品，遇到客户咨询要知道如何应答，而不是直接说："你找 XX 去吧，他是我们公司的业务员"。因为在转介绍之间很可能造成客户流失。如果公司随便一个人都可以说得出公司的产品优势、卖点，那么客户会觉得这家公司非常专业，员工都很有服务精神，值得信赖。

3. 企业要有激励考核的机制

完善激励机制，有奖有罚，全面促进全员营销的执行。良好的激励机制和措施是全员营销的重要推力和决定要素，许多企业在推进全员营销时，往往感觉推进乏力或是缺少作用，其实除了领导层的注重程度和职工执行力等要素外，影响最大的便是激励机制的不完善和执行不到位。比如说，酒店就能够建立职工积分奖励制，对客户服务好的职工奖励积分，累积到一定的数额能够兑换礼品或酒店消费券；公开表扬职工，每月评选优秀服务明星等。

总之，全员营销的管理理念不仅是为了提升公司的业绩，也让员工对自己的产品和公司产生更强的归属感，让员工在推广公司产品的时候也能学习到营销推广方面的知识，让员工全力参与到公司的经营中去。

全员营销非常有必要，企业存在的前提就是持续进行有效的营销。全员营销时代，企业员工应该尽快适应这种角色的转变。

洞见之三十　　结果导向

很多人喜欢学习大企业高大上的、规范的、精益求精的、厚厚一大本企业规章制度的管理，学它的 360 度考核，学它的平衡计分卡，学它的过程管理，学它的流程化，学它的六西格玛等。往往他们只学到了大公司的严格考核和处罚，而没有看到大公司强大的业务能力以及为激励优秀人才的付出。这种盲目的学习，只会让企业上下哀声一片，造成公司人员进进出出，像个人才市场一样。

其实对于创业企业来说，永远应该把精力聚焦在主营业务上、业务拓展上，想的是"如何让企业活下来"。员工没有绩效，企业就没有利润，企业没有利润，也就只有死路一条；能在激烈竞争中活下来的团队，不是那些管理规范的公司，而是那些有订单的公司、有绩效的公司、有利润的公司。

华为取得高速发展不仅有赖于专业的管理和技术团队，更侧重于业绩比拼。"好业绩是拼出来的！"华为人这样说。

因此，创业企业的考核机制不需要太复杂，也不需要太烦琐，更不需要追求完美主义，创业初期就是以业绩为根本，以结果为导向。

用业绩说话

业绩是一切工作的最终目标，是工作中所有行为的根本。只有在为公司创造了丰厚利润的前提下，员工的奖金和工作才能得到保障。只有公司实现了盈利，获得了利润，才能将盈利的一部分拿出来与员工分享。而对于企业的员工而言，你努力了奋斗了，这只是个过程，如果没有实实在在的结果，过程再艰辛也是徒劳。

李耀是一家公司的销售人员，他每天工作都很勤奋刻苦，对于客户的提问他总是很有耐心地解答，服务态度也是一流，但他每个月所获的收入却不多，总之，大家都知道他是一个又积极又上进的人。但当公司决定裁掉一批人的时候，李耀的名字却出现在了名单里面，大家都感到非常奇怪。总裁却说了这样的话："李耀的确是个勤奋积极的员工，工作态度也令人满意，但是我在这半年里观察了他很久，他一直没有业绩，这令我感到很遗憾。我们都需要明白一个道理，企业不是慈善机构，不会因为你努力了付出了就奖赏你，企业最终会留下那些有业绩的人，而会让那些有苦劳没有功劳的员工离开，这就是我们的用人原则，不允许有人来挑战它。"

这不正说出了大部分企业的人才考核观，只有出业绩的人才能求生存求发展！无绩效的员工最终只能被淘汰。

辛苦不是结果

在 2007 年中央电视台《赢在中国》的比赛现场，评委史玉柱说：

"如果你是老板，你有一个项目，分别由两个团队实施，年底的时候，第一个团队完成了任务，拿到了事先约定的高额奖金；另一个团队没有完成任务，但他们很辛苦，大家都很拼，都尽了力了，只是没有完成任务，你会奖励这个团队吗？"

一个选手说："因为他们太辛苦了，我得鼓励他们这种勤奋的精神，奖励他们奖金的 20%。"一个选手说："那我得看事先有没有完不成项目怎么奖励这个约定，没有约定就不给。"还有一个选手说："我得看具体是什么原因导致他们没完成任务，再做奖不奖的决定。"

史玉柱说："我不会给，但我会在发年终奖的当天请他们撮一顿。功劳对公司才有贡献，苦劳对公司的贡献是零，我只奖励功劳，不奖励苦劳。"

"结果导向"有时候会挑战管理者的恻隐之心。管理者经常听到销售挂在嘴边儿上的话："我没有功劳也有苦劳啊，没有苦劳也有辛劳啊！看在我多年辛苦的份儿上，也要给我一碗饭吃啊！"

市场不会因为一个人或者一个企业的努力或投入而给予恩惠，市场唯一相信的是符合客户需求和需要的结果。

"我按时上班，按时下班，从来不迟到早退，到月底了，就应该给我发工资。"这话听起来也有道理。问题是，到月底了，企业的产品没人买，没有收入，企业和老板拿什么发工资？

还有些人以为，只要在公司服务足够长的年限，自然年年加薪。殊不知，那些号称在公司服务十年、二十年的人，实际上不过是将第一年的经验重复十次、二十次罢了。年龄不一定代表智慧，年资不一定代表贡献，当然也不一定就代表高薪。

事实上，就算你再辛苦、再不容易，企业所有的员工起早贪黑、加班加点生产出了产品，拿到市场上，对客户说："这是员工辛苦出力流汗造出来的产品，尽管功能有点欠缺，质量不尽如人意，但是，既然我们造出来了，你们就应该买回去。"有这样的道理吗？

以结果为导向

一位美国企业家曾说过这样一句话："不要告诉我分娩有多么痛苦，把孩子抱来给我看看。"企业存在的理由是通过实现盈利最大化，回报股东，造福社会，成就员工。投入同样的资源，产生出最大的价值是企业经营的最高境界。价值要靠员工的努力去创造，员工要靠自己的业绩证明自己的价值，企业应该帮助员工实现价值，提升他们创造业绩的能力，而不是同情他辛勤劳作后的一无所获。

刘刚是一家防水材料公司的区域经理，由于近年来房地产行业的不景气，导致销售业绩一直不是很理想，更要命的是公司的销售任务每个月还从 110 万涨到了 200 万，几乎翻了一番。1 月份至 5 月份他仅仅完成了 707 万元的销售额，就是说 6 月份他必须要实现 493 万元的销售额才能完成上半年任务，否则半年考核时将会被淘汰，被淘汰似乎是板上钉钉的事了。

但是他并没有放弃努力，他想："非常目标看来必须要采取非常手段和措施了。"通过市场分析，刘刚决定抛弃被动依靠分销商的分销方法。6 月份刘刚用一款新专利产品作为突破口，拿到了一家企业 530 万标底的工程直供项目，快到月末的时候，刘刚又与三家房地产企业签订了首批供货 280 万元的合同，也就是说，刘刚实现了月合同销售 810 万元的业绩，创下了公司单月区域销售纪录。半年业务运营总结会上，刘刚成了全国销售冠军。发言中，刘刚最后说了一句话："目标是用来超越的，计划是用来突破的！"

结果是一种内部交换

做任何工作都得有一个结果。多劳多得，少劳少得，不劳不得，这些道理每个人都懂。劳动和工作仅仅是个过程，这个过程的最终目的是工作成果。

俗话说：拿人手短，吃人嘴软。作为员工，每到月底就会向企业或老板要结果，这个结果就是工资。反之，老板也会向员工要结果："我凭什么给你发工资？"员工会说："因为我完成了工作目标。"老板就会很高兴地发工资。如果员工说："我辛辛苦苦工作一个月。"老板就会不高兴，那老板就会问："难道辛苦就得发工资吗？工作计划落实了吗？订单拿下来了吗？任务完成了吗？交代的事情办妥了吗？"这些都是结果。如果做不到这些，自己想要的结果也就无从谈起。

任何没有结果的努力都是毫无价值的，就算是最差的结果也比没有结果好。我认为企业衡量员工的标准只有一个，就是结果，一个员工没有结果，就是剥削其他有结果的人，就是剥削公司的结果。

以下几个"结果不等式"经常在工作过程中出现。

职责≠结果，职责是对工作范围和边界的抽象概括，明确职责、规范流程是为了更好地获得结果。职责和流程要对结果负责，否则即使表面上履行了职责，最终仍然没有产生结果。没有结果意识，职责就是一纸空文，也就意味着失职。因此在实际工作中，以结果为导向，逐步倒推来安排工作就必然会清晰、明确且省时有效，不用浪费资源做无用功。

任务≠结果，对结果负责是对工作的价值负责，对任务负责是对工作的程序负责。在没有完成任务时拼命推卸责任，找借口归咎于他人，推卸个人应有的责任，首先是对自己不负责，其次是对企业不负责。只有能产生结果的任务，才算完成了任务。

态度≠结果，好的态度是获取结果的第一步，但仅有态度还远远不够。劳动没有价值，是不值钱的，只有劳动的结果可以交换才能获取价值。比如，对客户没有价值的结果，就是无用功，一文不值，无论多么辛苦都不能换取价值。因此，做事情的根本是要做出成果，把结果做出来，能让自己收获什么，让他人或公司收获什么。

成者为王，败者为寇，凡事看结果，业绩论英雄。以完成结果为标准，没有理由和借口，面对结果，只有成功或失败；面对结果，只有责任和义务。以达成目标为原则，不被困难所阻，面对目标，讲求方法和策略；面对目标，困难再大也要拼。为结果而战，将意识落实到行动上，落实出结果。

一个企业要考核一个员工是否能为公司带来效益看的就是业绩，为公司创造出高业绩的员工无疑是"英雄人物"，也是公司标榜的对象，因为他们为企业创造了实实在在的利润。"不管黑猫白猫，抓住老鼠就是好猫"，不管你有什么样的资历，用什么样的方法，实现了结果，就是老板最终想要的，所以只有在企业中秉承"结果为导向，业绩为根本"的做事原则，才能在创业的路上越走越顺。

洞见之三十一　　引流存量

互联网时代，流量的重要性不言而喻，对于创业者而言，流量就意味着客流，就是收入。但很多创业者生意做得非常累，为什么呢？因为他虽然每天都在获取流量，但是他的流量流失得也很快，所以不得不一直引流才能维持正常出单。流量红利在逐渐消失，各个平台的规则在完善，引流越来越难，在这样的大环境下如果不重视运营，没有将流量变成留量的意识和措施，无疑会累上加累。

互联网，实质上就是获取流量并叠加商业模式而形成的。而流量又分为线上、线下两种——线下的流量，就是在某个时间段内的在一定空间内的聚集，比如商场、饭店等当天所有进来的人流就是线下的流量；线上流量实际上是一个个隐藏的人，也是一个真实的存在，只是我们看不到而已，它通过 UV（网站独立访客）、PV（页面浏览量）、日活、月活等形式得以呈现。

有了流量，就有了变现的可能；没有流量，变现就无从谈起。流量是变现的必要条件，但不是充分条件。

互联网时代的下半场已然到来，越来越偏重于运营，也就是从"流量"的重心转向"留量"的重心。一字之差，却是天壤之别。如果一边涨粉一边流失又有什么意义呢？还不如将现有的粉丝维护好，把流量变为留量，服务好客户，把流进来的用户做精做深，才是接下来制胜的关键。

这里的"留量"也就是私域流量；布局私域流量，谁的私域流量池越大，谁的声音就越大。私域流量是品牌或个人自主拥有的、可以自由控制的、免费的、多次利用的流量。与之相对，淘宝、百度、京东等公域流量平台上的用户只是流过，这种流量需要商家想方设法满足平台规则并支付高昂成本。公域流量似大江东去浪淘尽，你只能独自在江边取一瓢饮，再多的流量其实与你没多大的黏性；私域流量则更像你在这浩浩荡荡、风起云涌的江边，开辟一道小渠，引水调入自己的池子里。虽眼睁睁望大江东去，却也有了自己的池塘，是养鱼养虾还是养蟹养鳖，都拥有自主选择权，我的地盘我做主。

提到私域流量，每个人的理解都不太一样，有的人把它理解成一种新的流量方式，有的人把它理解成一个用户池。我们认为私域流量有三个重要特征：私域流量里的用户是自己的，可以反复利用并可免费触达。私域流量最本质的内涵就是放弃粗放式运营，而回归到精细化运营。广义来讲，私域流量平台包括公众号、微信群、个人号、头条、抖音、App 等。其中当下黏性最好的是个人微信号。微信群的生命周期正在变得越来越短，曾经有一个数据统计说微信群的平均生命周期只有三天。

私域流量的核心是用户关系:从陌生到感情链接。用户相信你，愿意看你的朋友圈，知道你真心关心他，而不是一个只知道刷屏卖东西的商家。

为什么私域流量如此火爆？一是企业的自主性更大，创造自己体系内流量的机会大大增加。二是对消费者的认知能够更真实，因为公域流量还隔着平台那一层，就可信度、准确度而言，不如企业自己运营的私域流量。另外，私域内流量的性价比也会更高一些。三是公域流量确实越来越贵，甚至"双十一"期间，有些企业实际公域流量的采购成本，占到营收的 20%—30%。还有数据合规的问题，隐私保护相关法律法规的颁布，导致大平台，如头条、腾讯、阿里系等，对私密数据的保护性会越来越高，也使企业做公域流量应用的时候，会发现每个平台上的流量都是独立的、封闭的，平台之间用户是打不通的。疫情期间，钟南山院士曾提醒社会谨防"超级传播者"的出现，说明疫情的扩散并非取决于感染个体的数量，而取决于有多少强势个体。这种逻辑同样适用于商业。在美团、京东、淘宝这种强调平台"中心化"的公域流量中支付高昂的获客成本，也未必能恰如其分地满足个人需要，不如密切关注"留量"，培养"私域流量中的超级传播者"，也就是锁定高认可度、高黏度、高活跃度的用户，从而迅速扩散，口口相传，积累对公司品牌美誉有加的用户。

私域流量好处有很多，但它也藏着许多隐形的盲点。建立个人号、拉微信群等都不难，难的是如何在不干扰用户的基础上，真正在用户的身边提供服务。私域绝对不是简单的朋友圈收割，而是长期关系的培养。私域运营看似简单，但其实非常需要懂得平衡，就像品牌和增长之间细微的平衡一样。如果在群里一味地促销活动和运营活动，一看就是机器人操控，能真正沉淀多少活跃用户？是否反而对品牌有伤害呢？真正想要运营好社群，必须抱着精细化运营和洞察人性的出发点，把社群按照兴趣和人群细分。社群就像是品牌和用户之间的窗口，在产品上线前吸取社群里忠实粉丝的意见，大概率产品不会太差。但社群也是一个去中心化的平台，人人都可以发言，一旦有负面声音出现，就会影响整个群。

做私域流量其实主要分为两个部分，一个是流量的获取，另一个就是流量的管理。获取流量主要有以下七个方面：

一是品牌营销。这是非常重要的一个基础。

二是裂变营销。当下研究裂变的非常多，这也是社群营销的主要手段。

三是微信营销。对待微信服务号要像对待超级 APP 一样，并且将创意、技术、福利融入其中;同时遵循轻、快、有网感的原则，通过社会化的营销引爆话题。

四是事件营销。这一营销方案不应该太重，要"轻快爆"：内容轻、发力快、爆点强。"爆"有五点可寻：热点、卖点、爆点、槽点和时间节点。

五是数字广告。搜索引擎营销（SEM）、搜索引擎优化（SEO）、应用商店优化（ASO）三个方向，将付费与免费结合，同时 ASO 拦截到"最后一公里"的流量。

六是直播营销。内容方面遵循年轻化、趣味性、爆点密集的原则。平台选择：综合型直播平台，提升品牌宣传声量；电商直播平台，直接获取销量转化；抑或两者结合使用。将直播当事件来营销引入流量。

七是跨界营销。业务拓展部门本着真诚、务实、高调的原则，找到合适的盟友，了解可交换的流量，最终达到 1+1>2 的目的。

如何打造、管理自己的私域流量池呢?

针对已经获得的用户，我们需要积累标签数据，以帮助我们对用户进行更深入的了解，比如用户的性别、地域等基本数据，用户的购买行为数据以及我们跟用户之间交互的历史数据。

在用户池环节,我们需要打造一个 IP,不是简单的品牌 logo（标志）加品牌名，而是要包括头像、昵称、对外输出的内容、向用户展示的形象等。

最后是在运营用户关系的过程中实现转化。这是我们做用户关系的根本目的，毕竟跟用户关系再好，用户不买单也没有意义。转化包括四个步骤：一是让用户知晓我的服务；二是与用户保持联系；三是激发用户的兴趣；四是促进成交。

提升用户终身价值主要包括三个方面：提高老用户的复购率、提高老用户的客单价和毛利率、以利益捆绑的方式促使老客户带新客户。

在用户进来之后把他留住，相当于把我们跟用户之间交互的时间拉长。在漏斗模型中，跟用户的交互只有一瞬间，但在私域流量池中，我们可以更多次地免费触达用户，并通过 IP 打造、内容运营，给用户"种草"，提升信任关系，从而增加用户的复购率。举例来说，一个电商的微信个人号一年可以做到上百万营业额，量级跟一家普通的淘宝店相当。

通过微信个人号加的用户并非从街上随便拉的，而是有挑选的，因此可以针对他们做一些毛利更高、客单价更高的商品。什么类型的品类适合做私域流量呢？适合做私域流量运营的品类通常都拥有以下四个共同点：

一是高毛利、高客单价。私域流量池是一个重运营的事，即一定要在市场上铺人去做。比如孩子王有 6000 个专业育儿顾问，做保险同样也要铺人，当需要铺人、重运营的时候，商品品类一般是高毛利、高客单价。

二是服务期长。建私域流量池一般要跟用户做长期交互，如果只是一次性成交就结束，再跟用户交互就会有点奇怪，因此适合的品类一般服务期比较长。比如保险，用户从了解到决策就要几个月的时间，在此期间会有多次沟通，用户购买之后还要做售后服务，甚至是终身服务。

三是低消费频次。私域流量池的运营成本很高，更适合低消费频次的品类。如果是高消费频次的品类，更适合走普通流量途径。

四是长决策周期。需要较长时间进行决策的品类，跟用户之间交互的可能性非常多，交流的时间也更长，跟用户之间建立信任的可能性就较大。

把流量变成留量，就等于把用户变成了客户，也是把一次性的邂逅做成了长期的伙伴关系，这样创业者才有了一个持续经营客户的阵地。

洞见之三十二   消费升级

消费在我国国民经济中的比重越来越高，已经成为拉动中国经济增长的引擎，消费的不断升级也带动了产业结构的升级和调整。改革开放以来，我国出现了三次消费结构的升级，第一次消费结构升级出现在改革开放之初。当时粮食消费下降、轻工产品消费上升，这一转变对我国轻工、纺织产品的生产带来了强烈的拉动效应，带动了相关产业的迅速发展，并带动了第一轮经济增长。第二次消费结构升级出现在 20 世纪 80 年代末至 90 年代末。在这一阶段的前期，当时的"老三件"（自行车、手表、收音机）和"新三件"（冰箱、彩电、洗衣机）分别是温饱和小康时期的标志性消费品，作为一种时尚受到消费者的青睐，并带动了相关产业的迅猛发展。随着经济的进一步发展，后期阶段的消费特点是：家用电器消费快速增加，耐用消费品向高档化方向演化，大屏幕高清晰度彩电、大容量冰箱、空调器、微波炉、影碟机、摄像机等成为城镇居民的消费热点，普及率进一步提高。这一转变对电子、钢铁、机械制造等行业产生了强大的驱动力，带动了第二轮经济增长。目前正在进行的是第三次消费结构升级，在这一过程中，增长最快的是教育、娱乐、通信、文化、交通、医疗保健、住宅、旅游等方面的消费，尤其是与 IT 产业、汽车产业以及房地产业相联系的消费增长最为迅速。

改革开放以来，中国企业经历了产品主权时代、渠道主权时代、品牌和渠道双驱动时代，自从有了互联网之后，中国就已经进入消费升级时代。这个时代重要的特点就是消费者掌握更多的信息渠道，有了更加丰富的选择，可以更快速、更便捷地去选择商品，按照自己对品质的消费需求去判断什么适合自己，什么不适合自己。由于对消费者需求的关注度不够，很多企业为了应对市场竞争，不断陷入同质化产品过度供应的困境中。而在消费者越来越追求个性化消费的时代，每个行业都发现，必须要进行产品结构和营销模式的调整，这是我们谈论"消费升级"的一个立足点。但是，如何定义"消费升级"？应从以下三个角度来把握。

一、消费升级的本质是消费观念的升级

消费结构、消费人群和消费模式的升级，是消费者根据自己的收入情况和市场环境，不断去调整和思考自己消费结构的过程。

随着时代的发展，人们活得越来越精致，且由于科技的推动，拥有了更多智慧，不再盲目相信品牌、迷信权威。首先，在这样一个消费背景之下，回头来看，市场上的产品和服务供给与需求之间有不匹配和不均衡的现象，消费者越来越追求个性化和品质化，而很多产品都是在低价且质量不优的市场竞争，而不是在品质层面竞争；其次，三个消费群体值得关注，75后到85后的新中产阶层，85后到00后的年轻人，三四线的小镇青年是消费升级的主导力量，但是这要求企业有适应消费结构的产品和服务供给。

二、消费升级是"更好"而不是"更贵"

不能将消费升级和"更贵"画等号，消费升级是"更好"，是消费者在自己消费能力范围内，以更加便捷的方式获得生活的最优解。

　　每个消费者都会有自己的一个权衡和选择，他在寻找的是生活的最优解。生活最优解从哪里获得？有些品牌从未在电视广告中见过，有些品牌也从未在线下商店见过，有些品牌只在朋友圈出现，也有很多品牌只在微信小程序里出现。因此，让消费者用最实惠的价格买到最优的产品，是当下中国消费市场最大的机会。

　　以小米为例，它始终坚持做"感动人心，价格厚道"的好产品，让全球每个人都能享受到科技带来的美好生活，因此，依靠性价比较高的品质产品，俘获了众多"米粉"的心，以此延展到更多的生活领域。这两年突然兴起的名创优品、小米有品、网易严选等模式，都是提供"生活最优解"的典型代表。

三、消费升级会重构品牌关系

　　消费升级给很多细分市场的新晋品牌带来机会，老品牌面临挑战，需要顺应消费升级，对产品进行创新，新品牌需要思考怎么样从更细分的市场，去满足消费者个性化需求，打造更精致专业细分的品类。

　　作为品牌，如何定位更细分的人群？如何使消费者感受到品牌的价值观与态度，拥有物超所值的体验？在消费升级新阶段，我们有两件事值得大力去做：因人而异，抓住消费升级的本质；全力转型，由产品交易全面转向品牌服务。

　　过往的品牌视角通常"由内而外"，从品牌内部与行业内部出发，打造品牌的方式也主要依赖营销手段。一批品牌因此成功：王老吉、九阳、格兰仕等。但在消费升级新阶段中，营销三大基石：媒体、渠道、消费者的改变非常大。品牌无法单纯依靠营销达成定位目标，媒体不断细分垂直，不断去中心化，效用无法精准衡量；

传统流通渠道缓慢沉重，集客难度越来越大；消费者的偏好持续更迭，以前所未有的速度变化。

创业企业如何抓住消费升级来进行转型？笔者之见主要有三个策略：第一是结构化升级，要应对不同群体推出不同的产品；第二是从消费时间和空间上，满足更多场景化消费；第三是打造引领生活方式的产品和服务，引领新的消费潮流与趋势。品牌需要重新定义、需要新的沟通话语、需要新的传播界面。

消费升级的五个趋势值得关注。

趋势一：精致的悦己主义

过去，很多中国消费者更多在追求符号化、炫耀性和感性的需求，用品牌来彰显自己的身份，尽管今天在奢侈品领域依然存在这样的倾向，但是在很多领域，消费者的观念已发生改变，逐渐从社会认同、消费符号转向注重自我个性表达。品牌不是消费者必须仰望的，消费者希望品牌能够代表自己的品位，代表自己的一种生活理念，这种由"悦人"到"悦己"的转变值得关注。

而对于商业与品牌，也从大众时代的功能商业转向精众时代的精神商业。消费者不再仅仅注重商品的功能，对于外包装，产品理念等元素也同样看重，每个品牌都要给用户赋予精神标签，而且要反复强化，就像大家都说，我是小米的"粉丝"，"米粉"代表着一种文化认同。

新生代消费者"以我为主"，不愿意被外在品牌"牵着鼻子走"。他们不再迷信大牌，而是更注重个人感受，更在意品牌和自身价值的契合。也就是说，消费者的品牌诉求不再是国际名牌的"炫耀性"，而转化为个性潮牌的"悦己性"。消费者想要在产品中找到共鸣，通过有文化底蕴的产品彰显自我。

趋势二：情绪经济愈演愈烈

如今产品已经成为消费者情绪和情感表达的界面，品牌力在于你对消费者情绪的卷入度和带来的社交扩散力。就像可口可乐做歌词瓶、台词瓶、城市瓶，让产品包装也成为一种新的表达式媒介。抖音上流行的答案茶，也是情绪经济的典型案例：奶茶本质没什么不同，不同的就是这个奶茶可以安抚我的情绪。

情绪经济在商业上如何应用？关键是要对消费者的小情绪进行洞察与表达，让消费者感受到超越产品的情绪体验，激发情绪共鸣的社交触点，形成有态度有主张的品牌构建。创业者应该利用不同的渠道，为自己的产品赋予各种场景和情境，打造爆款。

趋势三：年轻人的消费主场时代

今天我们所有品牌最焦虑的事情就是如何争夺年轻一代，不管是千禧一代还是进入舞台的 95 后。很多品牌都在讲搞定年轻人，却发现年轻人不买单。

中国年轻人反对权威，独而不孤，不屑解释，活在当下，面对这样一群人要学会他们的语言，你要真正能够和他们玩在一起。这两年有很多老品牌，在这个领域做了很多的创新，比如小茗同学，以"认真搞笑，低调冷泡"为品牌口号，与年轻人打成一片，与中年大叔对立和互动；再比如，日产汽车"为年轻怒放"；百威啤酒在线讲"敬真我"。这些都是嵌入年轻人心理，和年轻人进行深度对话的改变。知萌帮助 vivo 在全国大学生中通过 95 后进行广告创意，针对"照亮你的美"，大家可能没有想到会有这样的表达，"说好一起丑成狗，你却偷偷用 vivo"，这才是 95 后的腔调。

趋势四：虚实结合、文化增值、内容赋能

所有互联网语境和互联网内容，如果和现实生活进行融合，必将产生一股新的力量。就像大家看到的农夫山泉和网易云音乐合作，以及化妆品公司与故宫合作打造联名爆款，数字内容和实体进行交叉赋能。

虚实的融合会创造新的场景消费，就像我们看到知乎开酒店，严选开酒店，很多酒店里面开设了电影院的主题房，甚至罗森和哔哩哔哩合伙开超市。

新零售不仅仅是智能技术的应用，更重要的是让内容为渠道赋能。奔驰在全球开了 7 家咖啡厅，三里屯奔驰的咖啡厅，一年来到咖啡厅的人有 100 万人，大家可以想象一下，通过多大的成本可以找到 100 万人进入 4S 店？

趋势五：效率提升与智能陪伴

节约时间的产品越来越受欢迎，无论是对于 60 后还是 90 后，人工智能将会成为未来每个消费者的私人助理，是懒人经济的表现，也让更多消费者通过智能化量化自我生活。同时，智能化会成为消费者的新的陪伴。

我们看到各种各样的"懒人智造"的产品，大家都在追求智能，甚至一双跑步鞋都装了各种各样的芯片，能够记录你的轨迹。未来，在智能化时代，万物皆媒体。人工智能将会让信息时刻触达，会串联所有终端和所有智能化设备，然后提前预知你的需求，更重要的机会在于智能化怎么样提供更多消费者需要的服务。创业者的产品也应向提升效率、节约时间以及智能化方向发展。

今天的中国消费升级正逐渐呈现出多元化、个性化的发展特点，传统的品牌格局被新兴势力打破，而传统的商业也面临着移动互联网创造的新基因物种带来的冲击。如何捕捉变革时代的消费动向，将成为各个企业品牌应对新时代消费浪潮的热点话题。

洞见之三十三　　一屏打尽

　　移动互联网大行其道的今天，创业者要能把所有的生意装进一块小小的屏幕里，这个屏幕就是手机。在现代生活、工作中什么都可以缺少，唯独不能缺少手机，手机几乎囊括了沟通、社交、游戏、娱乐、支付、银行、工具、现代生活等所需要的一切，把它比作人身上的一个重要部位都不夸张。

　　创业者要能把产品调研、获客、下单、设计、生产、物流、信息、结算、售后等商流、物流、信息流、资金流统统装进手机里进行，如果创业者还不能把生意装到这块小小的屏幕里，已经与时代脱轨了。当手机能完成全部业务运营及办公所需时，创业者就真的是一个创新者了。

　　手机移动办公是利用智能手机实现办公的全新方式，它是移动通信、电脑与互联网三方融合的最新信息化成果。

　　目前，手机移动办公有两种方式，一种是利用运营商的托管服务，企业无须搭建任何平台，只要同运营商租赁服务，即可使用包括手机移动 OA（办公自动化）、邮箱、进、销、存等在内的一系列办公服务，主要面向国内的中小微企业；另一种是需要在企业或政府内部构建信息移动化平台后，通过在智能手机上安装信息化的软件，实现手机和企业的各种信息化系统，如企业 OA 系统、ERP（企业资源计划）系统、CRM（客户管理）系统、HR 系统等的信息互通，使用手机能完成操作、浏览、管理企业的全部工作事务。

随着智能科技的发展，中小微企业必须意识到在工作中结合移动互联网的重要性。中小微企业每年都在不断发展壮大，也就意味着需要一种能够帮扶中小微企业适应不断发展的技术。现有手机APP 都有考勤、流程、审批、工作汇报、日程管理、客户管理、排班、任务分配、即时通信、企业云盘等功能，都是企业日常使用率较高的，能提高企业运营效率，也让无纸化办公更加方便快捷，更有效率。

移动互联网让工作更便捷

现在只要在手机有信号的地方就能随时随地进行日常工作的处理，无须用电脑解决处理问题，无须像等待大量数据的网页那样进行下载消耗时间，无论是在出租车上还是在候机大厅，随时随地可以通过手机处理工作内容。智能手机及移动互联网的存在免去了携带笔记本电脑的麻烦，操作方便简单，同时工作地点也不再局限于在办公室，即使下班途中也可以用手机迅速处理一些紧急事务。

手机处理问题更加及时

随着快速发展的科技时代，中小微企业对高效率办事越来越重视，往常在 PC 端办公的时候，运营维修上会有些困难，销售、生产、运输、售后等各类信息不能实时同步，手机就可以轻松解决此类问题，手机移动 OA 可以和 PC 端信息实时同步。只要在手机上登录软件，就可以第一时间收到 OA 系统发来的待办事项等提醒，可以进行点对点的社交化沟通，以便各部门人员及时进行处理，无须再将自己禁锢在办公室当中。无论是创业者还是企业员工，只要使用手机，无论出差在外，还是正在上班的路上甚至是休假，都能及时审批文件、浏览公告、处理个人事务等。手机处理事务模式将以前的零散时间有效利用起来，工作效率和时间使用率在不知不觉中就会提高。

企业工作更加规范

通常不在电脑旁的情况下，人们习惯在 QQ、微信上进行工作的沟通或是文件传输，这样会使很多碎片化的重要信息丢失，智能手机办公系统可以使重要的文件及信息通过手机系统处理，并且会一直保留。办公人员直接可以在手机系统上进行提醒、催促办理重要的事项审批，领导也无须将系统的密码告知他人代办，办理人可以直接在手机上进行处理，也增加了重要信息的保密性，使企业办公统一规范、更加安全、信息不再零散。

手机功能强大灵活

由于智能手机移动信息产品的快速发展，以及移动通信网络的成倍增长，以往很多要在 PC 上处理的工作事务，都可以通过手机完成，手机的功能堪比电脑办公。同时，针对不同领域的业务流程需求，可以对手机办公系统进行专业的开发定制，可以灵活多变地根据企业自身需求设计手机办公的功能。随着 5G 网络正式商用与云架构技术的发展，手机远程移动办公已经逐渐成为越来越多商务人士的选择。

避免不能接受的错误

使用传统纸质表格和手工审批流程经常会出现很多错误，并且对中小微企业而言成本也是极高。纸质文书工作不但耗时，还浪费纸张，经常会在工作的过程中丢失或损坏。手机软件系统的使用能够将企业内部所有工作内容简化，一个手机软件就能帮助减少这些经常出现的错误。

智能手机的安全性

由于手机要通过开放的无线网络接入政府或企业的内部网，所以推广和使用手机处理事务的首要问题就是移动网络是否安全可靠。网络安全在当下是一个非常严峻的问题，手机办公系统的安全问题更是不容小觑。如何保证政府或企业网络信息安全，也是用户非常关心的问题。手机需要经过运营商的无线网或运营网络，就有可能出现信息被泄密或遭到黑客窃取等问题。因此手机也需要通过极为安全可行的解决方案，才能使手机的广泛应用成为可能。

采用基于云计算的技术方案，可为中小微企业提供手机使用的最佳防护。许多自有服务器的中小微企业都没有意识到，服务器系统数据可能会受到攻击、损害，甚至丢失。如果企业服务器被外部攻破，造成的经济损失还是可以弥补的，但企业形象的损失和再次塑造的困难是难以弥补的。考虑到中小微企业服务器的运营和维护，在大多情况下都是外包给第三方公司托管，因为它并不涉及公司的主营业务。手机移动软件才是企业最应关注的焦点。

更快速地收到客户付款

手机移动支持云技术可确保企业尽快获得客户付款。使用手机移动应用程序，工作人员可以在他们的设备中直接发送电子发票，从而更快地收到客户款项。

能通过 GPS 实时掌握员工位置

手机 GPS（全球定位系统）定位技术的使用，可确保了解企业现场技术人员的位置。往常在这一问题上的问责确实是个问题，因为后台的经理不知道他的一线员工在哪里。GPS 定位使项目经理能够实时查看员工位置，在不同地方花费了多少时间，从而增强了员工的责任感。

微信和钉钉手机软件

企业微信和阿里钉钉在手机软件中都已经是很成熟的产品了，创业者可以根据企业的需要，选择适合自己企业的手机软件，再配合 Ao（任务清单）、ERP 等手机办公软件，完全可以在任何地方随时处理所有事务。

现代生活中总是有很多新事物出现，刚开始手机只能通话、发短信，逐渐发展为可以拍照、视频，现在可以进行手机支付、点外卖，外出可以不用带钱包，所有问题都能用手机来解决。如果在星巴克里看到身着商务装的人，在不停地用手机或者手机横着加上一个小键盘忙个不停，他很有可能是在解决企业事务或是在和客户沟通。

手机之所以被大众热捧，成为当下主要的办公工具，是因为它有着便捷优势，解放了人们的工作空间问题。人们不必局限于办公室里，可以随时随地进行工作交流。

有手机就不需要携带笨重的电脑出行了，也不再有令人困扰的网线问题。只要有手机，加上 5G 网络的逐步普及，就可以很方便快捷地解决一切工作事务，创业者再也不用担心因为没有在公司而耽误紧急事务了。

要尽量把生意的全部要素，企业全环节、全过程，全都装进手机里。否则创业者的生意很难沉淀，更不要说什么大数据、云计算这些更新的概念了。

道、法、术、器之器为上。本质上工业化时代以后进入了"器"推动社会科技进步和商业革新的时代，这也是 200 多年来欧美国家领先世界的实质原因。对于商业来说，装不进"器"的道、法、术，都是耍流氓。现代创业者到了用"器"把"道、法、术"想明白、理清楚的时候了。

洞见之三十四　　诚信第一

2020 年 4 月 2 日，在美国上市的瑞幸咖啡自曝家丑，承认虚构交易高达 22 亿元。在消息公布的当晚，瑞幸咖啡股票价格暴跌，盘中六次熔断，截至收盘跌幅高达 80%，数十亿美金的市值灰飞烟灭。瑞幸自此被牢牢地贴上了造假和极不诚信的标签，这给中国的企业家或创业公司，尤其是在美国上市的中概股公司，带来了巨大的负面影响。

"诚信"二字在中国，几乎人人都会挂在嘴边，好像人人都很诚信一样，其实则不然，嘴上说的越多，我们做的就离得越远。本篇专门来探讨"诚信"二字，其实笔者心里非常虚，好像自己是多么诚信一样，其实也未必。但是，虽然大家都明白诚信这个道理，出于对自己的提醒和对他人的警示，还是必须要谈谈的。

在中国传统文化中，诚信是最内在、最根源的价值。"诚者，天之道也；思诚者，人之道也。"诚，指真诚、诚实；信，指信任、信用和守信。"诚"与"信"合起来作为一个道德范畴（其实已经远远超越道德范畴了，比如失信很可能属于法律范畴），是现代社会的产物。

在市场经济日益发展的今天，诚信对我们更是有着特殊的意义，尤其是对于一个企业的生存和发展，可以说诚信是现代企业的一个黄金原则。企业坚守诚信的底线，指的是企业在市场经济的一切活动中要遵纪守法，以信取人。在市场经济中，企业诚信具有经济学价值，是对企业在道德、法律等方面价值的肯定，是企业无形资产的重要组成部分，具有重要且不可替代的价值。

诚信是企业的立业之本

人无诚信不立；家无诚信不和；业无诚信不兴；国无诚信不宁。

对于市场经济下的企业经营者来讲，诚信经营是立业之本、兴业之道，在任何交易、任何情况下，坚守诚实信用是企业最根本的选择。

美国华尔街金融巨头摩根的祖父，最初经营过很多行业。后来，老摩根投资参加了一家叫"伊特纳火灾"的小型保险公司。当时，保险业刚刚起步，不需要投资一分钱，只要在股东名册签上姓名即可。投资者在期票上署名后，就能收到投保者交纳的手续费。然而，在一次续约后，发生了一场特大火灾，投资者个个傻了眼，他们将面临巨额的索赔，于是纷纷表示要放弃他们的股份。

老摩根并没有这么做，他认为既然是股东，就应该讲信用，于是派人去处理赔偿事务。代理人从纽约回来，不仅处理了赔偿，而且取得了很多投保者的信任，带回来了大笔的现款。于是信用可靠的"伊特纳火灾"保险公司在纽约名声大振，新的投保金额提高了一倍以上。

正是诚信让老摩根取得了投保者的信任，从而塑造了企业形象并且赢得企业信誉的基石，而老摩根从这次火灾中净赚了 15 万美元。在那个时代，15 万美元可是一笔不菲的财产。

你如何对待客户，客户就会如何对待你；你不诚信，客户也不会买你的账。

诚信是企业生存和发展的基石

阿里巴巴对于很多人来说，直接或间接都有过接触。"双十一"的辉煌创举，更是有目共睹！阿里巴巴发展到如今的盛况凭借的是什么呢？

马云曾在阿里巴巴10周年的庆典上说："创业是为了什么？在阿里10周年的时候，我意识到商道的根本在于诚信的积累，我一切的目的都是为了获得信任，获得社会、客户、员工、股东对我的信任。"因为在马云看来，获取这些信任非常不容易。他告诫每个创业者："从第一天起就要珍惜每个客户、每一个加入你团队的员工、所有的股东，得到他们的信任，才能越走越远。"

古人云："求木之长者，必固其根本；欲流之远者，必浚其泉源。"企业要实现真正的基业长青，诚信经营是关键，也是基石。

同仁堂就是以诚信为本而铸就的百年企业。早在清康熙年间，同仁堂就立下了"同修仁德，济世养生"的"堂训"。而同仁堂门口的一副对联更是广为人知，即"炮制虽繁，必不敢省人工；品味虽贵，必不敢减物力"。正是秉持这种诚信的理念严格选方、制药，使得同仁堂300多年一直长盛不衰，保持着良好口碑。

在市场经济社会，"客户就是上帝"，市场是铁面无私的审判官。企业如果背叛上帝，不诚实经营，一味走歪门邪道，其结果必然是被市场淘汰。很多恶性事件继续深挖，起源都是企业失去了诚信之道。比如之前三鹿的"毒奶粉"，2018 年假疫苗事件等，最终给企业经营者带来牢狱之灾。一旦失去诚信，对于企业或是个人造成的冲击力与影响是不可估量的。

诚信是塑造企业形象和赢得企业信誉的基石，是竞争中克敌制胜的重要砝码，是现代企业的命根子。

诚信是企业的无形资产

在今天，诚信不仅仅是一种道德规范，更是可以给企业带来经济效益的重要无形资产，在某种意义上甚至比物质资源和人力资源更为重要。

世界著名的通用电气公司（美国一家多元化服务型公司）其致股东的一封信中首先讲的就是企业诚信问题，"诚信是我们价值观中最重要的一点。诚信意味着永远遵循法律的精神，但是，诚信也远远不只是个法律问题，它是我们一切关系中的核心。"

一定程度上来说，打造和坚持企业诚信作为企业文化的核心价值观，对形成支撑企业健康发展的独特文化特征，对推动企业从优秀迈向卓越具有极为重要的促进作用。

诚信意味着企业具有良好的信誉；只有拥有良好的商业信誉、值得信赖的企业形象，才能使客户信任企业提供的产品与服务，成为企业的忠实客户。忠实客户利用自己的体验与感受引荐、影响其他客户，这样，企业的客户群就会越来越大，市场占有率不断提高，从而使企业持续快速发展，成为行业中的佼佼者。

打造和坚持企业诚信，有助于企业的内外发展

对内，诚信作为企业文化的核心价值观，能够把企业在长期奋斗中形成的优良品质、顽强作风挖掘和提炼出来，成为企业员工认同和遵从的价值规范，有助于把员工对企业的朴素情感升华为强烈的责任心和自豪感，把爱岗敬业的自发意识转化为员工的自觉行动，使每个个体的积极性凝聚为一个整体，从而极大增强企业的生命力和活力。

对外，企业在经营活动中诚实守信，就能形成巨大的吸引力，从而不断赢得创业和发展的机遇，其信誉度就会不断提高。只有坚持做到"内诚外信"的企业才能拥有更多的合作客户并与其建立"共生共赢"的合作关系。而一个失信的企业只能是搬起石头砸自己的脚，虽能欺骗客户吸引消费者一时，却最终会在未来市场竞争中淘汰出局，沦为市场的弃儿，严重者甚至将受到法律的严惩。

对于企业来讲，诚信是灵魂、是生命、是企业生存和发展的永恒的动力。企业对客户诚信会带来资金支持；企业对供应商诚信会带来最好货源；企业对员工诚信会带来美好未来；企业一直都讲诚信，必将铸就百年企业。

诚是企业赖以生存的制胜法宝，是企业的核心竞争力；信是企业的信用，是企业的命根子。企业的一切经营活动都必须依托诚信这一无形资产才能顺利进行。让我们努力建设企业诚信之魂，营造一个诚信的市场经营环境，唯此，才能铸就企业基业的长青之路。

洞见之三十五　　产业链

当下不少创业者在做创业行业选择时，不是热衷追逐风口，就是喜欢追求新奇特，以求能在竞争激烈的商业世界中，发现一片仅属于自己的蓝海。想法当然不错，可做着做着，他们就发现了问题所在，因为所有的创业项目必然属于某个产业链条上的一环，你的产品或服务必然需要上下游产业的供给和配合。如果你的创业项目不在一个相对成熟和完善的产业链上，你的想法再美好、规划再完善，也只能是雾中花水中月。

产业链是产业经济学中的一个概念，是各个产业部门之间基于一定的技术经济关联，并依据特定的逻辑关系和时空布局关系，客观形成的链条式关联关系形态。产业链是一个包含价值链、企业链、供需链和空间链四个维度的概念。这四个维度在相互对接的均衡过程中形成了产业链，这种"对接机制"是产业链形成的内在模式，作为一种客观规律，它像一只"无形之手"调控着产业链的形成。

产业链将相关产业联系在一起，表现的是不同业态之间的关系。一般来讲，产业链始于自然资源，止于消费市场，但起点和终点并非固定不变。

产业链的本质是用于描述一个具有某种内在联系的企业群结构，它是一个相对宏观的概念，存在两维属性：结构属性和价值属性。产业链中大量存在着上下游关系和相互价值的交换，上游环节向下游环节输送产品或服务，下游环节向上游环节反馈信息。

产业链的成熟和细化的分工能够大大提高生产效率。我们现在用的手机、汽车和个人电脑，这些产品的质量在近年都有大幅提高，在使用过程中几乎不存在大的质量问题。我们所熟悉的苹果手机，屏幕是由 LG 和三星提供的，电池是由 LG 和比亚迪提供的，硬盘是由希捷提供的，基带是由高通和英特尔提供的。纵使像苹果这种雄霸世界市值过万亿美元的伟大企业，也难以把一部手机所涉及的上下游产业链全部打通。即便它有能力全部打通，也没有必要，因为现在的企业本质上是资源整合，而非独家通吃。我们当然知道如果所有的外包工作都由苹果一家独揽，也许手机的质量会更高。毕竟这当中任何一个生产环节，都会体现在手机的整体使用感觉上，自家员工肯定会比代工的更愿意付出，不会马虎对付，以免搞砸了自己的口碑。但为什么苹果没有这么做呢？原因有二：一是前期投入成本过大，沉没成本过高；二是分工能提高生产效率，分工越细生产效率越高。

所以苹果公司只需掌握手机核心的那几样技术就够了，其他的边缘组件都应该尽可能地以分工的形式和别的厂商合作，而自己则苦心钻研核心技术，实现利润最大化。如果苹果公司所有的部件都自己做，苹果在手机行业远远达不到今天的地位。

国内对于产业链理解极深，对传统颠覆相当大的公司应该就是小米了，很多人对小米的印象还停留在一家手机公司上，但实际上小米早就不单单是一家手机公司了，小米是一家科技公司，一家物联网公司，一家生态链公司。

小米手机生产模式被称之为"类 PC 生产"，即是一种按需定制的生产模式。消费者通过网络进行下单，公司获得消费需求指令，立即向供应商采购零部件满足生产需求，比如向高通采购芯片，向索尼采购摄像头，向夏普采购屏幕。

手机产业链比电脑产业链更为复杂，很多关键部件都需要提前预订，从下单到出货，时间也各不相同。例如，屏幕的采购时间最长，一般为三个月，电池的时间一般为两个月，芯片至少为两个月，摄像头则至少需要一个月。从零部件预定到整机出库，时间至少需要三个月。面对上百家的上游供应商，极致把控产业链，才能在手机这样的行业作出一定的名堂。

小米在选择供应商时，不仅需要评价供应商的服务产品质量、供应价格，更重要的是要评价其拥有的信息、技术、人才、获得资源的能力、企业的战略目标、企业文化、企业信誉等能影响长期经济利益和协调机制的综合能力。小米手机的生产模式属于外包的形式，但是小米对代工企业从生产到物流进行严格的监管，从根本上保障产品的质量和稳定性。

除了产业链以外，小米的库存管理模式也非常值得称道。当你产品好卖，一旦出现缺货风险，经销商就会增加订单，怕他们没有货，那么就会造成假象，好像我们这个需求很旺盛；等你货品齐全，他们又不会要那么多，一下子库存就会高起来。

小米的库存管理主要分为原材料库存和产成品库存两块：

（1）原材料库存管理。消费者实时下单，小米获得订单需求，进行产业链环节的采购，分别向不同的供应商采购不同的零部件，手机组装由富士康和英华达两家代工厂完成，这样就实现了原材料的"零库存"。小米手机通过对原材料的实时监控，满足了手机订单的生产，也实现了零库存管理。

（2）产成品库存管理。手机产品进入仓库，等待发货。而小米的配送中心仓储库房被划分为两个部分，手机和 SD 存储卡单独放在高值区，电池、外壳等配件放在另一个区。通过对产品库存管理，辅助实现订单的及时配送。

小米手机在市场上处于供不应求的状态，正是由于其对产业链和库存的极致把控，最终实现了按需定制，成为国产手机品牌的一支中坚力量。对于小米中等及以上的供应商，雷军都亲自拜访过，足以体现雷军和小米对产业链的重视。小米手机之所以能够实现极致性价比，也离不开背后强大的产业链。

除了手机以外，小米还有其小米生态链。小米生态链上的企业目前已经超过了上百家，所发布的产品包括路由器、插线板、空调、签字笔、扫地机器人、音箱等百余种产品。全球制造业有几十家独角兽企业，小米生态链上的企业就占据了四家，其中两家已经在美国上市。如果说某一家企业在某一个行业成功了，可能会有运气等因素，小米生态链这么多企业，这么多不同行业的产品取得了如此大的成功，背后一定有逻辑的因素在里面。笔者认为，小米及其生态链上的企业能够获得成功，除了产品设计、营销、性价比等因素以外，还有一个重要的因素，那就是成熟的产业链及对产业链的深入洞察，而这一点恰恰容易被很多创业者忽略掉。小米生态链上的所有产品都是产业链非常成熟的产品，选择产业链成熟行业有一个好处，这个市场已经被验证过了，你便不需要再培育一个新的市场。

真正的创新的核心是抓住事物的本质，是"以始为终"思考问题：用户要的到底是什么？我们要的到底是什么？因此，要坚持用简单、清晰和聚焦的思路追求事物本质，唯有如此，才能极大地提高创业成功率。

但产品成功的光环，掩盖不了卓越运营和产业链管理的贡献。产业链是把设计师设计的产品变成现实的过程，如果没有各个配件行业顶级的供应商按时保质保量的保障供给，再好的设计也没办法变成现实。因此，创业一定要选择上下游产业链成熟的行业。

洞见之三十六　　流动性

　　什么财务指标能瞬间决定一个企业的生死？不是企业资产和负债多少的资产负债表，也不是赚多赚少的损益表，而是那张资金进进出出的现金流量表！看好企业的现金流，管好企业的流动性，也就管理好了企业的生命线。

　　现金流是企业财务管理最首要也最重要的环节，大多数企业倒闭破产，并不是因为企业不能创造利润，也不是因为企业的资产规模不够大，而是资金链中断！没有足够的现金支撑企业日常开支，企业一天也活不下去。现金流是动态的，有流入，也有流出，如果流入少于流出，那么企业就会面临现金流危机风险，如不能及时解决，企业就会破产倒闭。

现金流对企业的重要性

　　第一，企业财务报表的提供，现金流量表反映企业某个时间段现金和现金等价物流入和流出的情况，企业动态体现的财务情况，以便会计报表的使用者了解和评判企业获得现金和现金等价物的能力，并以此预测企业将来的现金流量，对企业的盈利能力进行评估。

第二，企业从价值看，现金流是企业生死存亡的命根子，提升企业价值独有的方式。企业在持续运营的状态下，企业的价值由每年贴现率和自由现金流量而定，现金流增长就说明企业价值的增加。可见，企业价值的多少决定于企业获取现金流的能力，最终体现为一系列现金流量。企业现金流的速度和体量决定企业的价值。

第三，现金流体现企业的市场价值，现金流情况能让投资者对企业的实际情况了如指掌，反映真实的企业投资价值。充足的现金流说明经营良好，企业承受风险的能力更强，也让投资者更有信心。

第四，在企业运营管理上，现金流是企业发展和生存延续的根本。企业的运营管理中，资金从货币到货品形态，再到货币形式，循环往复不停地运转，借此完成价值的增长。

企业如何管理好现金流

企业管理中应高度注重对现金流的管理，不断提升现金流管理的措施，使现金流管理更科学合理，从而降低企业经营风险。

一、对现金流实施分类管理

企业现金流分为经营现金流、投资现金流和筹资现金流。经营现金流是除企业投资和筹资之外所有业务经营和项目产生的现金流，包括出售产品或提供劳务、经营性租赁、采购物品、创造产品、缴纳税费等；投资现金流是通过企业固定资产的处置与构建、长期和短期投资的处置、无形资产的构建等产生的；筹资现金流是企业投资吸纳、股票发行、银行贷款、利润分配等，导致企业资本及债务规模和组成变化所产生的。每种现金流的内容形式不同，因此管理重点和管理的方式也不同。

1. 对经营现金流的管理

经营现金流是企业使用自身拥有资源创造的现金流量。企业要长期稳健发展，必须依托企业运营的良性现金创造功能；企业可以通过提升利润等方法，提高经营现金流，支撑现金的可延续性。企业有优异的运营现金流动体系，即便出现暂时性的资金缺口，也可以通过健康的现金预算合理安排资金周转化解。企业可以按照自身运营的特性，对现金流入和流出分别实施管理，现金流出控制中心确保流出的现金产生效益，偏重收益性的提升；现金流入控制则参考企业运营对流动性的需求，企业可以预算管理完成对控制现金的开支。

2. 对投资现金流的管理

投资现金流是企业投资中产生的现金流量。企业可依据投资的特性，对投资现金流入和流出分别实行管理，可以经过资本体系预算控制开支、预估现金流入，还要实时收笼投资、实时收取投资收益。

3. 对筹资现金流的管理

筹资现金流是企业筹资产生的现金流量。为探索融资途径，筹集充足的资金，减少筹资成本，实时支付利息，做好利润分配等工作。

二、控制现金存量，实现现金平衡

现金管理的宗旨是在企业确保生产运营所需现金的同时，尽可能节省现金，减少现金持有量，将空闲的现金再进行投资，以获得更多的投资收益。企业应重视在风险减少与收益增长之间寻求均衡点，以保证最优的现金流量。企业拥有的现金不足，就难以维持日常开支需求和投资动机，不能应对不测事件的现金需要。现金发生紧缺危机，就会影响到企业的信用和正常运营；拥有过多现金，使得资金搁置，盈利收入就会减少。因此，企业管理现金的目的在于确保拥有现金的最佳额度，既要确保能够支持企业日常运营需求而又不出现闲置的现金。企业在投融资、股利分配、现金预算和财务控制等环节上，都必须严格遵守现金收益性与流动性的统一规定，最佳运用资金，合理支配现金流量，实现现金流量的最优化。

1. 实施现金预算管理

企业经过现金预算筹划和支配企业现金流确保企业策略目标的达成。企业安身于将来的现金流量境况，经过现金预算管理对投资总额、负债程度、资产情况实施控制，并对未来重要事项的投融资、大额债务的还本付息等作出兼顾安排。现金日常预算经过日常的现金安排确保现金流井井有条，永无止境，从而保证企业生产运营的实行，满足企业达成价值的创造。企业编制体系以现金流量为起点的资本预算，可以确保现金流通顺，不会陷入资金断裂的财务危机中。企业可以经过编制体系预估资金流入状况。当预估现金缺少时，可以通过债务融资和权益融资筹措资金，增补缺少的金额；当现金有过余的闲置，可以物色投资机遇，扩大企业的收入。

2. 创建现金流报告系统

企业可以经过确立现金流报告系统，及时体现各部门现金数量、最少现金需要及预估的流动方向和额度。企业各部门的现金情况归纳后取得企业总现金结余或缺少金额，然后思量利率、汇率及各部门资金需求的可能变动等成分，采用短期投融资对策调整现金额度，使现金到达合理状态，提升资金的应用效果。

三、掌控现金流动速度，提升现金周转效率

现金流动速度是从支出到回笼所需要的时间，往往用资金周转率指标来评定。企业加快现金流的周转可以缩减周期，降低占用营运资本，使企业价值增长。现金周转期是从资金投入经营生产开始，到最后再转化为销售款项的流程，需要经过存货周期、应收账款周期、应付账款周期的不同阶段。企业可以采用缩减应收账款和存货周期、延迟应付账款周期等方式，缩减现金周期，提升周转效率。

四、利用现金内部控制制度，达成现金流程管理

现金流程管理关联现金流的组织、岗位、授权及处理现金收支业务的手续和过程。现金流程管理包含现金流周转流程、现金内部管控设计、企业信用政策部署和应收账款回笼、销售回收货款、流动资产采购现金的部署、固定资产建立以及长期投资进程现金的部署和流程优化、资金筹措方案等。每一个流程对企业现金流的影响都极度重要。现金流程管理保障现金流的安全性，可以通过确立货币资金的内部会计管制来完成。货币资金控制又包括岗位分工管制、授权批准管制、现金管制、银行存款管制、票据管制、印章管制和监督审查。

五、建立现金风险警示体制，防止现金流风险

现金流风险就是资金短缺、可能产生周转困难的风险。现金流风险对企业影响巨大，轻则引起企业缺少日常经营现金，造成资产亏损；重则导致企业债务无法清还，陷入财务危机而破产。

创建现金流风险警示体制可以防止企业出现资金链断裂风险。现金流警示体制作用是企业现金流偏离一般情况时，告知企业可能濒临的现金流危机，通过了解形成原因，提早选取防范应对方案。现金流风险警示体制应该从现金流的构成、总体量与企业运营规模、现金流质量、现金流取得和维持能力等多个维度进行构成。现金风险警示体制一般包含专门的组织或人员、警示标准体系、相关的现金流信息及传送、指标的分析处理等。

企业加强管理好现金流可以有效提升市场竞争力。市场日益激烈的竞争，要求企业在生产经营管理中不断求异、求快、求新，实时调整生产产品技术，以满足用户变化无穷的需求。在这种竞争环境下，现金的流动性就是确定企业运营速度的最重大的因素；通过现金流的管理，就能够使企业维系优异的现金流动性，提升资金的使用效率，使企业的资金可以实时地转化为生产力，提高企业的竞争力。

洞见之三十七　　数字化

　　数字化，是数字社会中企业发展的必然趋势，也是进行要素和运营优化的途径，一个企业的数字化水平，是它在未来市场竞争中地位和业绩的基础。在人口红利消失，几乎人人都能随时上网的当下，以流量为基础的互联网市场几近饱和。未来十年，那些提前完成了数据化、在线化、智能化"三步走"的传统企业将成为新的行业领导者，并将利用最新的互联网和人工智能技术取得竞争优势。

　　房地产是传统产业，但就是这样的传统产业，仍然能与互联网和数字化深度融合，完成传统企业的极速转型。恒大在这方面做出了典型。

恒大的线上看房

　　2020 年初，新冠疫情肆虐全球，给全球经济带来重大影响，世界多国经济几乎停摆，我国经济由于隔离控制疫情等因素也受到了严重影响，餐饮业、旅游业、房地产业等受疫情影响严重的行业，一季度业务出现断崖式下跌。但就是在这样的环境下，有一家房地产企业逆势崛起，它就是——恒大。根据恒大发布的 2020

年一季度的销售数据，恒大累计取得合约销售金额约 1473.7 亿元，较 2019 年同期增长 23.2%，累计合约销售面积 1658.2 万平方米，较去年同期增长约 50.4%。在疫情肆虐的 2020 年初，在全国隔离，经济停摆，其他房地产商断崖式下跌的背景下，恒大交出的业绩单堪称完美。这背后，除了其团队的能力和付出外，最主要的就是恒大在 2020 年初推出的线上看房模式，"看房—选房—购房—售后"的一站式营销服务。

看房：VR 沉浸式体验

购房者只需关注恒房通小程序，即可通过 VR 看房全方位、可视化地了解建筑物内外部空间及功能，亲身感受房间布局和设计，在线便能浏览园林实景、样板房、配套环境等楼盘详细信息。

选房：一房一价，公开透明

购房者登录恒房通，选择意向项目即可看到项目所在的不同楼栋、不同户型的具体价格。值得注意的是，恒大公布的房源价格，均是折扣体系下的折后销售价格，按恒大的优惠政策，即"全线 78 折 + 恒房通推荐额外 97 折"的折后价格。

购房：3000 元定金，线上锁定

挑选到心仪的房源后，购房者仅需缴纳 3000 元定金，便能在"恒房通"上进行房源锁定，后续便会有置业顾问全程对接签约付款事宜。

售后：无理由退房与最低价保证

购房后，客户若对所购房源不满意，自签署《商品房买卖合同》及《无理由退房协议书》之日起，至办理入住手续的任何时间，均可享有无理由退房权利；同时，自《商品房网上认购书》签署之日起，在 2020 年 5 月 10 日前，如若所购买楼盘价格下调，客户可获补差价。

恒大的看房、选房、购房、售后四位一体的一站式服务，在很大程度上解除了消费者的后顾之忧，这也成为恒大业务量在 2020 年一季度迅速崛起的重要因素，在房地产行业中率先打响了在线看房购房的第一枪，也成为了其他企业学习的标杆。

我国的零售和消费过去 40 年经历了四个阶段，第一个阶段强调渠道为王，谁家的店铺越多越具有优势；第二个阶段叫 PC 互联网，强调爆款为王；第三个阶段强调互动与体验；现在已经到了第四个阶段，谁能够连接和洞察更多用户，谁能更多反向去做产品服务的创新，谁就会在这新一轮的竞争中赢得先机。

时代在快速演变，消费者现在随时可能在线，我们的店铺、商品、导购的服务是不是在线？如果这些服务不在线，意味着消费者找不到你，这就造成买卖双方不能同频共振。数字化、在线化只是第一步，未来所有企业都会是数字化、智慧化的。消费者已在线，倒逼企业的组织、业务、生态都在线，如果你的企业不在线，将会把一半甚至更多的战场都拱手让与他人。

很多创业者还停留在以前的思维框架里，我们过去主要关注资产负债表、现金流量表、损益表，现在实际上不只是财务的三个报表了，现在更应该关注的是你的数字化消费者资产表到底怎么样，你能够连接多少用户，你连接的用户有多少价值，能够给你带来多少未来的想象空间。你连接的用户数量越多或者你连接的合作伙伴越多，连接质量越高，连接频率越高，就越有价值。

大部分企业的产业数字化转型并不顺利，哪怕是借助知名的管理咨询机构和数字化转型专家的力量，甚至是邀请大公司高管加盟，也难以完成真正意义上的数字化。原因也很简单，每个企业所在的行业情况不同、产业结构不同、内部构成不同，外部力量对内部的改造手段往往是理论正确，实难落地。通过外部力量短期速成的方式，一旦"用力过猛"就会导致"水土不服"，甚至会在转型之后出现"开倒车"的现象。在线数字化转型是一个很庞杂的概念，其中至少包含了两个层面的转型：

一是产业数字化升级，使用数字化工具和技术实现客户体验数字化、业务流程数字化、市场洞察数字化、运营管控数字化、数据平台系统化等，由此打造一个全新的产业生态。

二是企业的数字化管理，以搭建新型组织架构为起点，塑造数据文化、创新管理体系，最终实现高效、敏捷的内部生态。

在线数字化转型的步骤：

第一步：把所有线下服务、线下用户、流程数据化，只有数据化才有可能应用最新的互联网技术。

第二步：数据化后使用网络协同和用户建立连接，把数据流转得更好。

第三步：用最新的人工智能技术做决策。

数字化管理着力于企业内部管理，具有很强的共性，所以更容易研究出普遍科学、通用的方式方法。在线办公工具也可以帮助企业进行数字化管理和转型，以目前办公领域应用最多的数字化管理工具钉钉为例，不管是什么企业，都用得上钉钉的打卡、财务报销、日报周报、合同审批等管理工具。虽然看起来只是把原有的线下管理场景搬到了线上，但已经走出了数字化的第一步，日复一日地重复这些微小的动作，就为企业积累了初始的数字资源，更何况还有其他适用于不同场景的数字化管理工具。

钉钉的运用也在加速企业数字化转型。以蒙牛（内蒙古蒙牛乳业集团股份有限公司）为例，该公司同阿里云合作围绕供应链、奶源及消费者进行系统改造，借助这种新手段，原奶调拨的成本下降了9%。这种合作在关键时刻发挥了作用。疫情发生后，由于交通、物流进入管控状态，传统管理方法的效率很难应对疫情的要求，很多企业对于如何将救援物资送入湖北一筹莫展，而蒙牛的低温奶产品对于库存、人员、车辆等信息的要求比一般产品还要高，钉钉帮助蒙牛把组织进行分层管理，保证了信息的实时透明，使得蒙牛的管理者能够轻松对每个流转环节的货物及人员数量一清二楚，这也帮助蒙牛在第一时间将低温奶送到了防疫一线。

传统企业数字化转型是建立在企业原有的商业模式、管理模式及传统的基础之上，而现在越来越多的新型企业从一开始的商业模式就是在线、共享的。从头建立数字化管理的系统，更方便适应现代化的商业模式，而在线数字化势必会推动企业发生更深刻的变革。

洞见之三十八   价值创造

　　创业和创新本质上就是满足用户的需求和痛点，把用户的价值放在首位，价值的体现最主要是在用户需求的满足和良好的体验上。大规模共性化需求的时代已基本结束了，现在及未来需要满足更多的是大规模个性化的需求。

　　不管是处于哪个阶段的企业，要想赢得客户的青睐，都要首先问问自己，是否为客户带来了与众不同的独特价值？因为伴随着需求由大众化到小众化，特别是客户需求个性化的出现，企业不仅要市场驱动，还要驱动市场，从迎合消费到引导消费。尽管很多创业者还达不到乔布斯的境界，还做不到"活着就要改变世界"，但是至少我们要认同企业存在的意义，那就是：要么帮助目标客户解决现有的问题，要么给目标客户提供与众不同的体验，要么激发潜在客户的隐性需求，要么给客户提供独到的价值。如果仅仅提供一个市场上已经普遍存在的产品和服务，那就是毫无意义的多余产品。创业企业最需要的一个信息，是消费者对你和产品的反应，这一点，任何预测都没办法做到。创业者并不应该把重心放在计划和预测上，而是应该尽快把产品推向市场，在实践中"摸着石头过河"。任何一个创业公司，其实你只需要做一件事，就是把产品投放到市场，然后回答最重要的两个问题：

第一，有没有客户？

第二，客户愿意花多少钱买单？

这两个问题要不断问自己，只有市场才会给你答案，只不过在公司成长过程中，这个答案需要反复修正。

任何企业和品牌都必须有一颗为客户解决特定问题的心，带着这颗心去思考、去做事，千方百计地为客户着想，这样才能从迎合消费上升到引导消费。其实这个世界很公平，你为客户着想得越多，客户给你带来的回报就越高。事实上，很多企业都想占客户的便宜，只有海底捞这样聪明的企业明白了，让客户占点小便宜才是上策。平心而论，每个人都有占便宜的心理，所以海底捞提供了很多免费的服务和产品，让客户觉得赚了。其实这是一种非常巧妙的"免费模式"，实际上海底捞的利润率比同行要高很多。

不少企业喜欢做表面文章，把使命、愿景、价值观这一套企业文化贴在墙上，把微笑服务挂在嘴边。但微笑服务远远不如诚恳服务，即有一说一，不要找任何借口去欺骗客户，不要用任何表面现象去蒙蔽客户，那些都是不长久的，也是出力不讨好的。

美国的亚马逊公司也是一家用户至上的公司，如果只用一个关键词来概括贝佐斯和他的亚马逊，那就是"用户中心主义"。每一个加入亚马逊的新员工，都会在第一时间收到一个叫亚马逊领导原则的短信，在这个短信最显要的位置，写着亚马逊第一位的领导准则，就是以用户为中心。在亚马逊召开产品立项会时，会议室时常会放一个空着的椅子，这个就用来提醒大家，有一个最重要的人没有在会议现场，这个最重要的人就是用户，就是消费者。产品经理们面临挑战最多的问题，也往往是新产品怎么能够提升客户对于公司的信任。贝佐斯还有一个公开的电子邮箱的地址，他不仅会阅读众多的客户投诉，还把这些邮件转发给相关的亚马逊员工，只加上一个英文字符，就是一个问号。

用户中心主义包含了三大理念：一是以用户为出发点向上追溯；二是开展创造和革命，争取成为先行者；三是从长远角度考虑问题，也即是我们常说的长期主义。贝佐斯说过，他的理想是让亚马逊成为"地球上最以用户为中心的公司"，为了这样的一个理想，贝佐斯非常注重三点：产品要更充实、更便利，还要有更低的价格。通过贝佐斯的经历，我们很容易看到他坚持的用户中心观，其中有"三个不怕"：

第一，不怕得罪员工，客户说的每一件事都很重要；第二，不怕得罪供应商，因为消费者与我同在；第三，不怕得罪用户，如果自己推荐错了，就免费送给用户好了。其实，还有一个不怕，那就是贝佐斯不怕华尔街的质疑。亚马逊是一个很奇特的公司，它曾经在近 20 年的时间不用想怎么赚钱，很多时候还有比较大的亏损，但这并不妨碍亚马逊的股价屡创新高。这到底是为什么呢？因为从上市的第一天开始，贝佐斯就给资本市场讲了一个关于长远的故事，他告诉所有的投资人：未来所有的一切都要围绕长远的价值展开。这个长期持续的投资，都是为了用户。认识来源于实践，又上升到理论，最后再指导实践。贝佐斯在实践中摸索出这套"用户中心主义"以后，就用来指导他的创业实践，上演出了精彩的亚马逊故事。

创业企业如何满足客户个性化需求实现精准营销？如何帮助企业最大限度取得营销成功？答案是通过客户需求识别、差异化分析、个性需求定位、满足客户个性化需求等几个步骤来实现。

第一步：客户需求识别

在识别客户需求阶段，把客户的详细资料记入客户视图，并可在跟踪过程中随时细化、丰富相关内容，详细记录客户需求的产品、消费习惯、所担心的问题、兴趣爱好甚至收入概况等，配合客户基本信息，根据每次销售人员与客户沟通的要点，系统识别客户需求。

第二步：客户差异化分析

客户的个性需求，不代表个人需求，它代表的是一部分群体的需求。企业满足客户个性需求是为了获取更多的市场利润，满足更多的客户需要，以提升企业客户形象，培养更多的忠诚客户。当然，对于极少数人的个性需求，可能不适合企业去满足，如果企业的投资得不到回报，甚至"赔钱还赚不到吆喝"的话，这类个性需求是不值得让企业花费成本的。所以，对客户的个性需求，企业需要进行差异化分析。企业需要汇总客户的个性需求数据，进行分类处理，并在此基础上进行分析，形成相应的应对策略。

第三步：客户个性需求定位

在掌握了客户的个性化需求类型与统计数据之后，企业要根据现状、风险分析、改良成本、收益预期、运作可能性等，对客户的各种个性化需求作出取舍，并结合公司产品定位、营销方向等予以确定，为满足客户个性化需求奠定基础。

第四步：满足客户个性化需求

前三步都是为了满足客户个性化需求，提供给客户更合适的产品或者服务，这也是维护客户关系的核心。要确保在提供产品或者服务的过程中，让每个客户感受到，企业践行客户至上的服务理念。

　　创业企业绝不能停留在抄袭模仿上。如果说在早期的资本原始积累阶段，靠抄袭模仿是可以理解的，那么一旦企业过了生存期就要改变经营管理思路，通过战略设计，明确品牌的差异化定位。当然不能为了差异化而差异化，必须把为客户创造独到的价值作为差异化的前提，否则就本末倒置了。一个品牌要想让客户铭记，让客户喜欢，必须有自己的个性，这种个性会让目标客户产生共鸣和依赖，成为一类人的标签。

洞见之三十九　　资源和能力

　　很多创业者都有着远大又崇高的创业蓝图，但这些宏伟的创业蓝图必须要与创业者的资源和能力真正匹配起来，才有其现实意义。资源是客观的，就是创业者有多少资金、厂房、土地、产品、客户、粉丝、发明、专利等；能力是主观的，是创业者的沟通、创意、策略、营销等自身所拥有的综合能力。

　　资源和能力的区别是显而易见的。

　　第一，资源是显在外的、静态可见的、有形态的客观使役对象；能力是潜在内的、动态可变的、无形态的主观能动条件。前者资源是客观的，是某个时间点上的静态存量，它具有被动性和使役性；后者能力是主观的，是动态的可持续发展的时段性动量，它具有主动性和驾驭性。

　　第二，创业者的资源即便不是绝对稀有，也是相对稀缺，十分有限的；而能力却相对丰富，特别是创业者从想象力和创造力的角度解读能力时，简直是无限的。

　　第三，对于创业者来说，资源会越用越少，能力会越用越强。

　　第四，创业者在使用资源、交换资源的进程中，通常只发生形态和价值的等价转换，而创业者能力在运用、交换的进程中，却是发生增长的，甚至产生倍增效应。

　　第五，创业者对资源价值的衡量相对容易，而能力则是一个多维度的向量，具有庞大复杂的结构和形式机制，不相同的社会主体具备不同的能力要素组成，且处于动态变化状态，表现为多维度、多层次和非线性等特征，能力的价值很难简单推断。

尽管能力和资源是不同的概念，但两者关系十分密切，可相互依存，相互转化。资源和能力是可以相互转化的。

一方面，创业者可以在资源的某些方面直接替代人的能力；创业者的知识资源，就是可以通过学习转化为人的能力；中小微企业的一些异质性资源本身就组成企业独有的能力。

另一方面，创业者也可以预先将能力转变成资源。创业者的学识通过设计、著作、软件等方式，成为资源形式的知识产品或产权，特别是利用创业者的开发能力形成的专利和创意，可以直接构建成企业的重要资源。

很多创业者都希望能通过努力获得事业上的成就，但真正能获得成功的创业者寥若晨星。每年新兴的中小微企业中，至少有50% 的公司在半年内就倒闭，每个创业者在获得成功之前，都要先经历不少于 3 次的失败。大多数创业者失败的主要原因是没有掌握创业的基本生存法则。

创业者如何才能创业成功呢？

创业者的资源和能力缺一不可。创业者缺少能力，资源就很难发挥作用；创业者缺少必要的资源，其能力再高，也难有作为，所谓巧妇难为无米之炊。资源和能力的地位并不是视同一律，创业者的资源只具备基础性，起根本性和决定性作用的是能力。在人力资源方面既具有资源的性质，又具有能力的属性，是资源和能力的共生体。创业者通过能力，可以把小的资源转变成大资源，把死资源转变成活资源，把分散资源转变成集中资源，把一次性使用的资源，转变成循环反复使用的资源。

足够的资源是硬道理

很多创业者在初次创业的时候，拥有的资源都是非常匮乏的，尤其是很多刚毕业的大学生创业。资源的不足，会使创业成功可能性降低。如果说刚刚开始创业就能拥有完全充足的资源，这肯定也是不实际的，但至少应该具有其中一部分主要条件，其他次要条件可以经过市场化来获得。一般来说，创业者的资源应该符合的条件有：足够的资本、行业经验、客户资源、技术创新、商业运作、相比于对手的竞争优势。

创业者需要三思而后行

创业者除了要有足够的资源筹备外，心理准备也非常重要。创业者在创业之前需要认真思索、重复评估、思考成熟后再行动。很多创业者的失败，往往都是在创业之前心理准备不足，只是抱着一个美好的憧憬，匆忙进行创业最终导致失败。如果创业者没有做好心理准备，不具备创业所需要的条件，也没有做好因创业而需要承担巨大压力的心理准备，即使晚些时候再创业也不迟。

创业之前可先累积经验

在创业之前，创业者一定要在明确知道自己的创业方向后，再去创业。一旦确定了创业的方向，可以先在创业前积累该行业的工作经验，收集行业内相关的资讯。有可能的话，可以考虑先到该行业打工学习，通过打工过程中的经历积累经验、资源和能力。既可以获得创业初期的资金，还能获得行业知识、客户资源、渠道构成、营运模式等。创业者将该行业所需要的经验和资源都积累到一定程度，再去创业，成功就是指日可待的事了。

经营能力是创业成败的关键

很多年轻的创业者在创业之时，都会过度在意资金的影响力，其实在创业所需的条件中资金固然重要，但其重要性远远不及创业者的企业经营能力，尤其是营销能力。对于胸怀大志的创业者来说，不断打造好自身的营销能力是非常关键的，从学做业务开始，不断提高自身的经营能力，创业成功的概率自然就会高很多，也很容易找到投资者，开拓自己的事业版图。

创业者的目标不要超出能力和资源的范围

在选择创业时，一个是创业者要选择有能力做的事情，这样在过程中就不会太辛苦、太沮丧；另一个是创业者既要拥有相关的资源，又要在自己能力范围之内先给创业定一个目标，不要超出自身的能力和资源太多。很多时候创业者因为所定目标太难达到了，就开始打退堂鼓，最终导致失败。

创业者要设立清晰的目标和实现目标的进度标准；目标一定要可衡量、可检查，不要好高骛远。

创业者需要制定一个可持续发展的目标，可将中小微企业分为三类：被并购而迅速获利；获取充足的资金得以维持一定的生活标准或方式；通过技术、员工及客户的更新换代，不断发展壮大的可持续发展企业。前两类并不关注企业是否能长久发展，创业者的目标决定了企业发展的方向和规模。生活方式型的企业不必发展为大型企业，但追求资金收益的创业者必须把企业发展到一定规模，才能脱离企业的日常事务。

在可持续发展的中小微企业里，主要的生产性资产并不仅仅是创业者的技能、社会人际关系和辛勤努力。创立一家可延续发展的中小微企业，往往需要承担长期的风险，需要不断投入以保持企业的竞争优势。为了培养公司的人才骨干，创业者要授权一些经验不足的员工作出部分的决定，企业可能要在多年后才能获取更大的收益。中小微企业因为发展空间小，难以吸引优秀的人才，创业者可能要身兼多职，因此创业者也很容易被公司拖住。

创业者必须调控好目标和承担风险的能力。如果创业者认为事业已经非常成功，仍然不能满足现状，或者说，创业者发现为了实现更远大的目标，还将承担更大的风险，作出更大的牺牲，应该及时调整目标。

目标一旦确定，创业者一定要层层分解落实，脚踏实地执行到位，创业才能持之以恒。

很多创业者喜欢流行的概念，比如当下非常热衷的区块链等，殊不知这需要大量的资本、人才、技术等，这不是一个小小的创业者所能具备的。经常说一个人心比天高，命比纸薄，理想太丰满，现实很骨感；没有战略上的一致性，资源和能力与创业者的目标匹配不起来，失败是早晚的事。

洞见之四十　　合伙创业

俗话说，一个好汉三个帮，创业更是如此。创业之路充满坎坷，九死一生，唯有结伴而行，才有可能到达希望的彼岸。个人单打独斗的英雄主义时代已经终结了，即便一个人再牛，如果没有一群志同道合的合伙人一起参与，也不可能创出一番大事业来。

很多人感叹新东方的成功，羡慕阿里巴巴的巨大成就，惊讶小米的爆发力。但鲜有人知道：成功的背后如果没有联合创始人的集体发力，没有他们无论高峰还是低谷的不离不弃，就很难有他们现在的辉煌。

所以对于初创团队而言，合伙人是1，其他商业要素是后面的0，合伙人远比商业模式、制度文化、产品研发、市场营销等重要得多。

创业的首要任务就是找合伙人。我们找的合伙人一般是在朋友或者熟人圈子中去找，但你要知道你所寻找的合伙人不仅仅是一个朋友或熟人，而且是以后要在一起长期"打仗"的创业伙伴，并不是他有资金、有资源或者有头脑就可以。即便是朋友，也要抛掉朋友这层关系，审视他是否具备成为创业成功合伙人的条件。

道不同不相为谋，那如何选择创业合伙人呢？

其实，找合伙人就和找对象一样。因为漫长的创业过程中，与合伙人在一起的时间甚至比家人还要多得多，所以，找到适合的人做创业伙伴，对于创业尤为重要。

电影《心灵捕手》有一句话："什么是你的心灵伴侣？那些可以跟你较劲的，那些能够毫无保留与你沟通的人，触动你心灵的人。"合伙人正像这样的心灵伴侣，唯有如此，他才有这种意愿、资格和能力，在你失败的时候助你东山再起，在你成功的时候始终保持清醒和冷静，以争取更大的成功和胜利。我认为这种优秀的合伙人至少要具备以下三个要素：

一、价值观相同

作为公司的创业合伙人，首要条件是志同道合，三观一致。这样，在未来的长期共事中，才能求同存异，一路前行。

有的人可能参与企业经营的时间不足，但是他能给你创业带来所需要的启动资金，这是资本型合伙人；有的人可能是个大 V，用个人的 IP 投入公司运营，成为品牌代言人，这是资源型合伙人；有的人可能是技术大咖或者是销售大牛，他们用个人的能力投入公司，这是能力型合伙人。

不管是投入资金的资本型合伙人也好，投入 IP 的资源型合伙人也好，还是投入能力的能力型合伙人也好，都需要有共同的价值观才行。

价值观这个词可能听起来很虚，我们换成具体的问题可能就清楚了。

1. 我们是追求小而性感赚钱，还是追求贪大求全要规模？

2. 如果公司赚钱了，是先给股东分红，还是扩大规模投入再生产？

　　3. 公司如果赚钱了，员工的薪酬福利准备控制在怎样的水平？给他们怎样的空间？

　　4. 如果公司暂时没有赚到钱，但看到发展机会要投入，钱怎么出？

　　5. 如果公司运营遇到困难，暂时亏损了，请问你还坚持不坚持，止损线在哪里？

　　6. 如果因为控制成本，牺牲一定的品质可以换取更好的生存利润，我们能妥协的底线是什么？

　　7. 我们都按约定规则办事，还是看人情、讲面子？

　　8. 如果有人遇到家庭方面的阻力，你准备怎样克服？

　　9. 如果有人想中途退出，咱们怎样约定退出规则？

　　10. 为了公司的生存和发展，税收、五险一金等相关法律和规范是否要严格遵守？

　　11. 为了与竞争对手展开竞争，无论什么招法是不是都可以用？

　　12. 因为我是公司的合伙人，在公司里我可以不去遵守公司的规章制度吗？

　　13. 公司里每人都有分工，我形成自己的派系是否有问题？

　　……

　　这些企业经营中与价值观相关的问题还能列出很多，但无论如何具体也不能穷尽，并且每家公司遇到的问题也不尽相同。

　　所以说，价值观一点都不虚，就是路、人、钱，路、人、钱就是战略方向、团队和资本。这些问题都是非常具体又非常琐碎的，但如果把它归纳起来，就是价值观。

　　所以要想找到一个靠谱的合伙人，非常非常困难，各方面都具备的合伙人那简直就是天使。

二、能力和性格要互补

合伙创业对于合伙人要求的第二个条件是互补。这种互补，既是知识、经验、资源上的互补；也是性格、能力上的互补。一个商业嗅觉敏锐、产品能力极强的 CEO，如果搭配一个技术背景扎实、具有很强落地能力的 CTO（首席技术官）做合伙人，就很合适；若两个人的性格也有一定的互补，一个更外向，适合对外沟通；一个更沉稳，适合在内部起定海神针的作用，那么对公司的发展将非常有利。不同的年龄阶段、性别也会带来思维的差异，通过互补能够帮助团队在发展中更具竞争力。

像李彦宏和徐勇，一个人懂技术，另一个人懂市场营销并且对资本市场熟悉。这样，资金、市场、技术三大创业要素齐全，为以后的创业成功打下了基础。

马云曾说过自己的一项原则，他说无论何时，阿里巴巴都不会放弃自己的合伙人制度。的确，马云当初创办阿里巴巴网站时，就是通过包括自己在内的"十八罗汉"发轫的。这"十八罗汉"汇聚了企业管理、市场营销、技术研发、财务管理等很多方面的干将，为阿里巴巴健康、快速地成长提供了重要的条件。

合伙人的作用是创造共同财富，能力上的互补才是将价值最大化发挥的关键。圈出一个大圈子，赢得更多收益。

三、要能打胜仗

优秀的合伙人要把能不能打胜仗作为评价是否优秀的唯一标

准。那些真正优秀的合伙人团队均能在逆境、绝境之中扭转乾坤，死而后生。

这样的合伙人，一是具备极强的执行力，因为创业不能仅凭一时的头脑发热，光说不练，必须要把每一项工作都高效地落实到实际中去。没有超强的执行力，即便再伟大的想法，再完美的产品，也最终是水中花、镜中月。二是沟通能力要好。不管个人的性格是内向或是外向，都必须是沟通方面的高手。尤其是在竞争异常激烈的商业世界里，通过及时沟通能尽快解决的问题一分钟都不能耽搁。面对客户、供应商、合作伙伴、投资人，表达能力有欠缺是硬伤。创业中需要接触各种各样的人，处理各种各样的事，选择一个具备优秀沟通能力的合伙人，能够事半功倍。三是学习能力要强。创业是一个长期持续的过程，选择合伙人不能只看他当下的水平，现实的世界日新月异，充满着各种变化和不确定。作为一个创业合伙人，必须要具备非常强的学习能力。一个人的学习能力是判断此人未来价值最核心的指标，创业过程也是一个不断学习的过程，管理能力、运营能力、销售能力、协调能力等都非常重要，合伙人需要随着公司的发展一起成长。四是要具备良好的人际关系。良好的人际关系代表的不仅仅是一个人的能力，还代表着一个人的人格和品质。创业初期，首先要做的就是树立良好的个人形象，建立良好的个人信誉，所以，选择创业伙伴时，人际关系不容小觑。

总之，创业要选对合伙人，而选对人也是最难的事情，要眼光也要运气。比起抓住市场机会而言，找到靠谱的人持续经营下去，才是创业成功最需要的。

寻找创业合伙人如同寻找婚姻的另一半。不能说为了婚姻而结婚，也不能说因为创业需要才随便作出选择，合适的前提是胜任。"女怕嫁错郎，男怕入错行，创业怕选错合伙人"，希望所有创业者都能找到适合自己的合伙人。

洞见之四十一　　创业天团

当创业者最终决定要创业，最重要、最首要的任务就是建立起一个共同创业的核心团队。调查显示，团队创业成功的概率要远远高于个人独自创业，在创业成功的企业中，超过70％属于团队创业。

拥有高效执行力的创业团队，即使行业没有选择好，暂时失败了，还可以重新调整，就像马云的阿里巴巴一样，虽然经历了多次失败，但因为有"十八罗汉"的保驾护航，不断及时地调整战略，最终开创了阿里商业的神话。

虽然每一位创始人都有我的地盘我做主，我创业就是为了我说了算的想法，但没有人会拥有创立并运营企业所需的全部技能、经验、关系或者声誉。因此想要创业成功，就必须组建一个核心团队。

一个人走，可能走得很快，但一群人走才可以走得更远。团队成员对创业者来说将发挥不同作用，解决创业过程中可能出现的各种问题。一个优秀的创业团队必须拥有哪类人才称得上理想的团队呢？笔者认为以下四类人才缺一不可。

第一类人是有战略格局的人，即HOPE创学院三大本质"路人钱"中的路，能为企业找对方向的人。

企业战略是企业以未来为主导，将其主要目标、方针、策略和行动信号构成一个协调的整体结构和总体行动方案。

有人说，战略是企业发展到一定阶段的事情，大错特错。谁说创业不需要战略，俗话说：兵马未动，粮草先行。没有战略，就如同大战即将开始却没有粮草，必将军心涣散，不堪一击。

衡量一个企业能否稳定、持续、健康地发展，企业的发展战略是根本要素之一，优质的企业战略将促企业发展于博远，劣质的企业战略则有损企业利益于深渊。因此，企业的发展战略对于企业的发展而言是至关重要的。

因此创业企业要想创业成功，必须有一个为企业长远发展制定战略的领路人。

他在为企业制定战略时，必须确定企业将从事什么事业，以及为何要从事这一事业。战略原是一个军事术语，它的本意是通过收集战争中敌我双方在军事、政治、经济、地理等各方面状况的情报，加以分析、研究，从而对战争全局及其各个局部的关系作出系统的、科学的判断，以此对整个战争及其各个阶段军事力量的准备和运用作出部署。战略对于军事行动具有重要的意义，虽运筹于帷幄之中，却能凭借天时、地利、人和来赢取战争的胜利。可以这么说，战争的胜败首先取决于战略的正确与否。对于商业竞争而言，更是如此。

企业必须要有一个既能高瞻远瞩又能脚踏实地的经营战略，并使其所有的经营人员都能按照战略安排自己的日常经营活动，这样才能保证企业既充满活力，又能够有序发展。正是从这个意义上讲，我们强调企业经营战略实际上是企业的行动纲领。

名优企业成功的主要原因，就是这些企业的决策者能够为企业制定科学、正确的发展战略；一些企业失败的主要原因，就是这些企业的决策者战略决策失误。美国兰德公司的专家一针见血地指出："世界上每 1000 家破产的大企业，85% 都是因为企业管理者决策不慎造成的。"

可见，创业企业负责战略管理的领路人对创业成败起着决定性的作用。

第二类人是负责人力资源的人，即 HOPE 创学院三大本质"路人钱"中的人，能为企业找对人的人。

在 13 年前央视举办的大型创业节目《赢在中国》的舞台上，牛根生问马云："如果你和俞敏洪进行二次创业，而且一定要进入对方的领域，你会怎么做？"马云说："我第一件事就是要把俞敏洪请来做校长，然后根据俞敏洪的需要来建设理念和团队，最重要的就是把俞老师请来当校长，其他一切都好说！"

牛根生笑道："这么简单啊？要找的一定是俞敏洪？"

马云回答："创业最重要的就是要找对人！让合适的人做适合的事！"

找对人，创业就成功了 90%。

找对人，就是连接到真正有价值的人。

一个创业团队里，必须要有一个会找人才且能找到人才，并能专业地制定整体人力资源规划的人。优秀的企业家在创业过程中做的最重要的事情就是找人才。小米创立的前几年，雷军坦言，他 80% 以上的时间都在找人，而不是在干别的。

从历史上看项羽和刘邦，刘邦最初就是一个无名小吏，一生没有打过几次胜仗，但他的下属个个表现出色；而项羽贵族出身，神勇无敌，所向披靡，但他的下属却没有几个表现出众的，唯一的范增也弃之不用。刘邦身边的很多人才，原来都在项羽麾下，项羽看不上他们，也不重用他们，最后投奔了刘邦，却成为刘邦一方重要的谋士和将领，比如韩信、陈平、英布、张良。尽管项羽自身的才能很高，但身边缺少得力助手，最终让刘邦夺取了天下。

所以创业团队里必须有一个像马云、雷军这样重视人才的人，像刘邦一样慧眼识英雄的人，能快速找到适合团队的人才，并有一套选、用、育、留的专业能力。

第三类人是对资本和金融有深刻理解的人，即 HOPE 创学院三大本质"路人钱"中的钱，能为企业找对钱的人。

对于处于创业初期的创业公司来说，资金紧张是常态。在创业融资的时候，很多创业者不太清楚其中的门道，一心只想要找到钱，殊不知如果找不到对的钱和找不到对的投资人，源源不断的麻烦会接踵而至，创业之路会走得更痛苦。

比如不平等条约。

创业不易，更何况是第一次创业，首次融资更显得特别艰难。很多创业者在这个过程中容易把自己的姿态放得过低，导致很多非专业的投资人和机构，乘机提出诸多诸如对赌、回购等不平等条约，把创业者变成打工仔的事也时有发生，对企业以后的发展产生致命的伤害。

融资找对投资人也很重要。

真正的天使投资人，首先一定要有"闲钱"。这些有钱人一般都是自己从创业开始，事业成功后实现了财务自由，看到年轻的创业者，想去帮助和扶持他们，同时也再成功一次，即使投资失败，他们也有"风险投资是有风险的"心理准备。虽然风险投资都是逐利的，但创业者和投资人在人格上是平等的，投资人不能高高在上，以藐视和居高临下的心态对待创业者。

融资成功多发生在不缺钱的时候。

对于一个初创公司来说，每一轮的融资都是关于未来的，何时融资以及如何融资都要慎重对待，因为每一个决定都会关乎生死。如果仅仅是在资金荒的时候去紧急筹钱，就不得不委曲求全，在这种情况下，多半会失去对未来的控制。

因此创业融资不仅仅是拿到钱就可以的，你的创业团队一定要有一个熟悉资本和金融的人，帮企业找到对的钱和对的投资人。

第四类人是首席创新官。

其实有"路人钱"这三个方面的人，一个企业团队的基本构建就完成了，但是创新的时代需要创新型的企业，创新型的企业需要创新领导者。因此一个优秀有活力的团队还必须有一个首席创新官，负责推动实现企业的创新使命。

首席创新官是公司的高级创新领导者，聚焦于公司的创新策略、创新流程、创新工具，乃至创新文化和制度，其职责就是推动企业的创新活动持续发展。

首席创新官的核心任务是负责公司的创新管理工作，管理和维护公司的创新活动，通过各种手段提升公司的创新能力，实现公司的创新目标，并最大化创新效益。

首席创新官的使命是全面负责公司的创新管理任务建设，促进创新管理水平的提升，在此基础上推动公司的创新目标，制定和创新战略路线图的开发，不断提升和优化公司的创新能力，并激发从个体到团队，到整个公司组织的创新活力。

首席创新官作为强有力的执行官，能够化解公司的业务单位部门对创新的抗拒，创造一个对创新更为有利的企业环境。

首席创新官是企业未来成功的关键。

　　首席创新官作为公司的创新负责人，既需要确保对当前的创新活动有合理的投入，而且这些投入能够为公司带来明显的商业效益，为公司业务的健康发展作出贡献，同时又要带领公司不断开拓新的创新平台，确保公司具备必要的创新能力、人才以及科学有效的流程，为公司未来的发展需要打下基础。

　　创业团队一起为了共同目标而奋斗，具备这四类人，创业成功的概率将大大提升。团队是一个企业发展的必要因素，正如卡内基说的："把我的厂房拿走，把我的人才留下，一年后，我将建起新的厂房。"一个优秀的团队，正是如此关键。

洞见之四十二　　红海淘金

关于"红海"这个地方，《圣经》里有一段很有趣的故事。在法老时代，移居埃及的犹太人饱受奴役和压迫，穷途末路。这个时候犹太人中出现了一个伟大的领袖摩西，摩西下定决心要带领犹太人摆脱被奴役的命运，最后几经周折终于发现机会，带领犹太人跨过红海迁徙到以色列。当他们经过红海时，摩西向上帝耶和华祈祷并挥动圣杖，红海中间分出一条道，露出一片干地，海水在他们的左右筑成壁垒，渡海如履平地，于是他们得以顺利逃脱。法老军队追到海底，摩西再次挥动手杖，滔滔海水将军队如数吞没。直至今天，摩西带领犹太民族脱离苦难、走向兴旺的故事依然在我脑海中挥之不去……正所谓商场如战场，红海市场便是那竞争白热化的血腥、残酷的战场，招招见红，所以称之为"红海"。红海市场代表着现今已经存在的正在热火朝天竞争中的产业，也就是已知的市场空间。

在红海市场中，每个行业的界限和竞争准则为人们所知。随着市场空间越来越拥挤，利润和增长的前景也就越来越惨淡。各竞争者已经被打得七零八落，残酷的竞争也让红海变得越发鲜血淋漓。

红海市场竞争激烈异常残酷，我为什么还在一直建议，甚至在很多场合呼吁创业者不要丢掉红海市场呢？因为我知道，红海市场至少代表的是一个真实的市场，有真实的市场需求，有一个特定的消费群持续在消费。

咖啡市场竞争大不大？当然大，但为什么还有瑞幸这样的企业能在短时间内超越很多竞争对手并脱颖而出，让星巴克这样神一样的存在都惧它三分。

那创业者为什么要选择红海市场呢？

在现实中，大多数中小企业都在红海市场里搏杀，多数中小企业已习惯于挑选已有的市场需求空间，竭力于现有市场需求的争夺。在红海竞争历程中，中小企业竞争通常采用以下三种战略类型：一些中小企业采用低成本竞争战略，通过经验、规模效应等削减产品成本和费用；有些中小企业采用差异化的战略，通过提供差别化的产品和服务，巩固企业已有市场；而另外一部分中小企业采用更聚焦化的战略，主攻垂直细分的产品和特定的客户群。激烈的竞争促使中小企业想尽办法获得企业竞争优势，否则就无法生存下去。

从改革开放至今，大部分的管理理论都是基于如何应对竞争、如何打败对手、如何提高经营效率等，在红海中厮杀仿佛已成为了我们的肌肉记忆，就像在冷兵器时代，大家会专注于将武功练得出神入化。中小企业选择红海市场，可能基于多种原因。有些是由于具备现成的市场需求和市场空间，企业进入市场的成本和门槛要求不高，只要抢夺到一定的客户群，企业就能获得生存与发展的空间，所以很多中小企业选择该种途径进入红海市场；有些由于某些行业已经进入成熟的经营阶段，很难创造出客户日益变化的新需求，只能对现有市场需求进行抢夺；还有些由于中小企业自身条件制约，企业管理的水平、市场资源、人才资源等都很缺乏，无法开发出新的市场需求，也没有能力为客户创造更多价值，只能选择红海市场进行竞争生存。中小企业在进行同质化竞争的过程中，进行残酷的红海厮杀，而红海搏杀的代价通常是大量企业的死亡，存活下来的企业大多依靠低价竞争取胜，蚕食微薄的利润。或者有些中小企业偷工减料，降低产品质量标准，为后续的生存埋下隐患，或依靠长期占有供应商的账期资金艰难度日。

来看看格兰仕的红海战略，格兰仕所在的家电行业正生存于红海市场下，也是各小家电企业行为表现最为明显的一个产业，"刺刀里见红""冒着敌人的炮火前进"是这个产品行业竞争格局里最生动的写实描述。基于产品自身所具备的竞争优势，格兰仕一直以总成本领先作为企业发展的战略定位：相同的产品，价格更低；相同的价格，品质更优。秉承这一理念，格兰仕在过去的发展历程中取得了巨大的成功。国内家电企业在国际竞争中所拥有的成本优势，在竞争过程中已经发挥到极致，成就了现在格兰仕的一系列品牌。

在红海市场里，市场竞争的各方血染沙场。在这些行业已经成熟的红海市场，初创企业进入搏杀，获取的毛利率低，即使在市场营销和广告投入中花费巨大的资金，也只能抢占微小的市场份额。

对于许多有理想抱负的创业者来说，红海市场划分实在令人沮丧，甚至使中小企业不得不以一种悲剧的视角看待创业。振奋人心的是与实例类比的结果，红海市场和那些已经成熟的行业并不是那么难以运营。虽然不是所有创业者都有机会拥有数十亿元的资产，但是选对适合企业的运营手段，还是能够在惨烈的红海市场产业中杀出重围的。

如何让初创企业在红海市场中杀出重围？要重点打造以下几点：

1. 差异化

在红海市场已经成熟的产业中脱颖而出的方法由两部分构成，一是创业者要找到正确的战略方法，将企业产品区分出来；二是需要将产品的差异化元素显著地陈列在客户面前。这往往意味着创业者需要调整企业的品牌价值、核心产品以及企业的整体营销策略，这些也是 HOPE 创学院独创"路人钱"中的路：差异化战略。

2. 降低企业竞争风险

企业找到正确的路，犹如找到波涛汹涌中的定海神针，可以很快减少竞争对手的数量，降低那些竞争对手残暴搏杀的程度。更少的竞争对手代表着，创业者不必担心更多的人来争夺客户群，同时企业也可以减少在营销和广告方面的费用。

3. 透明度更高

品牌的差异化能够协助初创企业立刻脱颖而出。创业者利用在这个成熟行业中与其他主要竞争对手区别出来的特质，自然吸引大众关注的重要策略，可以在营销和广告费用方面为企业产品加分不少。

4. 探索商机

在红海市场一个成熟的产业中，寻找到一个独到的商机，能够帮助创业者培养出一个亚产业。创业者对这些用户了解越多，就越能体贴地迎合用户的消费习惯，用户忠诚度也会越高，因为他们从未有过这么好的产品体验。

5.定义产品的独特之处

最明显的方式就是在产品广告宣传中突出独到之处。举一个简单的例子，比如"厌倦了为××付出高价？"这或许就是一个好的开始，尽管创业者可能想要一些更新颖的形式。产品有更便宜的价格吗？还是有更好的质量？或是更便捷的服务？不同的目标用户群体，从最开始就在产品的广告中明确体现，并尝试在产品的广告中应用起码一个囊括上述内容的品牌元素，类似企业名称或标语。

6.利用尚未开发的渠道和销路

很多中小企业的营销和广告策略目前未被竞争对手使用，或许因为这些策略是众人不熟悉的，根据往常经验并不适合该产品行业。作为一家别出心裁的企业，应该能够更有效地运用这些渠道方法。如果竞争对手都在新浪微博，创业者可以通过更专业的定位、更年长的受众来与他们区分开，那么就可以依据需求转向LinkedIn（一家互联网职场社交平台）。

7.利用关键性差异

创业者与现存竞争对手的关键性差异，或许正是他们此刻受众的痛点，可以把握这些受众不愉快的体验来从事营销。如果客户由于等待产品或服务的时间漫长而产生不满，可以运用制作阐述某些用户无限期等待，而其他用户很快地完结同一件事的视频广告，让潜在用户领悟到这种关键性差异。

再来看一个从红海市场的搏杀中一战成名的案例：

"三只松鼠"是2012年推出的第一个互联网食品品牌，代表着天然、新鲜以及非过度加工。"三只松鼠"仅仅上线65天，销售量在淘宝天猫坚果行业跃居第一名，花茶行业跃居前十名。其发展速度之快，缔造了中国电子商务的一个奇迹。"三只松鼠"兴起的第一前提：靠谱的人。再好的设想、战略，若无靠谱的人去实施，就等于空中楼阁。其次是它应时而生的管理。很明显，大方向和小细节都把握得很好，大方向是靠评论、靠客户回馈；细节则呈现于平面设计和用户体验全过程。坚果类市场是个典型的红海市场，"三只松鼠"主打一个主要产品碧根果，碧根果本身市场的扩大也是支持"三只松鼠"当下业绩的首要原因。其策略符合高度聚集，垂直细分到一个产品，把主要力量放到一个产品做好后，再去做第二个、第三个产品。

创业者经常会被蓝海市场所迷惑，蓝海市场是当今还不存在的市场，也是未知的市场。

红海市场是真实存在的市场，只不过是竞争加剧，使企业的毛利率越来越低、参与者众多。越是参与者众多，越是竞争加剧，越能够说明这是真实的市场，以及真实的用户需求。所以创业者未必言必称蓝海，那是一个听起来很美丽的存在，但未必能让你有订单有收入；红海市场听起来有点缺乏想象空间，但它确是一个真实的存在。但红海市场怎么做才不会死，怎么做才能从有众多竞争者的汪洋大海里脱颖而出，就必须要打差异化战略，至于如何打造属于自己的差异化战略，那正是 HOPE 创学院所要献给创业者的礼物。

洞见之四十三　　蓝海之殇

　　蓝海市场是指从未被发掘出的客户需求，也指当下并不存在的竞争的市场，甚至是还不存在的产业，当然更是一个未知的市场。

　　蓝海市场的概念来源于《蓝海战略》一书，该书是由欧洲工商管理学院的 W. 钱·金（W. Chan Kim）和勒妮·莫博涅（Renee Mauborgne）所著。

　　蓝海战略认为，汇集于红海就是接受了商战的限制性因素，即在一定的土地上求胜，却否认了商业世界创造新市场的可能。运用蓝海战略，视线将超过竞争对手转向买方需求，跨越现存红海市场竞争边界，将差异市场的买方价值元素筛选并重新排序。一个典型的蓝海战略案例是美国的太阳马戏团，在传统马戏团受限于"动物保护""马戏明星供方要价高"和"家庭娱乐竞争买方砍价"而衰败的马戏业中，从传统马戏的儿童观众转向成年人和商界人士，以马戏的模式来表达戏剧的情节，吸引人们以超出传统马戏数倍的门票来享受这项亘古未有的娱乐。

　　蓝海市场与红海市场的区别与联系如下：

　　第一，蓝海和红海是可以彼此转化的。比如创业者用红海市场的方式与同行短兵相接，常采用的手段就是价格竞争，长此以往，所有参与竞争的企业都不盈利，最后出现整个行业的崩盘风险。如果换一种方式，开辟一条新的垂直细分的市场线，创业者就将在没有竞争的领域里独享。不断进入的企业早晚会使蓝海市场饱和，市场爆棚之后自然就会演化成红海市场；如果创业者现在身处红海市场，不想继续与竞争对手激烈拼杀，也可以选择转战蓝海市场开创新的利润天地。

第二，红海市场的策略是在现有市场空间内战胜竞争对手，是市场竞争的策略；而蓝海的策略是怎么脱离已有的市场边界，进而把竞争对手甩在一边，是市场创新的策略。

第三，蓝海市场战略，是企业冲破红海市场的残酷竞争，不把企业精力都集中在打败竞争对手上，而把精力主要放在为买方市场与企业自身创造价值和突破上，并由此开创无人竞争的市场，彻底甩脱与原有参与者的竞争，开始创造属于自己的一片新天地。而基于竞争激烈的红海市场战略，假设产业的架构条件是给定不变的，企业则被迫在其间彼此竞争。

蓝海市场听起来很美，甚至是传统企业家梦寐以求的转型战略，很长一段时间内，蓝海战略在中国商界似乎成了显学，人们争相议论，企业家们纷纷效仿，投资界也推波助澜，声称不是蓝海市场的不投，创业者们更是投其所好，满天飞的商业计划，很少有说自己不是蓝海市场的。殊不知，世界上哪有那么多的蓝海，很多所谓的蓝海市场其实就是一个伪需求。

案例：O2O 上门洗车

2014 年至 2015 年两年时间，上门洗车的 O2O 模式演出了一场过眼烟云的蓝海重头戏，从投资热到倒闭潮，这一段失败风浪引起了行业诸多反思。有人认为上门洗车行业是个伪需求，有人认为上门洗车就是一个圈钱的陷阱……

上门洗车行业历史回顾：

e洗车，当时行业第一的品牌，2014年6月上线，2015年3月完成2000万美元A轮融资，两个月就烧完2000万美金，5月份公司CEO离职，10月份停止业务。

云洗车，2013年4月建立，未融资，在2015年1月关闭业务。

智富惠，2010年上线本地生活服务平台，2014年大力推出1元洗车。2015年1月企业倒闭。

嘀嗒洗车，2014年2月建立，未融资，2015年4月关闭业务。

车8，2015年7月中旬关闭上门洗车业务，该公司上线不过短短数月。

赶集易洗车，2014年8月由赶集网推出。在赶集、58合并之后，2015年10月1日，赶集易洗车合并进入58的呱呱洗车，停止原先的洗车业务。

功夫洗车，2015年10月24日发布业务调整公告，关闭上门洗车服务，只保留上门保养和上门救援服务业务。

我爱洗车，2014年年底建立，曾获得500万天使轮投资，但A轮融资未成功。2015年11月2日悄然解散，CEO欠200多万债务跑路。

上门洗车行业O2O公司大多运用补贴烧钱的模式来争取客户，并希望以洗车这种高频率、低价格、低门槛的项目，来换取巨大的汽车服务后市场转化率。

看似不错的一个蓝海市场项目，为什么其兴也勃，其亡也忽呢？

1. 未专注做好洗车自身服务

上门洗车行业的硬件技术不成熟，清洗时水压低（包括微水），致使洁净效果差；上门服务的网点少，洗车工作人员交通工具速度慢，超时抵达用户位置……从整个行业来讲，上门服务体验差，是导致用户不愿意进行二次转化及用户迅速减少的主要原因。

2. 融资速度赶不上烧钱速度

上门洗车服务需要使用大量耗材资源、交通、人力、活动等资金运营成本，而行业内的企业几乎均未取得 BAT 等重量级企业的投资。没有延续性的资金支持，创业者的项目就如同身体被掏空，只能被迫以倒闭结束。

3. 汽车服务后市场转化率低

大部分上门洗车公司长时间内只有洗车服务，这又是烧钱却不能盈利的项目，对于汽车服务后市场来说，如果不能建立起用户刚需补贴和次需求收入的良性循环，就很难支撑企业长远发展。

通过上门洗车的案例可以看出，创业者选择一个未知的蓝海市场，快速切入，占领消费者心智，这些是非常流行的商业理念，尤其是很多初次创业者，更是对蓝海市场战略奉若神明。但事实上，执着寻觅蓝海市场，拼死追求新奇特，很可能是一个巨大的坑。

世界上有那么多蓝海市场吗？创业者能做蓝海吗？难！创新做蓝海市场，需要有非常多资源做支撑，还要能把各种资源有效地链接起来。创业者一门心思追求蓝海战略，自身又是初创型小企业，各方面资源远远不够，仅凭一个独特的想法，就感觉发现了新大陆，这本身就是一个逻辑悖论，很可能都是未经证实的伪需求。

创业者如何辨别伪需求

伪需求通常是表面形式上的需求，而不是用户真正的痛点。

第一，伪需求产生不了真订单。

一个产品或一项服务的诞生要遇到合适的时机，不能过于超前，当然也不能落后于时代的发展。一项技术即使再先进，如果不能在当前找到合适的使用场景，用户没有真实的需求，最终也只能是因为没有任何的应用价值而被市场抛弃。

真正的需求，只要比目前快 0.5 步就非常好了，如果快上 1 步，反而有可能夭折。当下的创业者，还是应该回到创业的本质，发掘用户的需求并对产品或服务加以改进，比起教育市场、说教用户，会少很多难度。

第二，构建用户使用场景，用户不愿持续购买产品。

最终判定需求的真伪，还要由用户说了算，看用户是否愿意为产品买单，是否有持续购买的需求。伪需求只能为投资人讲故事，却无法形成最终的盈利模式。很多创业者在初创期，选择把用户免费使用作为切入点，在经过免费使用时间和补贴之后，再用各式增值业务让用户对其付费，从而检验其商业模式是否成立。

但是大多数项目，在免费使用时用户纷纷参与，但是真到要让用户为产品付费使用时，不管怎么做宣传，用户就是不肯购买，这种现象叫用户薅羊毛。企业采取的免费和补贴形式，在互联网里能够成为战略之一，是因为产品的成本一旦形成，基本不变，使用的人越多，边际成本就越临近于零，这样的产品免费才能作为一种战略。免费只能是营销的手段，所以产品长期免费使用，随着用户成本的增加，没有附加增值收入，企业也无法续命，违反商业常识。对于初创企业，万不可在免费使用所带来的用户表象上过多迷恋，研究产品的盈利模式才是最重要的。

第三，真实的需求不只是成功模式的简单克隆。

一种商业模式在市场上得到检验，受到用户和投资方欢迎、追捧，就会使很多初创企业纷纷模仿，期望能把成功模式复制到其他行业，来达到其他行业的用户满足感。其实，这种需求大多都是创业者自主推断的，缺乏用户的真实支撑。

第四，少用资源定需求。

用资源定需求经常会出现在传统企业转型进程中。传统企业的思维模式是根据自身企业资源的条件，来定以后的发展计划，认为这样会更容易引领市场突破，而此时常常会遗忘了用户真实的需求。

未知的蓝海市场都需要相当长的培育期。对于初创企业来说，蓝海市场通常意味着市场不成熟，用户也需要有一个相对长期接纳的过程，不仅需要长时间及巨额资金投入，还需要有品牌性大企业引领。摩拜单车最终被美团收购，而 ofo 小黄车面临破产危机，欠款 60 多亿。如果创业者的定位不是要做蓝海市场的老大，也没有做好 3—5 年以上的亏损准备，初创企业还是不要言必称蓝海；如果能在所谓的红海市场里，找到其中的差异化战略，仍然能创出一方新天地。

洞见之四十四　　在线直播

最近几年随着大众娱乐方式的互联网化和新产业形式的涌现，在线直播已成为其中非常重要的一部分。众多的在线直播平台接踵扎堆出现，各大互联网巨头陆续加入在线直播的盛宴中，2019年中国在线直播行业的用户体量达到 5.04 亿人；2020 年用户体量预估达到 5.26 亿人。比如聚焦在娱乐类的花椒直播；聚焦在游戏类的斗鱼直播……都是其中的头部平台，用户数量方面优势显著。

通过在线直播，不同地域的人可以通过互联网，在同一时间使用网络交互平台观看相同的播放内容，播放内容可以是实时的游戏直播，也可以直播自己的生活或是电影实时播放等。但是要在一场在线直播中有效实现营销的目标，就没有这么简单了，要通过扎实的产品设计、良好的方案规划、优质的内容等，来吸引更多的粉丝，以此增加访问量，达到在线直播营销转化的目的。

目前，各直播平台已经形成了百家争鸣、百花齐放的残酷竞争局面，仅游戏在线直播中，就诞生了斗鱼、虎牙、全民、龙珠等；在体育直播中，有直播吧、风云直播、章鱼 TV 等线上平台；而真人秀直播竞争最为惨烈，有花椒、映客、一直播、小米、YY LIVE、默默等。

在线直播的营销发展历程

1. 传统重度秀场

相对于现在移动在线直播（轻度秀场），传统 PC 端秀场则称为重度秀场。目前中国秀场娱乐概念上，商业形式有虚拟礼物付费、会员费、网络广告、票务及演出经纪等。重度秀场里，用户消费主要用于社交关系费用（用户等级体系、VIP 特权等）以及打赏礼物道具。

2. 游戏直播和移动直播

这个阶段以《英雄联盟》、DOTA 等电子竞技游戏为主，转化为一种多人同时在线竞技的游戏形式，就出现了社交的需求，学习、提高游戏水平，提升等级的需要，娱乐、游戏中自身实质的可观赏性等因素便促使游戏在线直播平台的诞生。

3. 泛生活的"直播 +"

在现阶段直播已经向"直播 +"蜕变，在线直播发展到更多垂直细分行业。社群经济：各行业都能够与在线直播结合，与用户在线互动，增加用户黏性，在线直播更加简便，全场景直播等广泛兴起。

在线直播的营销优势

1. 在线直播的营销就是一场事件的营销

除了自身的广告效果，在线直播内容的新闻效果通常更显著。一件事情或是一个话题，就可以简便地进行传播和引起关注。在线直播营销能够让用户有更好的带入感，深入剖析一个产品的前因后果，例如电影《百鸟朝凤》事件，通过在线直播清晰知晓《百鸟朝凤》是导演吴天明最后一部呕心沥血的遗作，后期的宣传更是有多位著名导演齐声应援，义气力挺。《百鸟朝凤》从诞生之初就充溢着各种艰难，用户深切了解在此历程中的不容易。

2. 在线直播可以展现出用户群的精准性

在线观看直播同时，用户只能在一个指定的时间内进入直播室，与原本互联网视频倡导宣扬的随时随地性背道而驰。但是对播出时间的约束，也能够真正辨别并收拢一批具有忠实度的粉丝。

3. 在线直播能够实现与用户的实时互动

在线直播不仅仅是单向的观看，还能一起发弹幕吐槽，喜欢谁就直接献花打赏，甚至还能动用民意的力量改变节目进程。这种互动的真实性和立体性，也只有在直播的时候能够完全展现。

4. 在线直播促进深入交流、情感共鸣

在日常生活中，人们的交集越发减少，尤其是情感层面的交流越来越淡。在线直播这种具有仪式感的内容播出方式，能让一些志同道合的人汇聚一起，聚焦在相同的兴趣上，情绪彼此感染，达到感情氛围上的高位时刻。

5. 在线直播有利于建立品牌情感

现在很多快速消费品都有粉丝文化，不少消费者被称为"果粉""米粉"，所以众多企业在营销时格外重视粉丝归属感的打造。而在线直播作为一个能够和用户直面互动的平台，粉丝在直播进程中更充裕的参与感，尤其增加了粉丝对企业品牌文化的黏性。

6. 在线直播有利于诱发从众心理

在互联网时代，"吃瓜群众"的眼神总是聚焦在热门的周围，喜好跟风吐槽，这就是从众心理的展现。在线直播的过程中，如果能够恰到好处地运用人们的从众心理，让粉丝加入品牌的整个塑造过程之中，自然能够增强大众对此品牌的认同感。

在线直播的营销特点

1. 准确捕获用户的好奇心

面对行业中较为高端的企业，如 B2B 与医疗行业时，消费者对其运作过程都会有好奇心。这时候，文字描述即使能够答疑解惑，还是显得冷冰冰的；图片虽华丽，却也只能是一个定格的刹那；视频展示形象很多，和在线直播相比还是少了身临其境的感觉。若想激起和充实用户对产品的好奇心，不妨试试在线直播来进行产品营销，运用好展示过程、实时互动、信息同步、全面详细展现的特征，达到和用户时间、空间、信息的协同，带给粉丝更为真实细致的体验感。

2. 消除品牌与用户之间的距离感

利用展示在线直播互动进行营销，全面实时向用户进行最直接的品牌塑造、生产过程，企业文化打造和交互等，让粉丝对品牌的理解和细节的了解更加深入，能正面感受到产品和背后的文化，顺其自然地拉近了产品与潜在用户的距离，消除了之前存留的距离感。

3. 身临其境，打造沉浸感

在线直播的营销具有特殊的信息实时共享性，具体在线直播服务过程，让观众感染到整体的细节，为观众营造出身临其境的场景化体验，从而能够创造观众沉浸感，让观众共享一场感官大餐，达到辐射界限的最大化。

4. 发布转型信号

企业可以使用在线直播新颖、华丽、时尚的直播界面，充满趣味的打赏方式，加上企业自身营造的与众不同的直播内容，使企业的营销宣传令人耳目一新，打消观众心中的古板印象，发布营销传递转型的信号。

在线直播的营销策略

第一，在线直播最主要的是获得用户粉丝，得到用户粉丝的数据，能够更好地分析年龄、喜好、消费兴趣、来源等。有数据显示，在线直播粉丝用户以年轻男性居多，学生等有空闲观众为主力，游戏在线直播以 90 后男性学生为主，占比超过 80%；年龄较大的白领观众更喜爱赛事直播，占比 50% 左右；而全民直播对女性更加有诱惑力，占比超过 60%；30 岁以下的普通员工、服务业人员更喜欢真人秀场在线直播，占比接近 70%。根据数据分析观众粉丝的特征后，接下来就能够制定营销策划，锁定营销的目标用户。

第二，游戏直播的营销策略。游戏直播大多粉丝是学生，而学生往往只关心娱乐性，因此在游戏直播中应多增设娱乐性的相关营销，来吸引粉丝保持其对产品或服务的转化。

第三，赛事直播的营销策略，应该更加关注直播质量，增强其清晰度与流畅度。充分利用在线直播平台观众对在线直播赛事主动参与的特性，在舆论和信息向导的过程中，融入产品营销内容。

在线直播行业已经发展了 10 多年，但尝试在线直播营销的企业品牌还不多。由于在线直播本身具有更低的营销成本、更迅速的营销覆盖、更直接的营销效果、更有效的营销反响四大特点，未来会有更多的品牌和企业开始利用在线直播进行营销推广。

洞见之四十五　　社交电商

亚里士多德说："人是一种社会性动物。"

人类的社群属性亘古不变。当代的社交平台，前有 QQ、微博、微信，后有抖音、快手。无论它们之间如何厮杀，社交类应用始终占据流量的头牌，因为社交本是一场永不落幕的狂欢。

社交是生活，电商是生意，历来都是两码事，在中国发展的历史长河中似乎从来都没有发生过交集。但是随着移动互联网的发展，社交和移动电商却能毫无违和地联姻。

当传统电商由互联网人口红利带动的盈利空间即将到达天花板，半饱和的市场使增量流量变成了虚伪命题，盘活存量流量就成了重中之重。这个时候，人们便将维新盘活的希望寄托到了"社交电商"这一新事物上，使商业的发展进入了崭新的时代。

移动社交电商平台的兴起

移动互联网时代，传统的电商模式遭遇流量瓶颈，社交成为主要的流量入口，以微博、微信、直播等为载体的社交电商将引领电子商务新时代。

移动社交电商就是借助微博、微信、直播等网络社交平台渠道，通过社交互动、用户自生内容等手段来辅助商品的购买和销售行为，并且通过分享、转发、关注等社交化因素实现电商交易的过程，是继淘宝、京东之后的第三种电商形态，是共享经济时代电商发展的必然产物。

作为一种新业态，不同于淘宝、京东等纯属买方与卖方关系的传统电商模式，社交电商模式更显"温暖"，其基于熟人或准熟人的人际关系网络，用户在各种社交媒介圈，包括微博、微信、短视频等，转发分享自身关注的产品信息，依靠人与人之间的信任，从而成功实现商品交易。

中国互联网协会发布的中国社交电商行业发展报告显示，2015年到2019年我国社交电商市场复合增长率为60%，2018年成交额达1.2万亿元。截至2019年8月，我国通过社交电商消费人数已超过5亿人，从业人员规模超过4000万人。通过分享、内容制作、分销等方式，社交电商实现了对传统电商模式的迭代，成为电商创新的主力军。

社交电商在促进大众创业万众创新、推动产业升级、拓展消费市场、增加就业等方面的作用不可低估。

社交电商为什么受欢迎

随着移动互联网的覆盖和智能手机的普及，社交电商迅猛发展，并越来越多受到消费者的青睐。

社交电商的本质就是自销和分享，这符合中国上千年以来的优良传统文化，同时也符合人性的本质。

区别于传统电商模式获取流量成本高、转化率低的缺点，基于人际关系链的社交电商，更具营销的精准化，用户对于商户、产品均产生了更强的黏性。

1. 从"人找商品"到"商品找人"的转变

移动互联的发展，让我们随时随地都可以上网，翻翻朋友圈，刷刷抖音，看看新闻、段子等，随处可见自媒体，附带的还有商品信息，点开就能直接购买，让我们时刻都可以购物，以往是要人去找商品，现在则是商品在根据你的习惯来寻找你。

2. 庞大的流量群体

移动社交的信息高效扩散是其强大的地方之一，比如一个搞笑的视频、一个励志的故事，甚至一条活动信息、一个表情包都有可能会被各个社交平台转发。这种病毒式扩散，每个人都应该有接收或者转发这种信息的经历，这就是社交电商独有的魅力，商家在有效推广自己产品的同时，可以将流量成本压到最低。

3. 生成新的购物生态圈

传统购物没有生态圈，一般靠的是流量的带入和用户的需求意识，然而社交电商是有生态圈的。它的根本理念是生意的根源在于人。哪里有人，哪里就有生意，商品信息会根据用户的人物画像无数次出现在你眼前，这个生态圈里面的购物规则就变成了你是被需求的。社交流量决定财富容量，互联网经济的未来蓝海就是移动社交零售市场。

4. 三方价值互换

一方通过趣味社交和新鲜资讯获取大量的粉丝，另一方则提供流量变现，在用户排忧解愁寻找欢乐的同时，它顺势介入穿插营销，各取所需实现了完美的生态圈。

移动社交电商的趋势已经不可逆转，而且随着消费者上网模式的变化，受操作工具的现实影响，以往电商平台更喜欢的"搜索"驱动正在逐渐衰落。移动社交已经完全颠覆了传统的社交模式，电商行业进入"分享时代"。

当下常见的社交电商模式

就目前来看，当前的社交电商模式大概可以分为以下五类：以拼多多为代表的拼购型、以小红书为代表的内容营销 / 导购型、以闲鱼为代表的兴趣圈 / 社群型、以云集为代表的人群分销型，以及以京东为代表的综合平台型。

1. 拼购型

人群自发通过多人拼团，集体获得更低的价格，激发消费者自主带动更多人群加入购物，目标人群多，价格敏感。典型平台：拼多多。

2. 内容营销 / 导购型

激发用户自发产生内容，整合后进行内容运营，带动更多消费者产生购物需求。典型平台：小红书、蘑菇街。

3. 兴趣圈 / 社群型

聚合有特定购物目标或相同购物需求的人群，通过相互推荐和交流产生购买。典型平台：闲鱼、贝贝。

4. 人群分销型

利用熟人圈引流并建立信任，通过找到更多人参与进来建立分销体系，形成几何裂变。典型平台：云集、贝店。

5.综合平台型

通过一个综合性的平台入口，整合各类社交电商模式（包括拼购、内容运营、兴趣圈等），兼具各类社交电商的属性，通常有大型综合性电商平台资源，拥有成熟的货源和物流支持。典型平台：天猫、京东。

总体来看，社交电商本质是以人为核心。玩转社交电商的关键就在于抓住用户心理，通过用户推荐用户的低成本方式运行，以分享作为品牌传播的主要武器。

社交电商是未来经济的发展趋势

与传统电商相比，社交电商拥有体验式购买、用户主动分享、销售场景丰富等独特优势，深受年轻人喜爱，用户既是购买者，也是推荐者。

社交电商的发展，在降低企业营销成本的同时，也使消费者得到了更多实惠。众所周知，在传统商品流通渠道中，营销环节市场推广费用占比较高，这些成本最终都由消费者买单。在移动社交应用普及的今天，依托消费者之间信息资源的分享和发达的物流体系，商家在社交电商平台上不用打广告，直接靠社交媒体分享就可以把生意做大。

作为平台经济的表现形式，社交电商在品牌培育方面优势明显。过去，在传统市场培育一个全国性知名品牌，需要十几年乃至更长时间，社交电商的兴起则大大加快了这一进程。很多初创品牌、区域品牌"藏在深山人未识"，通过直播平台等新媒体传播后，短期内便能"一举成名天下知"。

社交电商最大的优势就在于延长影响用户的时间，提升了影响用户的效率，而且可以更好地发动客户转介绍，为品牌降低流量成本，挖掘客户线上购物的用户价值和购物习惯，更好地做好线下体验和服务。

社交电商，从本质上来说是电商行业营销模式与销售渠道的一种创新。

马云说，未来电子商务平台即将消失，线上线下和物流结合在一起，才会产生新零售。那么在线上，务必要借助社交电商的优势，才能真正使线上引流成本降低，线下门店和生产商减少库存和囤货量。

社交电商作为未来的电商趋势，国家、政府对社交电商这一新生业态的探讨已被列入重要议程。明确提出要"鼓励社交网络发挥内容、创意及用户关系优势，建立链接电子商务的运营模式，支持健康规范的微商发展模式"，社交电商经济的发展已势不可挡！

随着行业竞争加剧，社交流量投入带来的用户增长边际效应逐步降低，这对社交电商平台精细化运营及供应链能力提出了更多要求。因此，加强品牌管理、提高质量控制、提升服务水平、改善用户体验、提升平台形象，已成为社交电商平台高质量发展必须要面对的问题。可以说，整个社交电商产业正经历从粗放式生长到精细化运营的转型。

随着"互联网＋创业创新"的推进，5G 等新一代信息基础设施的加快建设，社交电商产业将迎来茁壮成长的新春天。

洞见之四十六　　直播带货

2020 年 4 月 1 日，堪称中国直播界"腥风血雨"的一夜，业界称当晚缔造了 2020 年中国电商史上魔幻的一幕。罗永浩创下了抖音平台目前已知的最高带货纪录，在 3 个多小时的直播时间里，他的销售额做到了 1.1 亿元，订单量超过了 91 万件，累计观看人数达到了 4891.6 万人，仅音浪收入就有 363.3 万元；被拿来与其对比的"带货一哥"李佳琦取消了当晚的直播；"带货一姐"薇娅在淘宝直播卖火箭，原价 4500 万元，直播间立减 500 万元真枪实弹迎战老罗，同时在线人数一度超过老罗达到 705 万人。尽管看上去刀光剑影，其实直播带货的竞争才刚刚拉开序幕。

直播带货发展历程

游戏在线直播之后，抖音和快手短视频开始崛起。随后又呈现出一种新的直播形式，称为直播带货，许多短视频或在线直播中，主播开始在线推销贩卖商品。最早主播在线销售产品的平台是快手，之后抖音加入这场争夺中，淘宝当然也不甘落后，自此三巨头陆续进场，形成了直播带货"三国杀"的行业竞争格局。除了这三巨头，其他大小不一的平台也纷纷进场，直播带货似乎成了这个疫情之年仅有的一个亮点。

2019 年被视为直播带货的元年，几个大平台争先恐后入场，淘宝直播、抖音、快手在"双十一"直播带货中销售额更是表现突出。"双十一"预售开始前一晚的直播里，薇娅和李佳琦直播间的观众人次均超过三千万；当天淘宝直播交易额接近 200 亿元，有赞和快手直播购物狂欢节（11 月 5 日至 6 日），两天时间内有几百万卖家、1 亿多用户参与，商品订单数量超过 5000 万件，平台总销售额增长 400%，订单数量增长了 230%，观众收看排行榜总热度打破 60 亿次。"抖音好物发现节"标签播放数量超过 123 亿次，在抖音参与商品分享的直播链接超过 50 万场，总计观众收看超过 20 亿次。

如今薇娅和李佳琦已经分别成为淘宝直播带货的"一姐"和"一哥"，薇娅包揽了淘宝直播盛典上的服饰、零食、美妆、母婴、生活、Top 主播六重大奖，李佳琦一跃成为和马云一起卖口红的男人，变身为创业者李佳琦，并正在筹备开创自己的品牌。

2020 年 3 月，陕西周至县、宁夏同心县、吉林靖宇县、陕西宜川县、黑龙江虎林市和重庆石柱县的六位书记、县长，走进"战'疫'助农"抖音直播间，向观众带货当地特色农产品，短短三小时，就卖出了 49 万斤猕猴桃，销售额超过 220 万元；4 月 1 日，最能说相声的 CEO 罗永浩开启了抖音的直播带货，一时间把直播带货推上了风口浪尖。

直播带货成功的因素

一、专业度

在大部分用户的心里，希望有专家来指导和协助自己进行决断，消费决策也不例外。因此，对商品理解的专业度比较高的人，自然容易获取观众的信赖。

在带货直播进程中，主播需要对观众提出的疑问进行实时解答。其中一部分是比较专业的问题，比如化妆品的成分等；也有一部分问题在观众内心徘徊不定，比如：这支口红适合年龄大的人吗？主播必须专业又得体地处理好这些问题。

"如果你真的站在买家的视角，就需要每天不停地学习，学习各种产品知识，令粉丝信任你，需要你。我喜欢这种被需要的感觉。"薇娅在一次采访中提到。

二、形象化能力

网购与线下购物最大的差别在于，网购只能看图片和视频，不能摸不能试，体验感特别弱。而直播带货能够通过主播对产品形象化的直接表达，在一定程度上解决这个问题。

因此，主播将自己对产品的感受进行形象化的形容和演示的能力就尤为重要。带货主播的形象化能力包括对产品的演示能力、个人感受的渲染能力及表达能力等。

产品演示方面，除了试用、试吃、试穿之外，精妙的小心思和小玩法也特别具有吸引力。比如：主播穿上带货的服装后会慢慢靠近镜头，高清晰度展现服装的面料和自己的感受，提高粉丝对产品的感知程度，增加粉丝的安全感。

描述形容方面，需要主播通过比喻等活灵活现的手法，结合表情和肢体动作，把试吃、试用之后的体会清晰地表达出来，让粉丝感同身受。

三、人设

直播带货分为两类，一种是品牌产品直播带货，一种是网红直播带货。

其中，品牌产品直播带货主要是依托品牌自身的影响力和诱惑力，主播的个人魅力位于其次；网红直播带货，主播本身就需要是网红，拥有大量的忠实支持者之后才具有带货能力。

主播成为网红的历程中，人设是非常重要的一环。"倾家荡产李佳琦"，"薇娅的女人"等，这些词汇的背后都是非常成功的人设塑造。当然，罗永浩早在进入直播带货前，就已是第一代网红了。

除了主播本人之外，直播间助手的表现以及和主播的互动，也是粉丝们喜欢关注的重心，李佳琦萌萌的小助理也多次登上热搜榜。

四、洞悉消费者的心理

带货成功的主播通常都是一个非凡的销售员，具有"察言观色"的能力，能做到对消费者心理精确的洞察。

薇娅歌手出身，十几岁就已经小有名气，父母从商，从小耳濡目染不少经商之道，非常了解人情世故，她称呼自己是"话唠"，那些来她店里的客人聊着聊着都成了回头客。在一场直播中，一种很低价的项链，有粉丝问会不会掉色，薇娅的回答是"会掉色，但不会轻易掉色"。没有片面夸大产品质量，也为粉丝下单找到了缘由。简单一句话，透露出对消费者心理的高超洞察。

直播带货中第一件产品数量不多，秒杀下架后再请求补货等操作方式，也都是按照消费者心理精心打造的。

五、互动性

互动性是直播带货的另一个优势：通过实时互动可以在主播与粉丝之间传达信息、交流情感。例如：欢迎新进入直播间的朋友，解答粉丝对于产品的各种疑问等。带货直播进程中，主播与粉丝的互动历来都很频繁。

很多主播都称呼粉丝为宝宝们、女生们、美眉们，就像网购时"亲"的称呼一样，已经成为直播带货互动的代名词。

六、产品价格

图文带货和短视频带货更适宜以往的销售模式，直播带货极为适合一次性大额促销的形式。促销力度的大小是影响带货销售量的重要原因之一。

品牌商家通常会给李佳琦、薇娅、罗永浩等领军网红比较优惠的定价，或是丰厚的赠品。全网最低拼的是底气和实力，当然也有特殊情况。罗永浩首次直播带货，每上架一款商品，当晚就有其他电商平台纷纷打出"低过老罗"的价格，来吸引网民对产品热度的转化，这也说明罗永浩首次直播的影响力。

七、群体性效应

随着主播说道 3、2、1 上货倒数，几万件产品瞬间秒无。观看直播的网友很难招架这种大批量集体一致行动的诱导力，剁手的冲动被瞬间激发。这么多人都在买，感觉价格很便宜，大家才会抢购，感觉不下单，就没有融入群体当中，没有买到会感觉像是亏了。直播带货的各种感受对于刺激群体性效应极为有效。

创业者如何进行直播带货

直播带货的平台也就不到十家，网红机构有几千家，但是产品商家却有千万家，每一个产品商都需要卖货，也都有直播带货需求。

模式一：自建直播间，商家培养带货主播

优点：成本低，可控性强，是电商的主流带货模式。2019年参与"双十一"的商家中，有一半都创建了商家自己的直播室，商家的员工进行直播。有一家零食企业就是每次直播都会有两个主播出镜，24小时后轮换另外两个主播，每天直播一场。

创业者商家自建直播间，切记要淡化主播的个性，突出展示品牌性格及企业文化，要让观众是向着品牌而来，不是冲着主播而来。即使将来主播离职，换人直播也不会对粉丝数量有影响。

做带货直播间对于传统中小企业来说可能有些困难，毕竟没有几个公司有线上直播运营的能力。换个思路，企业就当把销售从线下开展到线上就可以。直播带货的主播不是外表好看、文武双能的达人，而是销售能力好的人。哪个企业没有好的销售员，让他们去直播带货，一样能大卖热卖。

缺点：流量少，带货效果一般。直播带货是前两年的新鲜事物，电商企业都有尝试，但做得好的不多，一是不了解平台直播规则，不知道如何获取流量和吸引观众关注；二是直播里缺乏销售技巧，无法带动粉丝。总之，商家培养带货主播，风险与机遇并存，就看创业者的运营能力了。

模式二：找网红达人来带货，付费推广

优点：见效快，分分钟就能卖断货。这是广告预算充足的电商企业玩的，付费推广也是一门学问。花钱容易，难的是钱花对地方，能收回来且有盈利。例如一场直播销售了几万支口红，成交额几百万元，这都是个案，不具备参考性。正常来说，能做到投入产出比（ROI）1∶1的就很不错了。投入的广告费，无法回本也很正常，要知道主播带货并不是所有商品都能带动。

在找主播带货时，一定要了解清楚企业的产品，主播之前是否了解，效果如何，是否有数据可以参考。比如电子商品直播带货，基本上是亏钱的，直播带货销量最好的商品是护肤品和快消品，除此以外，商品目标用户不精准，再大牌的网红也无法带动。

和网红达人主播合作的方式有两种：一是只收坑位费，另一种是坑位费加提点。现在有纯粹按提点来收费的合作模式了，但是点数跟以往的不太一样，差不多要返 50 个点左右，除了利润率超高的暴利产品，其他普通产品根本不适合。找什么样的网红主播合作，要根据电商产品来选择。

缺点：投入高，效果不好保证。既然是做宣传推广，适当地试错是难免的，尤其是直播带货的环境还不太透明，报价虚高、数据作假也是有的，之前就有过某个百万粉丝的大 V 零成交额的案例。

直播带货发展至今来看，是网红主播、网友粉丝、品牌商家三方共赢。网红主播只收取商家的费用，维护团队运营费用；网友粉丝收看直播，在娱乐的同时又能以较低的价格下单；品牌商家推广商品，提升品牌知名度。

直播带货这个战场已初现淘宝、快手、抖音三分天下的局势。目前来看，淘宝直播拥有薇娅和李佳琦，快手有辛有志，抖音获得了老罗这个现象级的带货主播。

2020 年的疫情使直播带货的发展加速，并培养了大批观众的直播带货电商消费习惯。艾媒咨询数据显示，2020 年预计直播带货的成交量将达到 9160 亿元。在巨大的市场商机之下，平台和商家对新主流消费人群的抢夺将愈演愈烈。现有的大平台、品牌如不能迅速转变，将会逐步瓦解。人、货、场将围绕优质网红主播、MCN（多渠道网络服务）机构、供应链聚集以及重塑，完成资源的更优配置。创业者也应该更好地借助直播带货的新模式，为产品打造营销的新渠道。

洞见之四十七　　远程办公

　　2020年初，一场突如其来的疫情从天而降，一时间九州闭户，道无车舟，十多亿人民惶惶不可终日。几个月过去了，疫情至今还极大地影响着我们正常的生活和工作，打乱了人们原本的生活状态与节奏，对于占有企业数量90%以上的中小企业更是雪上加霜。

　　为有效抗击疫情，尽量避免人群聚集，从中央到地方都出台了相关政策，引导企业、机构和政府等组织延长假期、灵活办公，以减少集中办公带来疫情传播的风险。

　　在这样严峻的环境背景下，不少企业被迫选择远程办公。数据显示：国内有上千万家企业，将近2亿人选择在家办公。

远程办公并不是新鲜事物

　　国内外有大量的企业，多年前就实行了远程办公的方式。一家估值达30亿美元的互联网公司Automattic，这家公司可能很多人不熟悉，但是它旗下的两款产品，大家一定听说过，一款是Wordpress，是世界上非常流行的个人博客程序，以插件丰富著称，全球大部分个人网站都是基于Wordpress搭建的；另外一款产品是它去年收购的大名鼎鼎的 Tumblr，国内大部分网友称其为"汤不热"。这家公司目前只有远程办公，且已经纯粹地执行远程办公长达 15 年之久了。2017 年该公司关闭了位于旧金山的办公室，这也是当时这家公司唯一的办公室。该公司创始人解释说，1000 多平米的办公室租赁了六七年，几乎从来没人使用过。

国内也有类似远程办公的成功案例，一家位于成都名为"彩程"的公司，在 2013 年的时候就已经关闭了办公室，全面实现了远程办公。这家公司旗下的知名产品有远程协助工具 Tower，还有面向人力资源管理的工具"知人"，都是用户体验良好的工具。

远程办公有哪些优势

第一，远程办公能够让员工的生活质量得到大幅改善。因为不再拘泥于一个固定的办公场所，员工们将摆脱办公室工作给生活加固的镣铐、监禁和束缚，幸福感爆棚的同时也更高效地提高了生产力，鱼和熊掌可以兼得。

第二，这种相对前卫的、更开放的办公形式，可以吸引、保留、雇佣来自全球各地的一流人才，释放下一代领导者们对建立最佳远程工作文化和体验的想象力。

第三，从长远来看，远程办公的效率和生产力都会得到极大提升。Tower 的联合创始人古灵曾说过一个例子：他们产品中的很多非常优秀的插件都是由某一个员工独立完成的，其中一个特别好用的轻量级的支持 md 文件格式的编辑器，是一个员工跑到丽江古城独立开发了两个月完成的。当然这并不是一个个例，Github

（一家软件项目网络托管平台）上大量开源的优秀软件或者插件等，都是由一个或者几个分散在世界各地的优秀工程师完成的。所以远程办公最大的好处就是能够让员工专注地去创造。

第四，远程办公还能给企业省掉很大一笔的房租开支，也能让员工节省掉很多的生活成本。

远程办公为何迟迟没有爆发

企业节省费用，员工得到自由，这种办公方式在全球越来越受欢迎。数据显示，到 2020 年，大约 50% 的科技公司将会有约 29% 的员工实现远程办公。反观中国，根据数据推测，2019 年远程办公人数大约只有 530 万人。

那么在国内远程办公的这种形式，没有被广泛开展起来的主要原因是什么呢？

远程办公最大的障碍是企业的老板。大多数老板在内心里是抵触远程办公的，他们往往注重对员工的监控，但管理不是控制，是为了激发员工自主工作的积极性。所以老板首先要从思想上去改变这个观念。

远程办公的第二大障碍是企业的中层或者叫管理层。很多企业的中层或者管理层已经习惯了被员工仰望的状态。开启远程办公后，他们得不到这种反馈，心理难免失衡。与其说是心理上的问题，不如说是能力上的问题。员工不在眼前，就没有办法形成高效的沟通，没有办法高效地去布置任务，或者没有办法高效地去分解任务，这实际上是作为管理者的一个硬伤。

远程办公的第三个障碍是员工。企业员工的能力并不均衡，远程办公特别考验一个企业员工的能力水平。比如，很多企业的基层员工非常缺乏文字表达能力，当面沟通没有问题，一旦诉诸文字，你就会发现他抓耳挠腮很为难；另一个是理解能力，很多员工已经习惯了被布置非常具象的任务，而布置一个相对不太具象的任务时，正面沟通尚且要沟通好几遍他才能听明白。可想而知，这样的员工在面临远程办公时，必然高压低效。当然还有一个很大的原因是企业员工的年龄结构问题，一些年长的员工很难适应远程办公软件的使用，而且内心也非常抵触学习。

远程办公需要解决的核心问题

这次疫情也是对企业现有运营模式能否很好地应对突发事件的一次重大考验。未来远程办公是大势所趋。企业想要做到与远程办公时代顺利接轨，必须要解决以下六大核心问题：

第一是人才问题。刚刚我们提到有两个案例，一个是国外的Automattic，另一个是国内的彩程。这两家公司的创始人都提到一个很关键的问题，就是选对人很重要。这就意味着传统的社招或者校招这种招聘方式是需要改变的。Automattic的创始人说，他们开始的招聘方式是由创始人约面试者去咖啡厅面谈，然后发现有一些在面谈过程中能打100分的人，在实际工作中可能连30分都达不到。这是因为近些年来很多求职者看了大量的面试技巧，对于你的问题，他们在网上基本都看过。后来他们改变了一种招聘方式，要求求职者先用兼职的方式跟几个核心团队的成员在一起工作一段时间，可以是晚上，也可以是周末，甚至允许你不需要在上一家公司辞职。薪资的发放是按小时计算，这样 20 天左右，就能准确地判断这个人能否适应远程办公，以及工作能力和工作水平如何。这个技巧很实用，但是企业要尽量规避劳动法的风险。

员工转正或者入职之后，如何实现对全员有效的人事管理呢？人事管理大致有以下几个方面：员工档案管理、考勤休假管理、制度管理、绩效考核、薪酬福利的发放、员工培训、文化建设……这些在国内已经有非常成熟的工具了，比如阿里的钉钉，在员工档案、考勤管理、请休假管理及绩效考核几个方面是比较成熟的。如果大家需要专业的薪酬发放工具，推荐大家使用 HOPE 创学院一期学员的"薪太软"，它能够极大地减轻发放薪酬的工作量，包括智能代发、线上开户、线上核对、线上缴税、员工查询的功能。

第二是信任问题。远程办公如何解决信任问题呢？这里的信任问题主要是老板不信任员工。众所周知，中国的社会是一个人情社会，任人唯亲是中国企业主的一个通病。信任问题的核心是人性问题，而人性往往是经不起考验的，那应该怎么办呢？直接用钱说话。远程办公可以施行一种新的薪酬改革方式。很多公司已经实行了绩效考核制，也就是基本工资和绩效工资分开。在远程办公的条件下，企业可以大幅降低基本工资的比例，提高绩效工资的比例。在绩效工资的发放上，以关键节点的任务成果来考核绩效，这就需要建立可以量化的执行标准。比如本月目标任务量是 50 个，这 50 个任务你都兢兢业业完成了，就可以获得高额的绩效工资，信任问题就迎刃而解了。一个能够保质保量完成你交办的核心任务的员工已经是一个优秀员工了，值得你信任。

另外就是由信任问题转化出来的工作流问题。工作流是需要层层审批或者流转审批的。本质上还是不信任的问题。然而在某些重要的事项上,流程审批是必不可少的。那么在远程办公的时候,如何实现有效的流程管理呢? 大家可以使用传统的 OA 进行流程管理,因为 OA 的流程管理是针对某个公司单独定制的,往往都非常贴合公司的使用情况。如果没有 OA,可以使用像钉钉、水滴云等流程管理相对来说比较强的工具。

第三是效率问题。为什么有的企业采用了远程办公的方式效率会下降呢? 主要是因为管理层或者中层的问题。有一句古话:一将无能,累死三军。所以提升效率的关键是在"将"的任用上,也就是企业的中层或管理层的任用上。不管你使用什么样的效率管理工具,核心是人,核心是布置任务以及分解任务的人。这个人需要有非常清晰的逻辑能力,能够将一个任务有效地分解到各个员工手上,并且能够关注这个任务所有节点的完成情况,并做好相应的部署。企业主要去衡量自己的中层或者管理层的人是否具备这样的能力,如果他日常的管理基本靠喊,或者他个人能力超强,倾向于独立完成任务,那么这个人是不合格的。

这里有几款任务管理的工具可以推荐给大家,用于提升效率。相对功能比较完善的有 Teambition、Teamcola,还有 Tower。HOPE 使用的工具叫 Teambition。这几个工具的特点是都有清晰的任务板,从层级上来看,主要分为项目、任务和子任务。举例说明:参加过李书文跨年演讲的朋友都知道,我们给每一位到场的朋友提供了一份伴手礼。我们首先建立了一个跨年演讲的项目,在这个项目下,建立了一个主任务叫作伴手礼的发放,然后把这项任务指定给一个负责人,这个负责人会对这个任务进行分解:礼品袋的设计,礼品袋的印刷,礼品袋的运输,礼品的选择……总共拆分成了十几个任务，并给每一个任务设定了时间节点，确保在我们跨年演讲的当天，所有的工作都能够完成。这样做的好处就是所有的任务可以并行，每一个子任务都有单独的任务执行者和任务参与者。每个子任务下的沟通都是单独的，那么每一个执行者执行的子任务都不会打扰到其他人员。比如礼品袋的设计，需要设计师执行，执行完之后，将跨年演讲的总负责人加入参与，用来沟通和核实定稿的细节。一旦这个任务完成，那么负责人就可以开启印刷的子任务了，当所有的子任务都点击完成的时候，这个主任务也就完成了。这样的管理会非常有条理，而且每一项都可以追溯。

　　第四是沟通问题。如果是小微企业，比如只有 10 个人以内的员工，使用微信沟通即可，因为这个时候管理者的脑容量是够的。如果人数较多，事物比较繁杂的时候，管理者的脑容量已经超负荷的情况下，比如说今天安排了一个任务，可能过两天管理者自己都会忘记。这个时候再去翻微信的聊天记录，就比较麻烦，很多管理者倾向于使用语音，更是造成检索或者搜索上的困扰。那么这个时候建议企业使用前面所说的任务管理工具，在某一项具体的任务之下去沟通具体的事物，这样不同任务之间的沟通也不会影响到其他的任务，而且这些任务管理工具，沟通记录都可以完整保存下来，可以随时追溯。

　　另外，介绍一下远程办公方式下知识体系的管理。一般企业内的知识都是以文档形式保存的，比如管理制度、运营手册、操作流程、技术文档。首先来说文档的形成：一般来说，企业的文档都是由几个人群策群力完成的，用高效的文档协同工具非常方便。比如国内常见的石墨文档、印象笔记、WPS+，都具备同时编辑一个文档的功能。其次来说文档的保存：知识文档保存有两个特点，一是它便于分享，最好还要让大家能针对文档进行讨论；二是它需要有版本管理的功能，谁修改过谁修订过每一个版本都能够很清晰地用时间线的方式进行查阅。技术类型的公司建议使用 Github，其他类型的公司可以使用企业 Wiki（多人协同创作的超文本系统）类的工具，比如 Teakki，或者直接使用其他办公工具里集成的文档管理工具。

第五是安全问题。很多老板非常担心："把企业的这些重要资料全部在线上进行实现，用这些 SSAS 化的办公平台会不会造成数据泄漏，别人知道我们公司的运营状况与沟通情况怎么办？"其实不用担心，首先，选择这些 SSAS 化的办公平台时，一定要选择大厂的，信誉和安全都有保证，而且有相应的加密体系。其次，对中小微企业而言，大部分数据在 BAT 这类公司面前都是透明的，他们想获取就可以获取。再次，我们也不会把企业特别核心的数据放到开放式办公平台上去沟通，一般只是几个核心成员之间的流转。所以远程办公并不会导致核心数据在云上飘着。如果你仍然担心这个问题，可以采用"私有云"的部署方式。但从成本考虑来讲，在企业发展的早期阶段，不建议使用"私有云"。

第六是生产力问题。很多企业担心远程办公，员工会不会没有凝聚力，会不会没有认同感？首先，人类确实是群居动物，我们大多数时候的认同感来自于群居生活，然而人更是高等动物，我们已经过了茹毛饮血的时代，并不是说不在一起办公就会割裂这种群居关系。对于创业团队来讲，团队是要聚在一起做事才能找到认同感，而不是单纯地聚在一起吃饭、聚在一起办公就可以产生认同感的。很多人都看过《亮剑》这部电视剧，独立团在抗日战争时期被日军拉网式清剿的时候，他们不得不化整为零，分散在各个地区，然而这并不妨碍他们的凝聚力，李团长在召集大家攻打平安县城的时候，二营长张大彪的一个营的兵力都已经赶上一个团了，而且装备精良，连意大利炮都是囊中之物。所以作为创业企业的创始人或者老板，要给员工传达的是一个行之有效的目标和有效的激励方式，并不是人聚集在一起才会产生凝聚力。

　　远程办公并不是在家办公，也不是旅行办公，它指的是，在任何你认为自己效率最高的地方办公。对于创业团队来说，要想把握住远程办公的大势，现在就是利用先进的生产工具和生产理念打磨内部协作能力的最佳契机。

　　也许现在的远程办公还未能取代传统办公模式，但今天的远程办公行业就像线上消费行业一样，一定会改变人们的生活习惯，使人们从线下迁徙到线上。远程办公也是未来的一种趋势，传统的办公模式也注定会因此而发生重大变革。

洞见之四十八　　共享员工

　　2020 年春节，祸从天降的新冠疫情，让近年来快速发展的共享经济突然迈出一大步：万物共享的概念从"物"跨越到活生生的"人"，共享员工一夜爆红。

　　新技术、新理念孕育新业态和新形式，带动就业方式和就业形态产生新变化。疫情之下的部分企业与劳动者由于资源共享、优势互补及特殊时期的需要，采用共享员工模式，达成了企业、个人和社会的三方共赢。

共享员工概念的诞生

　　共享员工起因于盒马鲜生和西贝的一次偶然合作。2020 年疫情暴发之后，西贝董事长贾国龙在被采访时称，疫情致使西贝两万多名员工待业，西贝一个月成本支出达 1.5 亿元，如果疫情在短期内无法控制，西贝坚持不了 3 个月。此时，十多亿人宅在家中，对生鲜等日用品送货上门的需求激增，盒马鲜生面临着严重的人员短缺问题。看到文章的盒马鲜生北京总经理李卫平，闪现出一个大胆的设想，是否可以借用西贝等其他餐饮业的闲置员工，既解决盒马人员短缺的问题，也为疫情时期艰难的餐饮企业减少人力负担。盒马鲜生隔空喊话云海肴、青年餐厅，约请餐饮业的员工"临时"来到盒马工作，共享员工的模式就这样新鲜出炉了。

随后，餐饮业、零售行业也纷纷发布"人才共享"计划，减轻餐饮企业成本压力和商超生活消费行业人力不足的问题，解决疫情时期待岗人员的收入问题。生鲜传奇、沃尔玛、京东等多家企业相继推出共享员工模式，临时歇业的员工可提交申请报名，要求相符即可上岗工作。阿里本地生活服务企业也推出"蓝海"就业共享平台，计划招收第一批"蜂鸟快递"骑手一万名，餐饮企业商户可以通过该平台推举员工报名成为骑手。

苏宁物流也发布了"人才共享"计划，向受到疫情冲击、工作遭遇短暂影响的人群，提供了各种仓内分拣、包装，小区骑手，快递配送等工作岗位，工作地点分布在全国 46 个城市的苏宁物流中心及 350 个城市快递站点，依据报名人员所在地区和个人工作意向就近分配。苏宁物流的共享员工计划，一是更好地为受停业影响的人群提供了短期的灵活工作选择，二是缓解了一线岗位的人员紧缺，特别是满足了苏宁小店、家乐福等 1 小时内日用品送达的骑手补充需求。共享员工已变成苏宁内部行之有效的员工配合体制和工作机制。

房地产行业也加入共享员工的行列，为受疫情影响停产或裁减人员的企业员工，如酒店、旅游、餐饮、民宿等行业的放假员工提供就业机会，提供了物业小区秩序维护、管家、工程维修、保洁等工作机会。

共享员工概念很好理解，就是 A 企业经营困难，员工闲置待业，此时企业会面对巨大的人力成本开支，企业员工也处于待岗状态，收入降低；而 B 企业刚好有迫切的用人需求，A 企业就把闲置待业人员短时间租借给 B 企业。共享员工的方式实现了人力资源的优化分配，也是特殊时期企业遇到危机而积极自救的一次革新之举。

传统的借用员工和共享员工

传统的借用员工被汇入共享经济的思想后，孕育了共享员工的新形式，灵活用工形成新形态。借用企业获得了人员的补充，让在特殊时期的企业生产运营得到稳步运行及快速发展。借出的企业减少了用工人员成本，还保持了企业员工队伍的稳定，为非常时期过后的生产运营保留了人力资源。闲置待业的员工也取得了稳定工作机会和工资收入，才干能够发挥和成长，情绪更加平稳。共享员工就社会而言，则使人力资源在市场体制作用下达到有效配置和利用，促进了社会和谐、生活稳定。

共享员工与传统的借用员工相同点在于，员工与原先的用工企业（即借出企业）保留了劳务关系，只是在特殊时期，经过原用工企业和劳动者同意之后，到"借入"企业（即共享企业）工作，接受"借入"企业的劳动管理。不同之处在于，共享员工与"借入"企业之间组成劳务关系，按照"借入"和"借出"企业的协议，"借入"企业以支付劳务费用的形式向共享员工支付薪水；而传统的"借用员工"则大多是由原先用人企业担负劳动者的工资薪水，属于上下级关系或合作企业之间的临时性用工部署，一般不会由"借入企业"支付劳务薪水，也不存在"借用员工"和"借入企业"之间的劳务关系。

由此，共享员工形式对于员工的基础要求，可以同时满足或是基本满足借入公司相应岗位的技能需求；或者说，企业想采用共享员工这种灵活的用工形式，必须是技能需求相近或是没有技能要求的岗位，便于缩小员工共享过程中岗位变换的技能约束，确保共享员工模式可以顺利运行。

共享员工潜在的争议风险

共享员工在合法的框架内，大胆灵活运用，能够合理调动人力资源，让企业和员工更好地生存下去，一起度过困难。

共享员工经过这样的跨界协作，可以帮助停业的企业有效分担成本支出，合作方式上可以有相似于体制内的员工借调，也可以运用兼职的雇佣形式。不管使用哪种形式，对于协作的双方企业以及员工都是三方共赢。

潜在的争议风险，需要从共享员工本身意外风险和劳务法律风险两个层面来看。

首先，员工在借入企业工作期间或许会遭遇事故伤害，比如上下班路上交通意外、工作时间内在工作场所遭遇伤害等，这时借入用工企业需要通过购买商业保险，来防止可能发生的意外伤害风险。

其次，在劳动法律层面，借入企业是以兼职或借调的方式来完成合作，有必要签订兼职劳动合同或借调用工合同。签订的合同中要对工作职责范围、工作时间期限、计薪方式等内容进行详细说明。一旦发生劳动服务争议也能够通过协商、调解、仲裁的方法解决。

借入企业对于共享员工，也要防止潜在的商业风险，如生产及运输过程中的产品丢失损坏、企业的商业数据泄漏等风险。

对于特殊时期歇业的企业，除非员工在办理离职之后与其他企业签订了正式的劳务协议，否则其共享员工社会保险在劳动合同期内还要依法缴纳。

特殊时期的企业或许会由于停业流失一部分员工，但这样负责任有承担能主动为员工考虑的企业，相信将来在品牌形象方面，能取得其他候选员工的青睐。

共享员工是否成为未来趋势

共享员工形式得到了越来越多的企业认同，也将是人力资源范畴的一次重大变革，因此很有可能在中国转变为一种常态化的形式。有些人则比较谨慎，认为共享员工是非常时期大家互助互利、抱团取暖的过渡方法，而且触及比较烦琐的法律关系，对于双方企业都存在一定法律风险。

在一些发达国家，共享员工的用工模式已经十分流行。不同之处在于，共享员工是企业双方自主调配人力资源关系，解决非常时期的问题。国际上的普遍做法是由第三方公司或平台来调配企业间的人员需求，因此共享员工很可能在将来成为一种趋势。

但这并不代表着共享员工不存在问题。在特殊时期，员工的安全、员工的待遇以及员工被调去合作企业后的召回问题，都需要慎重妥当地处理。停业的企业需要复工时，如果员工还在外派，不能迅速到岗，就会给企业的正常运行造成影响。

　　总体来看，企业之间自主调配员工的形式，还有不少需要优化之处。

　　共享员工形式走向常态化确实面对不少困难，一方面高门槛技术岗位不能开放，绝大多数参与者只得从事一般简单的体力劳动工作；另一方面还得思量企业暂时劳务关系触及的权利、义务、责任等繁杂法律问题。由此可以看出，用工形式不是一成不变的，电商、网约车、移动支付等行业都是在不断创新和变革中发展起来的，任何时期都不能轻视市场的力量和智慧。

　　共享员工除了本身具有的意义和争议之外，至少给了创业者一个非常大的启示，就是创业者一定要学会整合和链接各种资源，而不是坐以待毙或守株待兔。我在《熵》一书中着重强调了"熵"的伟大意义：他之成本可能是我之收益，他之砒霜也许是我之良药。什么是创业者，就是那种能无中生有，平地起惊雷的创新者、冒险者、拼搏者。

洞见之四十九　　新金融

金融是国民经济循环系统中的血液，其作用在于配置资源，促进资源优化配置，提高资源分配的流动性。随着产业互联网的诞生、发展、成熟、普及以及闭环数字经济生态的形成，金融会逐渐真正有效渗入毛细血管中，服务末端各个中小微企业，真正实现普惠金融服务和产融结合，实现金融脱虚入实，成为振兴实体经济、服务中小企业、解决资金流动通畅的最佳路径。

中小企业是推动国民经济发展、构造市场经济主体、促进社会稳定的基础力量。目前，我国的中小企业呈现"56789"的典型特征，即中小企业贡献了 50% 以上的税收，60% 以上的 GDP（国内生产总值），70% 以上的技术创新，80% 以上的城镇劳动就业和 90% 以上的企业数量。中小企业是我国国民经济的重要组成部分，而中小企业融资难、融资贵问题一直是制约我国中小企业快速发展的最重要瓶颈之一。

笔者认为，能高效破解中小微企业融资难、融资贵、效率低的金融思想，工具，新技术以及科技即是新金融；当然，并非说新金融不服务于国企等大企业，实际上，传统金融在服务于国企等大企业上已经相当成熟和完备了。供应链金融、大数据金融、互联网金融以及金融科技等是新金融最重要的代表。

2016 年 10 月，马云在杭州云栖大会上将新金融与"新零售、新制造、新技术、新能源"一起列为影响世界的五大新趋势，这让新金融越来越受关注。所谓新金融，就是金融为适应实体经济转型所做的创新，其主要表现为以下五种趋势：

第一个趋势是技术创新，从人工到人工智能，金融和科技相结合。近年来，金融科技风靡全球，无疑是目前金融业最引人注目的焦点。中国的金融科技进展如火如荼，近些年无论是从融资笔数、融资金额还是融资质量上看，均位居全球领先地位。

金融科技目前主要是金融和 ABCD 四大技术的融合，A 是人工智能、B 是区块链、C 是云计算、D 是大数据。其中对企业融资影响最大的是人工智能和大数据，这两项技术是一个硬币的两面，大数据是人工智能的基础。企业融资面临的最大难题是信息不对称，传统金融机构的风控模式主要通过人工尽调、授信、审批、贷后管理、抵押担保等风控措施来防范信贷风险，而过度依赖人工，不仅成本较高，而且效率较低。

但是有了金融科技就不一样了。借助大数据、人工智能等技术，金融机构可以对互联网底层海量数据进行全面分析挖掘，搭建风险控制模型，实时监控风险指标。比如工商银行从 2007 年起专门建立了数据仓库和集团信息库两大数据库，实现了对全部客户和账户信息的集团管理，通过大数据分析对个人客户和法人客户的违约率、违约损失率进行动态监测和实时预警，并对积累数据进行深入分析，有效把控实质风险、提升融资服务效率。对企业来说，必须更加重视自己的信用和日常，因为数据每时每刻都在产生，银行每时每刻都在记录，以前靠人情关系可以让贷款过关，以后是信用时代，靠人情肯定是不行了。

不少传统金融机构做零售金融业务很吃力，因为几千块一笔的借款金额要做到盈利，需要一套与它们以往完全不同的逻辑和系统，那么金融科技公司所能提供的就是一套从贷前获客、反欺诈，到贷中信用审核，再到贷后催收的全流程系统。所以对于传统金融机构来说，金融科技公司是在帮它们重构业务体系，之后双方实现利润分成。

这也是为什么越来越多在过去信贷业务上做到一定规模、拥有成熟技术的金融公司，都开始转向 B 端的原因。相比单纯的数据或技术公司，它们将更适应新的 To B 业务模式。

新金融的第二个趋势是客户创新，业务对象从高不可攀到强调普惠金融。过去的金融天然"嫌贫爱富"，特别青睐那些并不太需要钱的央企国企，而真正需要资金的中小企业往往是其嫌弃的对象。普惠金融就是致力于为中小微企业、农民、城镇低收入人群等弱势群体提供可负担成本的金融服务。普惠金融在全球早已是共识，在中国这样一个社会主义国家更是必然趋势。数据显示，我国占企业总量 0.5% 的大型企业拥有 50% 以上的贷款份额，而88.1% 的小型企业贷款份额不足 20%，90% 以上的民营中小企业无法从银行获得贷款。不搞普惠金融，中国经济就无法可持续发展，所以在 2015 年年末，国务院印发普惠金融发展规划，普惠金融上升为国家战略。各主要商业银行、1600 多家村镇银行和 17 家民营银行相继成立了普惠金融事业部，为小微企业服务，并接受监管部门对普惠金融的考核。普惠金融覆盖面广，天然和金融科技联合在一起。以建设银行为例，2017 年建行组建普惠金融事业部，借鉴零售业务理念，在小微企业贷款方面设立"评分卡"，结合非财务信息对客户进行全面评价，运用大数据技术整合各类信息实现精准"画像"，通过"小微快贷"模式实现全流程线上融资，全程自助。对很多中小企业来说，如果不及时了解这些新模式，可能就失去了很多便捷贷款的机会。

新金融的第三个趋势是渠道创新，从线下到线上，大力发展互联网金融。2013 年是中国互联网金融元年，经过几年的发展，中国已经成为全球互联网金融最为发达的国家之一。目前，互联网金融包括多种形态，既有早期的网上理财、P2P 借贷和众筹，还有广泛运用的移动支付和近期异常火热的消费金融等，这对企业融资渠道也带来了很大的改变和冲击。

新金融的第四个趋势是模式创新，从个体化到系统化，比如供应链金融。供应链金融是一种全新的授信模式，以核心企业信用为依托，为产业链上下游企业提供系统化的金融服务，不再单纯依赖单一企业的基本面，而是依据供应链整体的情况进行金融服务的设计，比传统的信贷更加系统全面。

供应链金融在线互联化，将供应商、采购商、物流商等实体企业通过互联化的系统方式连接成一个链网，即产业互联网，再和金融机构及金融系统连接在一起，使金融机构和实体产业构建产业生态体系，实现产融有效融合。通过深度耦合、实时交互等方式，高效智能地进行征信和风控，及时动态反映供应链的变化，并且从流程创新设计、数据智能分析、系统互联互通、信用评价体系等方面保障资金流动与服务安全，增强产业的流动性。

供应链金融将资金流有效整合到供应链管理的过程中，通过引入核心企业、第三方企业等新的风险控制变量，帮助企业通过盘活应收账款、存货、现金及等价物等流动资产进行融资，全链条信息透明，上下游信息连贯，通过现金流、物流、发票流和信息流的四流合一，深嵌产业链之中。供应链金融是缓解中小企业融资难的有力手段，也是企业家必须了解的新金融模式。

阿里、京东的电商供应链金融发展模式便是典型代表。比如阿里小贷，它可以基于卖家的订单开展供应链金融服务，为淘宝卖家解决短期资金融通问题。融资主体十分广泛，可以是中小企业，还可以是个人用户。阿里小贷通过淘宝交易数据评估风险，通过支付宝控制资金流来控制风险，保障整个供应链金融过程顺畅进行。再比如京东供应链金融的明星产品"京保贝"，它是基于京东在供应链融资服务上的积累而产生的业务。京东的平台供应商在此业务中可以凭借采购、销售、财务等数据得到自动化审批，整合京东的供应商、京东商城和京东商户，并最终实现了京东金融服务平台的一体化。从申请到放款整个流程最快只需要三分钟，使小微企业可以真正实现快速融资。

新金融的第五个趋势是理念创新，从追求量到追求质，发展绿色金融。2016 年 8 月 31 日，央行等七部委联合印发了《关于构建绿色金融体系的指导意见》，中国成为全球首个建立绿色金融政策体系的国家，绿色金融已成为重要的国家战略。近些年，我国政府对绿色金融越来越重视。绿色金融工具日益丰富，现已推出了绿色信贷、绿色债券、绿色基金、绿色资产证券化、绿色 PPP 等多种绿色金融产品。

新时代和新的环境催生了新金融，新金融主要表现为新技术、新对象、新渠道、新模式、新理念五大趋势，金融科技、普惠金融、互联网金融、供应链金融、绿色金融等新金融模式崛起，给企业提供了更多选择。创业者也应该及时把握新金融发展的趋势，通过金融的力量助力自己的企业更快速地腾飞。

洞见之五十　　新制造

现在年轻人创业，要么是选择互联网行业，要么选择有特色的服务业，而很少会有人选择制造业了。为什么出现了这样的局面？原因无非有三点：

第一，制造业投入成本较高。一个完整的制造业，需要从原材料供应，到车间生产，再到最后的流通销售，只有把这些环节打通，才能生存下来。很多制造业大型公司，都是经过数十年的累积，才成为行业的龙头。

很多中小型的制造业企业本身没有规模优势、成本优势，很难从传统的红海市场突围。对于年轻人来说，选择很难逆袭且投入巨大的行业，本身就是不明智的。

第二，制造业的利润空间小，成长性不强。我国的很多制造业，早期最多的是轻工纺织小商品，利润空间很小，属于低附加值的行业。就算是近些年来，随着科技行业的发展，消费电子行业也迎来了突飞猛进的发展，但是这些消费电子行业依然是利润很低的行业，仅仅是赚个加工费，而且处于产业链的中游，一旦经济不景气，下游需求下降，就面临倒闭的风险。高端制造业，需要巨大的资金储备支撑技术研发，才能打造出自己的行业壁垒，这对于刚创业的年轻人来说，都是不切实际的。

第三，互联网行业与服务行业本身的重要性在提高。对于年轻创业人来说，很多会选择互联网行业，这是因为年轻人本身就使用互联网，更容易感知消费群体的习惯、偏好，更容易做出与用户适配的产品。这些行业本身不存在明显的瓶颈，只要找到突破口，就可以实现逆袭，如果发展得好，还可以吸引天使投资人进行投资，借助资本的力量迅速做大。服务性行业本身受经济周期波动影响也较小，相对风险也更小。

但是，无农不稳，无工不强，无商不富。制造业直接体现了一个国家的生产力水平，是区别发展中国家和发达国家的重要因素，制造业在世界发达国家的国民经济中占有重要份额。纵观全世界的强国，包括美国、德国、日本在内，都是制造业大国。制造业是其他行业的基础，没有制造业，就会出现实体经济空心化，一切虚拟经济都无法运转，不管是什么新经济模式，什么直播带货等，都需要有货，货都需要制造业生产出来才行。中国的发展靠的是实体经济，中国的强大还要靠实体经济。中国不可能没有制造业，中国也不能没有制造业。

当下制造业出现产能过剩的行业比较多，在某些领域存在一定的饱和现象。但是，这种饱和与过剩，更多的是相对的饱和与过剩，而不是绝对的饱和与过剩。其中相当一部分产品和产能，都是消费者不需要的，或者难以推动消费的无效产品与产能。而那些真正质量好、品质高、具有工匠精神的、能够满足消费者需求的产品，仍然是很受市场欢迎的，是供不应求的。

新制造是近些年兴起的概念，2016 年 10 月，马云在杭州云栖大会上将新制造与"新零售、新金融、新技术、新能源"一起列为影响世界的五大新趋势，这让新制造越来越受关注。新制造很快会对全中国乃至全世界的制造业带来席卷性的威胁和趋势性的机会，所有的制造行业所面临的痛苦将远远超出想象，新制造也为企业带来新机遇。

过去，制造讲究规模化、标准化，一件商品制造几件根本就赚不到钱。但是，未来 30 年制造讲究的是智能化、个性化、定制化。通过大数据分析可以准确地预估生产规模，通过 3D 打印可以实现个性化和定制化的生产，通过模块化可以实现按需组装。机器人会取代流水线上的很多工作，但服务业会产生大量新岗位。因为制造业需要人来设计、体验和创新。

新制造是制造业和服务业的完美结合。未来将没有纯制造业，也没有纯服务业。未来的制造业一定是服务业，服务业也必须是制造业。未来的制造业不是标准化和规模化的，而是个性化、定制化、智能化的。以前是以制造为中心，未来应该以智造和创造为中心。新制造主要有以下几个特点：

（1）新制造是制造业和服务业的完美结合。新制造的竞争力不在于制造本身，而是在于制造背后的创造思想、体验、感受以及服务能力。

（2）新制造不是大企业的独家专利，而会变成中小企业的制胜法宝。

（3）工业时代考验的是生产相同东西的能力，而数据时代考验的是生产多样化、定制化产品的能力。

（4）按需制造的核心是数据，以前制造业靠电，未来的制造业靠数据，数据是制造业必不可少的生产资料。

新制造作为新一轮科技革命和产业变革的重要驱动力，正在掀起创新热潮。

数字技术不仅能连接生产与消费，更能从内部改变生产自身的运行方式，在数据与生产相结合的情况下优化生产效率。以数字化和人工智能为代表的第三次工业革命正在引领制造业的发展，将新制造变为了新智造。青岛的酷特智能就是其中的一个代表案例。

服装行业是一个再传统不过的行业，酷特智能却率先开启了"未知"的数字化变革。走进酷特智能的生产车间，忙碌的一线工人、多道人工工序……表面上跟一家普通的服装厂无异。但实际上，在繁忙的工人背后，厂长、车间主任、班组长等管理人员都已经从车间消失了，工人只听数据的。

这是一种独特的智能制造形态。酷特智能曾经是一家传统的服装制造商，在行业内率先进行了智能化升级。在现有的技术条件下，许多制衣工序还难以实现完全的"机器代人"，酷特智能进行了数据驱动下的人机协同。班组长等管理层的消失，是因为数据成为了车间流动的"语言"，驱动着产品制造的全流程和每个工人的劳动。

在酷特智能，服装定制生产流程被分解为300多个控制节点，包含互联网下单、自动生成版型、智能排产等20多个子系统。车间里，每个缝纫机都装上了智能终端，每块面料、每件衣服上面都有一张ID（身份识别）卡，包含着客户的需求信息。每件衣服的客户需求都通过互联网直接传递给了工人。

传统的科层制部门没有了，数据化治理平台建起来了。更重要的是，员工的劳动积极性也被完全激活。每个人一开工，就能从身前的屏幕上清楚看到自己要做什么、能获得多少报酬。员工与企业不再像是上下级的雇佣关系，更像是一种对等的合作。改造之后，酷特智能管理成本降低50%，生产效率提高20%，企业所有资源都被引导面向消费者的"源点需求"。服装这个产业非常传统，但是酷特智能却把它做得不传统。

数字技术正在重新定义生产链条，自动化、数字化和智能化的新制造呼之欲出。在数字化车间，生产链条的各个环节进行积极的交互、协作、感染与赋能，提高生产效率。在智能化生产线上，身穿深蓝色制服的工人与机器人并肩工作，形成了人机协同的共生生态。而通过 3D 打印这样的技术，零部件可以按个性化定制的形状打印出来。

新制造，能够借助大数据与算法成功实现供给与消费的精准对接，从而实现定制化制造与柔性生产。比如，中华老字号"朱府铜艺"通过消费端数据分析，制造出更适合年轻人偏好的生活化铜雕制品，让传承了五代人的老品牌重获新生；再比如，申洲国际作为一家服装代工企业，得益于大数据等数字技术的赋能，能够对小批量、多批次的市场需求实时响应，实现了高利润、高增长和高市值。通过大数据和云计算分析，可以把线上消费端数据和线下生产端数据打通，运用消费端的大数据逆向优化生产端的产品制造，为制造业转型升级提供新路径。

事实上，数字技术不仅能从外部打通生产与消费，更能从内部改变生产自身的运行方式。比如阿里云的工业大脑借助机器的学习能力对数据进行建模，并传授给机器，让机器来帮助解决日常生产环境当中的问题。有这样一个直观的案例：一家太阳能电池片生产企业，把上千个参数传入"工业大脑"，通过人工智能算法，对所有关联数据进行深度学习计算，在生产过程中实时监测和调控变量，最终将最优参数在大规模生产中精准落地，大幅提升了生产的良品率。在光伏、橡胶、能源、通信、钢铁、石化、水泥

等传统行业，通过大数据和云计算，可以在只改变数据、不改变
生产线的情况下优化生产效率。

展望未来，随着 5G 技术广泛应用，万物互联将会从愿景变为
现实。而当生产过程中的人、设备、产品、物料等产生的即时海
量数据能够连接时，工业互联网平台将逐步搭建起来。在这样的
平台，生产车间将变成各个环节合作共生的"有机生命体"，生产
线将会像人一样思考。而随着人、机、物以及服务间的边界被打破，
随着产品全生命周期的数字化和模型化，生产效率将得到质的飞
跃。这正是工业互联网展现的新制造愿景，也是中国制造正在努
力的方向。未来大量的制造业会在互联网上，像人工智能、区块链、
物联网等智能技术也会在新制造中扮演越来越重要的角色。

洞见之五十一　　新零售

新零售这几年越来越火了，对于新零售的定义千差万别。透过现象看本质，要想理解新零售，先要理解传统零售；理解传统零售，则必须先理解传统零售商的供应链。

传统零售商一般是按照工厂—代理商—经销商—批发商—零售商这样一条供应链进行运作的。传统零售商的供应链，基本上都要经过两层以上的经销商才能到达零售商店，所以传统零售商的商品从工厂到顾客的手中价格一般都要翻三倍以上。传统零售商的商品普遍比电商贵很多的原因就在这里。

传统零售的优点：

一是即时获取。零售都是通过线下商店，购买时就可以即时获取。

二是邻里关系。线下的小百货小超市的购买对象都是附近邻居，长久的来往都会产生或多或少的朋友关系。

三是当场验货。你要购买商品，可以先查看商品真实的形状和抚摸感受其真实的质感。而互联网上的商品，你只能看到失真的美图。

四是当场试用。对于一些耳机或电子类等产品，其实客户更倾向于当场试用。

五是快速咨询产品。当你不知道商品在哪，商家可以快速指引。

另外，你不明白商品如何使用或者有疑惑，商家可以快速解答指导，甚至手把手教学。

六是即时退货。当商品拿回去，不符合使用需求或存在问题，可以即时退还商品。

与传统零售不同，电子商务近些年增长迅猛。给传统零售带来最大冲击的就是电子商务了，电商行业一般由代理商、经销商甚至厂家将商品直接售卖给客户，中间节省了许多环节和商铺。不得不说这些商品在几近腰斩的价格下仍然存在非常高的利润，甚至比实体店铺还高。电子商务最大的缺点是购买完成后还要长时间等待送达。电商主要有以下几个特点：

一是价格优惠。超低的价格，可以使客户放弃对产品当场验货的需求。另外，对于不着急的商品，客户愿意放弃即时获得，而选择长时间等待。

二是商品多样。商品的多样性，使客户拥有更多的选择空间，其实更多的选择空间是在与自己消费能力匹配的价位上选择更好的商品。另外，线下没有的商品，也能在线上购买到。

三是可以即时咨询。客户有问题时，可以即时咨询商家，虽然这种咨询没有线下来得全面，但在可以退货的情况下，客户还是可以接受的。另外，对于复杂问题，商家也可以使用视频进行手把手解惑。

四是可以退货。对于不满意的商品可以退货，这其实是对客户最大的保障，因为线上购买商品时是无法当场验货的，所以购买时始终有疑虑，这些疑虑最终被可退货冲淡。

探讨了电商和零售业的特点，我们再来思考新零售究竟是要解决线下零售的哪些问题：

一是低价销售。首先新零售要解决商品的价格问题，所以必须减少中间的供应商环节。

二是商品的多样性。商品丰富让用户便利买到与之相匹配的产品。

三是结算时间。也即解决了商店结算时长问题。

纵观零售业的进化史，不管技术与商业模式如何变革，从根本上还是没有突破"人货场"这三个核心要素。因此想提升零售的效率，必须提升这三要素的效率。

唯一不变的就是变化，随着零售业由"旧"向"新"不断迈进，零售三要素也经历了从"货场人"到"场货人"，再到"人货场"三个阶段的演化。

第一阶段："货场人"（产品为王）——生产者主权时代

在改革开放初期，物质匮乏，有钱都不一定能买到东西，人们对商品的消费需求量大，但市场上的供给往往不能满足消费者的需求，容易出现供不应求的现象，造成商品稀缺。因此"货"便成为了零售业的核心。

有货就不怕没销路，此时，"人"的地位可以说是最低的，"场"居中。在那个阶段，企业经营理念都以产品为中心，生产者是整个产业链上的权力中心，掌握定价的主动权，那时可以说是生产者主权时代。

第二阶段："场货人"（渠道为王）——销售者主权时代

随着生产制造企业开始追求规模化生产，市场上的商品逐渐开始供大于求，品牌商、厂商开始大力发展零售渠道，希望接触更多潜在消费者，于是出现直营、加盟、代理、批发等渠道形式。谁的零售渠道强，就能对上游的厂商有议价能力，此时渠道商是整个产业链上的权力中心,掌握定价的主动权。"场"就成为了核心要素,那时最重要的是地段、地段还是地段,可以说是销售者主权时代。

第三阶段:"人货场"(用户为王)——消费者主权时代

随着物质极大丰富,线上人口红利见底,线下零售经营受阻,在消费升级的大背景下,技术升级促使线上线下深度融合成为可能。产品为王、渠道为王已经难以为继,于是"人"便成了新零售时代的核心要素。以消费者为中心,以人为本,满足消费者的个性化需求,提供优质的产品与服务才有出路。由于人们几乎可以随时随地完成消费行为,"场"的重要性也就随之下调。

新零售时代悄然来临之际,商家纷纷开始打造融合线上线下的全渠道购物体验。科技创新配合崭新的渠道铺货策略,零售业在未来十年间会被重新定义。新零售至少包含以下三个要点,分别是数据驱动的全天候、全渠道的零售平台和供应链的变革。

新零售实际上就是互联网下的零售,私域流量池成为新零售的核心竞争力。当消费渠道变得多样化,零售企业和商户就更依赖在线的流量,这就必须回答流量从哪里来的问题。大家知道,如果在淘宝开店,店铺的流量依赖于淘宝的分发机制,而竞价排名会给平台上的商家带来巨大的成本压力。

那新零售该怎么办?我认为,未来私域流量池将成为社区商业的核心竞争力。什么叫私域流量?就是不让中间商赚差价,我的流量我自己管。

比如,淘宝的商户可以在完成销售后,邀请客户加入 QQ 群、微信群,这样就可以将客户变成自己的私域流量。未来的零售行业,将通过前置的门店或是扫二维码、PC 端、分发优惠券等各种渠道,将公域流量转变为私域流量。通过数据采集，建立用户画像、开展销售预判，最后进行精准营销。精准营销后，再根据用户画像，不断打造针对消费者量身定制的智慧化服务。通过数据驱动的零售业态，精准营销和智慧化服务将成为社区商业的标配手段。因此，新零售的竞争，就是数据的竞争，就是大家各自私域流量池的竞争。

未来的新零售可能更多地向 C2S2B（Customer to Service Platform to Business，客户—平台—企业）模式转变，在这个模式中，S 是超级供应链管理平台，B 是制造商或者说是货源地。目前，生鲜是其中最典型的案例，提到生鲜，就不能不提盒马鲜生，它在新零售界是教科书一样的存在。很多互联网公司专门成立新零售研究院，盒马鲜生是必研案例。盒马鲜生是探索新零售业态的重要项目，其以"生鲜电商"为切入点，通过 APP 和线下门店覆盖生鲜食品和餐饮服务一体化的商业模式。除此之外，APP 下单后可送货上门。盒马鲜生采用标准化分类、独立包装和去电子秤的方式大大提高了效率，像加州车厘子、法国葡萄酒和澳洲生蚝等品类下单后最快 30 分钟内送达。盒马鲜生的模式满足了线上线下融合、零售 + 体验式消费和零售 + 产业链生态三个创新。如果没有强大的数字化能力和供应链管理能力，它很难满足这样的需求增长。

这就是新零售未来最重要的商业模式，通过在前端收编渠道的资源、货源的资源，再将这些资源投送到分销渠道。那些拥有很强的供应链管控能力手段的企业和平台，将是未来零售行业的龙头企业。

当我们开展了线上线下结合的新零售以后，就会产生渠道冲突。为了避免这个冲突，零售企业必须建立贯通全渠道的管理机制，要把线上线下的人力资源统一管理起来。品牌或零售商需要建立一个会员管理 APP，随时随地管理，实时掌握数据。在这个会员管理 APP 中，将所有的客户分散到所有的员工以及老客户当中，为这些消费者提供多样化、随机应变、精准的服务。

要打通线上线下，保证只要是对消费者服务有贡献的行为或人，都可以从销售当中获得分红和利润，这就解决了线上和线下的渠道冲突问题。当然，这就对零售企业构建新的管理体系提出了具体要求。

总之，新零售的目标是零售运营效率与体验的重构，绝不是简单的线上加线下。首先它强调"人"的重新定位，要从消费者需求出发，实现精准化营销；其次是"货"的数字化，根据"人"的需求预测备货，并最大程度地提升全社会流通零售业运转效率；三是实现"场"的重构，通过门店互联网化，对基于科技发展与文化进步的零售场景进行重新布局与体验升级，实现消费体验线上线下的高度一致性。

说到底，新零售其实就是新营销，而新营销即是对传统营销的革命。

洞见之五十二　　忌烧钱创业

商业的本质是盈利，企业的发展靠自身积累，不断地滚雪球，一步步做强做大，这是传统企业的发展模式，也是大多数企业的发展模式。在这种模式下，企业的发展一般需要一个较长的周期，几年、十几年，甚至是几十年。在长期的创业过程中，企业首先考虑的是生存，也就是要保证盈利，保证自己能够养活自己，先活下来，然后才能一步步地往前走。

然而，近些年在创业圈兴起了一种叫作"2VC"的商业模式。它的含义并不复杂，2VC就是依赖从投资机构融资，然后靠烧钱来营运市场、打击竞争对手的商业模式。这种模式和传统上靠盈利来持续发展的商业模式不同，它是靠亏损烧钱占领市场份额，靠估值的不断攀升，靠一轮又一轮的融资来保障自己的生存。

这种模式的逻辑在于前期烧钱投入，然后快速占领市场份额，占领一定的市场份额以后通过上市、被巨头收购、产品或服务提价盈利等方式收回投资并且获利。也就是说，这种模式在前期实质上没有考虑过商业本质——盈利。如果整个市场只有你一家公司这样做，那么确实有可能按照预期占领一定的份额，之后开始盈利。但这种情况是不存在的，现实情况往往比设想的复杂得多，如果有两家或者两家以上的企业都这样做，情况就不一样了。你投入的多，我就要比你投入更多才能占领市场；你补贴我也补贴，并且我还要比你补贴的更多。最终的结果是要么有人退出，要么惨淡获胜，或者造成两败俱伤的双输局面。即便像京东这样的巨头公司，也在后续面临拼多多等不断烧钱的竞争。很多时候，这些公司的倒闭不是因为没有融到钱，反而是因为拿到了大笔资金而导致公司的倒闭。

我们来看这样一个案例：

呆萝卜（安徽呆萝卜电子商务有限公司）是如何死的？

呆萝卜成立于 2015 年 10 月，是一个定位于线上线下结合（即O2O 模式）的生鲜公司，它采用了"线上订线下取，今日订明日取"的互联网零售模式。按理说，生鲜零售是刚需，也是当下新零售创业的风口，这套模式有板有眼，假以时日应该很快会迎来出头之日。

但不甘于常规发展的呆萝卜，很快就融到了不少钱，拿到大把融资的呆萝卜，一心追求复制速度，短时间内打进 19 个城市，开了 1000 多家店。其中，2019 年 9 月，它在一个月内开了 300家店，不到两年时间，烧完了 7 个亿。

对于还没跑出盈利模式的呆萝卜来说，店开得越多，亏损越大，最后资金链断裂，崩盘不可避免。在 2020 年年初法院宣布该公司进入破产重整。呆萝卜是怎样想的呢？它不知道自己在给自己挖坑吗？它当然知道，但它更知道要给投资机构看数据：下载量、活跃用户数、客单价、回购数……只有把数据做好看了，才会有新的资本进来，估值才会不断地往上涨。在资本的胁迫下，它将原来可能成功的商业模式，改成了一个永远不可能成功的 2VC 模式，这也最终决定了呆萝卜的大败局。

无论未来的环境如何变化，商业的本质——盈利是不能变的。

创业不能为了资本而创业，也不能为了高估值而创业，资本和估值相对于企业来讲更多的是辅助手段。依靠烧钱发展起来的都是伪需求，真正好的商业模式是不需要烧钱的，像滴滴、美团这种企业虽然前期也烧钱，但其本质上是刚需。很多创业者本末倒置，殊不知烧钱烧出来的都是伪需求，一旦停止烧钱，这些需求也就不在了。企业服务最好的检验方法就是用户愿不愿意为你买单，如果用户愿意为你付钱，说明你的产品、服务是有需求的；而靠补贴获取用户，前期用户很可能是为了薅你的羊毛，占你的便宜，哪怕是一个小便宜，那也是不占白不占，那时的活跃度不是真实的需求产生的。一旦停止烧钱补贴，用户活跃度就会随之下降，而且基本没有留存，这种饮鸩止渴的模式只有死路一条。

烧钱并不是商业竞争的灵丹妙药，靠烧钱烧死竞争对手，逐步占领市场，最终慢慢把钱赚回来的企业确实存在，但烧钱无数，最后没有成功的案例更多。要更加深刻地理解烧钱的意义，就需要引入一个客户终身价值的概念，即一个用户从他最开始使用你的产品或者服务，到他最终离开，总共为你创造的毛利。当客户终身价值高于获取成本时，你烧的钱才有意义；如果客户终身价值持续低于获取成本，烧钱越多，亏损越多。

现在很多的创业者都觉得只要有流量，赚钱不是问题。先累积用户再寻找商业模式，或者靠烧钱来提升发展速度，这些都是非常高风险的盈利模式，不适合一般的创业者。因为它违背了盈利才能持久的商业规律。

由于可以用多轮融资来支持烧钱，很多公司和基金采取了先烧钱赚眼球、先赚用户再考虑商业模式的做法，但这种模式的风险是很大的。一旦没有新的资本买单，企业的现金流就会迅速枯竭，公司就会陷入灭顶之灾。

联想、华为、格力等企业用了二十多年的时间发展成为中国的顶级企业，而很多企业却幻想着靠烧钱加速发展，想要在创立三两年就上市，上市后就套现去享受人生，这是非常不现实的。资本与产业的结合的确大大加快了企业成长的速度，但是企业的成长有其自身的逻辑，不可能无限制地提速。

近几年，资本和创业的结合度空前紧密，越来越贪婪的资本拼命烧钱，拼命给公司发展提速，玩着一个博傻的游戏，希望永远有更高价格的接盘者。在这种情况下，很多公司都是一个"空前的陷阱"。原来不少互联网人士信奉的"羊毛出在狗身上，猪买单"，到最后发现不是猪买单，大多数时候是自己在买单。

一个很有创新的"小生意"，一旦被资本选中作为载体，接着便是巨大的资本注入，把公司催肥，然后便是更多的资本注入，先注入的资本部分套现，后注入的资本希望公司能够尽快上市……公司是好公司，故事是好故事，但是如果被压上了过高的预期，就会变得非常激进冒险，失败的概率也会大大提高。

烧钱发展是有了资本持续支持之后才有可能发展的模式，能否成功很大程度上取决于是否有不断的后续资本投入。如果没有，钱烧光了，现金流断了，公司也就关门大吉了。而后续资本是否跟进，除了标的企业自身的发展和财务指标以外，还和宏观经济、市场环境、行业环境等诸多因素相关。资本市场是联动的，二级市场跌下来的时候，接下来没钱的就是PE，因为PE要在二级市场里退出，二级市场没钱，PE就没钱了；再往下，VC也会没钱，因为PE没钱了，没有办法投后面这几轮，前面的VC也就不敢投了；VC不投，再往前面的天使投资也就不会投了。这就是资本市场的逻辑，非常残酷也非常现实。

　　资本推动的模式与 2VC 的模式还是有区别的，前者是凭着一个好的创业团队，一个好的产品或服务，一个有巨大前景的刚需市场，一个好的商业模式，能够获得资本的认可，获得资本的持续投入，使创业企业快速走过初创阶段的漫长发展期，甚至可能一上来，就站在一个更高的起跑线上，实现更好的发展，或者实现弯道超车。在资本的助推下，创业团队关注的重点可能不是眼前的生存问题了，关注的重点是商业模式、团队以及创新等因素。而后者单纯靠烧钱想要砸出垄断，进而获取超额利润。两者在逻辑上是有本质区别的。

　　凡事都有其逻辑，商业尤其如此，不符合逻辑必然会出现问题，非常识性的行为必然有其非常的结果。烧钱没问题，但一定要烧出核心竞争力，如果能烧出核心竞争力，企业就能树立强大的竞争门槛，避免恶性竞争，只不过这样的商业故事太少了。

洞见之五十三　　忌夫妻合伙

在这个大众创业，万众创新的时代，工作就业不再是唯一的出路，创业成了不少家庭改变家庭状况、实现自我的重要选择。小到路边大排档，大到享誉世界的国际财团，夫妻搭档无处不在。

夫妻合伙创业成本最低，不需要给对方付工资，不需要监督，还可以相互依靠。遇到困难，一起解决；受到压力，一起承受；碰壁受创，彼此擦拭伤口。看似非常完美，可真的是这样吗？

人往往能共患难，却无法共富贵。创业初期，夫妻同心，其利断金，夫妻二人尚能以家庭利益为主。但当规模逐渐扩大，组织形式逐渐复杂，双方的各种差异会逐渐暴露出来。工作上的冲突，一般都会带回家中，时间久了，家也是办公室，办公室也是家，本来井水不犯河水的家和公司，到头来家将不家、司将不司。我们身边有很多的"夫妻店"，因为在经营过程中产生的分歧，成为夫妻日后同室操戈的隐患，并进而导致家庭矛盾，严重干扰公司正常运营，更别说发展壮大了。

当当告诉你，创业没有"夫妻店"

当当网从成立至今 20 多年，李国庆和俞渝此前一直都在一线并肩作战。虽然三番五次被资本看上，但纠结过后仍然一直维持着"夫妻店"的模式。

在 2018 年的海航拟收购当当网的决策上，夫妻二人也是意见相左。虽然最后因海航资金不足停止投资，李国庆还是以出走告终。

2019 年 10 月，当当网联合创始人俞渝和李国庆互撕的消息铺天盖地，一起创业的夫妻档最终演变成水火不容的"仇人"，当当网夫妻店模式暗藏多年的内部矛盾也被激化到了台前灯下。

李国庆和俞渝，都不止一次在公众面前表露，如果再来一次，再也不要和爱人一起创业。

俞渝曾在演讲中提到："做企业和自己的配偶一起做，是世界上最痛苦的一件事。假如我有选择，我绝不会和我的老公一起创业。"俞渝甚至用"奇葩"来形容自己能和老公一直创业至今。

李国庆曾在采访中谈及"夫妻店的冲突"："做企业和过日子是不一样的，做企业的时候，任何两个有思想的人就会有不同的想法，就会有很多的冲突，但是你带着这些冲突回到家，我是接着冲突还是不冲突？我要不继续冲突，我会觉得我自己很虚伪，我要继续冲突，日子就没法过了。"

最初情投意合、志同道合，最后却恩断义绝、分道扬镳。夫妻在创业过程中，由于对"夫妻感情"这一无形资产的权利与义务划分不明确，而为夫妻二人情变之后的同室操戈埋下隐患，进而导致家族矛盾严重干扰公司正常运营。

风投折戟夫妻档

在投资圈，夫妻档创业也常常被视为投资风险之一，风投折戟夫妻店的案例时有发生。

2010 年，土豆网酝酿多年准备赴美上市，却因其首席执行官王微与妻子杨蕾之间的离婚财产纠纷而搁浅。前妻杨蕾向法院起诉分割财产并保全冻结了王微所持土豆网的主要股份，即将上市的土豆网只好暂停了上市步伐。最终土豆网上市延迟了半年之久，没能成为行业第一家赴美上市的企业，市值被市场低估，投资人损失严重。

无独有偶，2012 年赶集网计划赴美上市，因创始人杨浩然与妻子王红艳的婚姻矛盾而失败。双方在美国诉讼离婚，王红艳称杨浩然恶意转移股权，这场离婚财产纠纷持续了长达三年之久，最终赶集网上市失败，也错失了和 58 同城合并的良机。

而早在 2006 年，时任真功夫餐饮管理有限公司董事长的蔡达标和妻子潘敏峰协议离婚，但彼时真功夫公司正欲筹划上市，为了引入风险投资，两人向外界隐瞒了婚变，伴随离婚纠纷最终蔡达标身陷囹圄。

吃一堑长一智的投资圈，后来干脆把被投企业创业者的婚姻状况列为了尽调中的"隐秘要素"。事实上，在土豆网事件爆发后，风投圈曾流行"土豆条款"，即公司核心创业团队和配偶签署协议，配偶同意创业者婚内股权为创业者个人财产，同意不对公司股权主张任何股东权利，公司创始人结婚或者离婚必须经过董事会，尤其是优先股东的同意等。

但大多投资人认为"土豆条款"的落地并不现实，通过协议很难对不可控因素产生制约。因此投资人在挑选项目的过程中，针对夫妻档创业且共同持有股份的项目，往往会比较谨慎和敏感，能绕道而行的尽量不碰。投资就是投人，而夫妻之间如果因为婚变、财产分割而产生民事纠纷，在企业上市、并购过程中就会成为最大的风险。

事实上，对于投资人而言，夫妻合伙创业最大的风险在于管理，因为角色转换问题，极易出现内部管理不规范、流程不透明、外界合伙人难以引入和融合的问题，最终造成人力资源浪费和内耗。

夫妻合伙创业的弊端

夫妻合伙创业，幻想着男主外女主内，男主持业务、女主持财务的经营模式，辛苦并甜蜜着。然而事情的发展往往并不尽如人意，为什么呢？你想想既是灵魂伴侣，同时也是个合格创业合伙人的概率有多大？经营婚姻已属不易，在此之上还要叠加一层事业，成功维系下去的概率有多大？生活和事业必定存在矛盾，矛盾必定引起争执、吵架，甚至离婚。

其弊端具体表现在：

（1）公私难分。是同事、伴侣，还是创业伙伴？

（2）决策。究竟谁在主导？一个公司只能有一个老板，只能一个人说了算，那夫妻之间谁是老板，谁说了算？外人谁又说得清楚。

（3）风险。因为夫妻创业有可能使一个家庭由双薪收入转为单薪收入，甚至双方都没有收入，如果资金调度失灵，或者创业失败，不但增加家庭的生活压力，严重的话更有可能造成夫妻失和。

（4）融资。一般的投资者是不会倾向于给夫妻店投资的，当然，假如你们只满足于一个小小的淘宝店倒是另当别论。

（5）管理。夫妻创业很难执行像要求其他同事一样的规章制度，一般对对方的约束力较差，给公司管理带来双重标准。

（6）单纯针对两性婚姻来说，夫妻俩容易感情失鲜，影响婚姻状态。

"夫妻店"企业必须一方退出

观察许多大企业的发家历史，就会发现，在最初的创业过程中，有不少是夫妻同上阵，而在企业具备一定规模之后，便会有一人退居二线，从公司隐遁。例如和当当同年"出生"的阿里，最开始也是马云和妻子张瑛一起开始创业的。还有当当网的竞争对手京东，连名字都是刘强东从自己和前女友的名字中各取一字组成的。这些企业在发展壮大后，其中一方往往就会因为各种原因退出。

创业本身就是个九死一生的冒险活动。夫妻合伙创业，在企业初创期"共患难易"；一旦企业的发展到了快速发展期，或者到了后来的守业期，大多数夫妻档就会出现"共富贵难"。因此，夫妻合伙创业真的不是企业长期发展的好模式。

洞见之五十四　　忌用空降兵

　　创业企业在快速发展过程中，经常面临亟须突破的人才问题。人才短缺，尤其是高级管理人才短缺，是困扰着创业者们的一大难题。在内部人才缺乏和培养太慢的双重压力下，为了加快业务发展，创业者常常从外面引进高级人才，这就是我们所称的"空降兵"。

　　空降兵有什么特征呢？高管、高薪、被挖。

　　我们通常把进入企业后就身处中高层管理岗位的人员称为"空降兵"，因为他们并非是与企业一同成长起来的，而是通过"跳槽"的方式进入企业的核心管理层。对于一直在企业成长的老员工来说，他们就如同"空降兵"一跃在"老板一人之下，老团队多人之上"。

　　俗话说："外来的和尚好念经。""空降兵"就是"外来的和尚"。

　　"外来的和尚"可以给企业注入新鲜血液，带来全新的管理理念、全新的思维视野，同时为企业节省人才前期培养的时间成本、培训费用等。

空降兵不好当

　　"空降兵"就相当于半路杀出的程咬金。高管跳槽，都是奔着拿高薪高职来的。而作为"空降兵"进入新的企业，必然会触动原有部分老员工的利益。两者相遇，分外眼红，明争暗斗往往是主旋律。倘若空降高管水土不服，短时间内能力发挥不足，又拿那么高的薪酬，元老们自然不服气且难以接受，最终演变成双方开战的情形。而"外来的和尚"怎么可能拼得过这些创业"元老"？接下来就是空降兵接二连三大逃亡的开始，被架空、被迫离职、被劝退……

因此空降兵在创业企业的"存活"时间一般都非常短，大多数半年左右就离开了，多则一两年。在一些民营企业，一年换两三任高管的事情经常出现。可以想象，在这么短的时间内，空降兵们刚刚熟悉企业，还未做出什么显著的业绩，他们离开公司后，很快又可以找到下家，而企业则必须承受由于人才使用失败对组织造成的伤害。

据统计，中国民营企业引进"空降兵"失败的概率超过了80%，另外的20%达到双方预期的比例也非常之低，即便在全球，也呈现出了相似的比例。

因此对于创业企业来讲，空降高管是有很大风险的。如果空降高管进入创业公司之后，出现"水土不服"的情况，不仅公司浪费了大量的资源，而且也不利于团队的发展。到最后，很可能高薪挖来的高管辞职离开，当初引进高管增进公司运营效率的目的也没有达成。甚至，还会造成原有团队的矛盾，使本来和谐的公司文化出现很多不和谐因素。

与其如此，企业还不如花更小的成本，建立自己的内部人才培养和选拔机制，从内部培养人才，从基层选拔管理人员。

注重内部人才培养

阿里巴巴创始人马云从 2010 年开始，就在管理团队内部采用"合伙人"制度，每年都选拔新的合伙人加入管理层，在马云看来，"合伙人"制度是阿里发展的内在动力机制。

企业管理的首要任务就是培养和训练人才，作为企业的最高决策者，要相信自己从底层培养起来的经营管理人才，他们既然能够跟随你走到今天，也能够支持你走到明天。现在团队里的人 80% 就是他们岗位最合适的人选，他们的主人翁意识是创业公司最宝贵的财富，这些因素要远远胜于"空降"。

马云曾在一个访谈里面提到：他永远不允许外面的人做公司的 CEO。即使公司要关门了，也绝不允许从外面招一个空降兵来担任 CEO，并把这个规定写到了公司的基本章程里面。足以见得，马云对内部人才培养的重视程度之高。

Facebook 的 CEO 马克·扎克伯格（Mark Zuckerberg）曾说过，他自己做过最明智的事情，就是给员工大量的成长机会，自己公司中 12 个事业部的管理者，有些是一开始就在公司，伴随着公司成长而成为管理者的。

为什么扎克伯格和马云都那么热衷于内部培养管理层？

因为他们深知，让空降高管融入公司是一件非常不容易的事，而他们倾向于内部选拔培养，不仅因为内部选拔和培养是一种企业文化的表现，更重要的是能体现出企业的竞争优势。

第一，相比于空降高管，内部培养的管理层与团队的整体价值观更为相近一些。马云认为，对于管理层，他要请的是热爱这个公司、理解这个公司、愿意承担公司责任的人。空降高管可能会破坏公司的生态，以达到证明他们自己的目的，何况还存在上面提到的"水土不服"的情况。而CEO从内部培养的管理层，他们的个人价值观与整个团队企业的价值观必然是一致的。这样一来，在企业的战略层面上，这些高管就更可能与创始人有更多的共识，也容易达成一致的目标，同时，也能避免高管和CEO出现分歧，能够很好地去执行决策。显然，内部选拔是最合适的手段。

第二，内部培养的管理人才具有更强烈的归属感和认同感，更具主人翁意识。空降的高管，对于新公司缺乏过去情感的沉淀，归属感和主人翁意识自然也不会太强，融入企业的困难常常导致他们在很短的任职时间内主动或被动辞职，这对公司的长远发展非常不利；但和企业一起成长起来的高管就不一样了，他们更容易认同企业文化，强烈的归属感和主人翁意识会促使他们克服重重困难，顶住压力，推动企业的发展。

第三，内部培养出来的高管对公司的业务比较熟悉，作出的决策会更加切合实际。从外部聘请高管尽管能给企业带来新鲜理念和先进经验，但由于对新公司的业务不够熟悉，他们容易作出不切公司实际的决策；但从内部培养的管理者就不同了，因为他们是跟随团队一起成长，一步一个脚印地走过来，所以他们对自己的产品运营和人脉都非常熟悉，他们在做决策的时候，想法也更贴合团队的实际情况。

第四，内部培养出来的高管在公司的人脉积累有助于管理层决策的落实。一项新的决策要执行，是要面对很多现实问题的，这就要求管理者们能够熟练地调动团队的资源，和相关的人建立关系，并获取他们的支持。从这个层面来讲，内部培养的管理者相比空降高管就很有优势了。很多空降高管之所以选择离职，主要是因为他们虽然有职位上的权力，但却没有调配内部资源的能力。有些空降高管的决策，是基于公司组织架构而提出的，虽然想法非常好，但往往存在执行力低下的问题，因为空降高管，缺乏个人的 IP 价值，影响力微弱，也就很难在团队中产生号召力了。内部培养的高管则不然，以他们的资历和在这个公司的人脉，他们更容易让员工不折不扣落实他们制定的决策。

第五，从公司内部培养高管能增强员工的忠诚度，提升他们的工作热情。培养和提拔有能力、有潜力的员工，会让员工们看到为企业工作的美好前途，使他们工作热情满满，对企业充满忠诚。假如高管多是空降，员工们看到的都是"外人"阻碍了自己的发展道路，即使踏实勤奋工作前景也不明朗，那他们恐怕很难努力工作，更不用说一心一意为企业的发展着想。

对于一个企业而言，人才就是其竞争优势的重要源泉，但并不是所有的创业公司都适合空降高管。有时候，从内部培养管理层的方法，虽然效率低了些，但确是非常稳妥之举。

高薪挖角解决的是一时之困，持续的、长久的人才培养依然要靠企业的人才管理体系。企业只有能够为员工提供大量的成长机会和上升通道，通过完善的员工培训体系，明确有层次的职业设计和内部提升制度，不断地发掘员工的潜力，让员工充分地展示，才能帮助员工实现他个人价值的提升，才能够吸引和留住人才，最大程度发挥人才的价值。

洞见之五十五　　忌商业贿赂

　　市场经济异常繁荣的背后，特别是在经济全球化快速发展的背景下，商业竞争日趋激烈。经营者为争夺商业资源、抢占市场、获取商机或者高额利润等，往往不惜一切手段。

　　商场如战场，企业和经营者对经济利益的追逐，毫不逊色于军人对胜利的渴望。在这种极端的欲望之下，诱发了企业和经营者诸多偏离正常商业竞争的行为，商业贿赂就是其中最常见的一种。

　　在全世界，商业贿赂现象依然屡禁不止。什么是商业贿赂？

　　最近在网上看到一则小故事：天堂的门坏了，上帝要招标重修。投标人甲是个东南亚人，说：3千元就弄好，理由是材料费1千元，人工费1千元，我自己赚1千元；投标人乙是个欧洲人，说：要6千元，材料费2千元，人工费2千元，自己赚2千元；最后东亚人丙淡定地说：要9千元，3千元给你，3千元给我，剩下的3千元给东南亚人干。上帝拍案称奇：好，就给你做！

　　这个故事中东亚人丙的行为实际就是一种商业贿赂行为。

　　所谓商业贿赂，是以获得商业交易机会为目的，在交易之外以回扣等各种名义，直接或间接给付现金、实物及其他利益的一种不正当竞争行为。也就是说，在商业活动中，经营者为了销售商品或者购买商品、提供服务或者接受服务，违反国家规定，给予对方财物或者财产性利益，以及在双方之间介绍贿赂的，都属于商业贿赂行为。

当下社会，市场竞争格外激烈，商业贿赂沉渣泛起，特别是在工程建设、物资采购、土地转让等工作中，不时出现暗箱操作、黑幕交易、官商勾结、权钱交易等。一个 3000 元就足以弄好的门，由于背后的商业贿赂和黑幕交易，导致国家白白损失了 6000 元。这不但扭曲了正常的市场竞争秩序，还损害国家和人民群众的利益，大家对此深恶痛绝。

商业贿赂的滋生蔓延，严重破坏了公平竞争的市场秩序，侵害消费者利益，增加交易成本，影响企业竞争力乃至国际形象，还成为滋生腐败行为和经济犯罪的温床。

《中华人民共和国刑法》第 387 条规定：国家机关、国有公司、企业、事业单位、人民团体，索取、非法收受他人财物，为他人谋取利益，情节严重的，对单位判处罚金，并对其直接负责的主管人员和其他直接责任人员，处五年以下有期徒刑或者拘役。

《中华人民共和国刑法》第 164 条规定：为谋取不正当利益，给予公司、企业或者其他单位的工作人员以财物，数额较大的，处三年以下有期徒刑或者拘役，并处罚金；数额巨大的，处三年以上十年以下有期徒刑，并处罚金。

在大多数人看来，只有受贿才是要被处罚的，但事实并非如此，不管是受贿还是行贿，后果都很严重，都一样要受到处罚。

行贿犯罪是久治不愈的社会顽疾，也是现阶段我国民营企业家腐败犯罪的主要形态之一。

企业行贿是一种具有更大危害的失范行为。企业行贿往往与国家工作人员腐败犯罪"伴生"，为谋取不正当利益和在市场竞争中占据有利地位，一些企业不惜重金行贿国家工作人员以及掌握职权的非国有企业人员，贿赂形式从金钱、房产、书画、奢侈品到透露内部消息、建立长期共同合作经营关系、分红、送干股等，花样不断翻新。受贿者则尽可能在政策制定、资源分配、招投标、业务关系等方面为行贿企业提供"便利"。

在强大的官员权力面前，当送礼成为在一个地方不可避免的交往方式时，企业如何才能保证自己不踩刑法规定的红线？这本应是企业最关心的问题，毕竟没有自由，金钱何益？但它们往往将这件事情的刑事法律风险完全忽略掉，总以为那个重权在握的官员不会有事，当然自己也就不会有事。这个逻辑的前提是错误的。一个官员，敢收你的钱，就一定敢收其他人的钱；敢为你办事，就一定敢为别人办事；他收的次数越多，出事的概率就越大。你绝不能相信一个收过你钱的官员，在自己落马的时候，会因为义气或其他情感而不供出你。在刑罚面前，所有由金钱累积的人际关系都会刹那间归零，这符合金钱关系的本质——物质利益驱动，自由消失的时候，就是一个人与物质利益相隔离的时候。

中国的企业家因为行贿而落马的案例比比皆是。

创业公司为了赢得订单，在招投标中取得胜利，用不正当手段行贿国家公职人员或相关有权力的人士，这样的代价也是非常高的。

事实上，大多数企业家内心里很清楚，与腐败权力的深度绑定能为企业带来资源和商机，但同时也会成为企业潜藏的最大刑事风险，就像一颗不定时的炸弹，随时可能引爆。企业要想做大做好，一定要坚守自己的底线。2015年马云当选浙商总会首任会长演讲时，曾谈道："不行贿应该是企业最基本的底线，如果连不行贿都做不到，那就不要做了；一个企业要是靠行贿把生意做大，不配称作企业。"

创业企业要做一个不行贿的良善企业，这关系到企业的生存和发展，必须做到防患于未然。

如果一个企业家将自己事业的营利项目不放在必须依赖官员大力支持、必须权钱交易的领域，而是通过技术创新、提高生产效率的方式改善经营，必定大大增加成功的概率。

不忘初心，方得始终。杜绝企业行贿犯罪，创业企业所需要做的，习总书记的话已然指明方向，那便是："做企业、做事业不是仅仅赚几个钱的问题。实实在在、心无旁骛做实业，这是本分。"

洞见之五十六　　忌职场恋情

　　爱情是人类最美好的一种情感，但若不加约束，美好背后时刻蕴藏着巨大的风险。

　　现代生活节奏快，工作压力大，工作繁忙已是常态，每天从早忙到晚，一不留神就忙到深夜，回到家已是疲惫不堪，哪还有什么时间去谈情说爱。于是办公室成为人们交往最频繁的场所，俗话说："近水楼台先得月！"同事间朝夕相处，低头不见抬头见，加速了职场恋情的蔓延。大多数的企业都不赞成职场恋，尤其是创业企业。在很多公司，职场恋都会被明令禁止。为什么？

　　职场恋对于企业来讲，虽然表面上看无关大局，但它对公司的长远发展是有一定风险的。它到底有哪些危害？

　　先讲一个真实的案例：一个创业公司，规模不大，六七十人的团队，老板之前是在山东起家，后来为了发展全国业务，带领部分团队来到北京开拓市场。山东团队到北京时间长了，大家相互照顾，同事彼此之间互生好感。面对这种情况，老板不但没有反对，还积极地为大家牵线搭桥，促成了一对又一对。

　　但好景不长，过了半年左右，就暴露出问题。其中一对情侣，男方是销售，女方是财务经理。有段时间，这个男同事的报销费用总是比别人高出一大截。有员工反映给高层，经查账发现，女财务为男销售的报销开绿灯，无论是地铁发票还是自己用餐的发票，都拿来公司报销。

发现这个情况后，老板一气之下把两人都开除了，但这也给公司造成很大的影响：当时男销售在团队中的销售业绩遥遥领先，开除后也给公司造成不小的损失；而女财务经理被开除后，很长时间都没找到合适的人选顶替她的位置，导致那段时间公司财务运转低效。

经过这件事之后，公司就明令禁止办公室恋情，新招的员工在入职培训时，就会被明确告知这一点。

我以为，职场恋情会对企业造成的影响有以下几个方面：

第一，情侣之间以权谋私。两个人分处不同岗位，而关系过于亲密，久而久之，难免其中会有人要些小聪明，以权谋私，侵犯他人利益。即使没有触动公司利益，但二人浓情蜜意，互相说一些各自部门的新政策，比如还未公布的人事调动命令等，难保对其他员工的公平性。

第二，加剧公司人才流失的风险。如果两个人都是公司核心部门的重要岗位，将来一方离职，另一方也可能跟着离职，对于公司来讲，损失更大。而且两个人都是重要岗位，掌握了公司的很多核心商业机密，如果两人都到了竞争对手的公司或者创业做相同的业务，则会给公司带来很大的威胁。

第三，工作表现不稳定，影响工作效率。恋爱中的人情绪容易受到影响，今天柔情蜜意，工作效率 200%，明天小两口闹别扭，工作效率为 0，甚至还会影响到其他关联同事的工作业绩。

第四，影响公司秩序。办公室是大家工作的地方，在办公室的行为应该是严肃的、负责的。在上班期间，亲昵举动在公司影响其他员工的情绪。假如两方分手，就容易将办公室变成"斗兽场"，且低头不见抬头见，易使"军心不稳"。而其他员工如果在私下讨论这些问题，久而久之，同事之间可能会产生矛盾，不利于团队的稳定和谐。

很多老板不鼓励员工之间谈恋爱，很大程度上就是为了规避这样的风险和麻烦。因此很多公司在入职前就告诫员工："不允许在公司谈恋爱，一旦触犯了这条规则，两个人中有一个必须离职。"

西方公司对于握有重权的管理者，在职场恋情上尤为重视。如果一方是管理人员，而另一方是普通员工，这种"上下级恋情"是很多公司的制度禁区。

最近一项调查发现，78%的人力资源高管表示，他们的老板不允许经理和直接下属之间存在恋爱关系。

去年，麦当劳的全球 CEO 就因一段职场恋被董事会解雇。官方声明说这段感情是"两情相悦"，但违反了公司规定。他叫史蒂夫·伊斯特布鲁克（Steve Easterbrook），52 岁，在麦当劳工作了20 多年，担任 CEO 后帮助公司扭亏为盈，目前正在强力推动数字化改革，称得上是功勋人物，但董事会还是没有姑息。

同样的做法，在不少国际大公司里都出现过：

2018 年，英特尔时任 CEO 布莱恩·科兹安尼克（Brian Krzanich）也是因为职场恋被迫辞职，他同样是在公司工作了 30 多年，带领英特尔冲出业绩泥潭的功臣。

在线旅游业巨头价格线的 CEO 达伦·休斯敦（Darren Huston），因为和公司的一位并非他直接下属的女同事恋爱，不仅遭解雇，还被取消了价值千万美元的期权。

还有波音公司的前 CEO 哈里·斯通塞弗（Harry Stonecipher），

也是止步于一场办公室婚外恋。

为什么当事人都声称是双方自愿合意，依然会被严厉处理？上下级恋情为什么会被如此介意？

其核心在于它和上下级的权力关系会纠结在一起。小到绩效考核，大到职位升迁，它容易引发不公平。即使没有，员工也会因此怀疑上司的公正性，影响风气。

而对于上下级之间的关系，恋爱一定会因为职位而受到影响，两个人是上下级的关系，但爱情里是平等的，两者很容易被混为一谈。两个人在这样的一种职场关系影响下，就会变得很混乱，工作也难以开展，因此作为一个老板非常讨厌员工之间有谈恋爱的行为。

工作中上下级产生情感的原因本身就很复杂，因为工作本身就具有目的性，不管是为了精神需求还是物质需求，有目的就会有功利性，因此由工作所衍生出的任何附属事物都具有功利性，而夹杂着功利性质的事物就不可能单纯，特别是感情。上下级恋情大多是下级崇拜上级，上级利用下级，结果往往是以上级欺骗了下级的感情而结束。

猎头公司的高管安德鲁·查林杰（Andrew Challenger）评论道："不平等的权力，不明确的界限，和办公室政治，都可能导致糟糕的分手，对雇员造成职业生涯的终结，或者改变人生轨迹的后果。"

恋爱是感性的，工作是理性的，无论多么理性的人都难免受到感情的影响，并且代入到工作中，从而无法作出正确的判断。公司是赚钱的战场，不是花前月下的温床。特别是公司高层，他们一个决策甚至可以决定公司的生死，如果因为感情问题而决策失误，后果十分严重。如果公司出现职场恋，难免导致互相包庇的情形，私人关系过于密切就会影响公司的利益和公平性。尤其是创业公司，一般人数不多，办公室恋情很容易蔓延，这样的风气会影响创业的氛围和风气，尤其是公司管理层与下属的恋情应该坚决杜绝。

洞见之五十七　　忌过度管理

　　管理既是一门科学，又是一门艺术。我们都知道，一个公司的正常运营离不开管理，良好的管理会最大程度激发员工的工作积极性，而糟糕的管理会在公司酝酿出消极的能量场，甚至导致企业死亡。在不断提升公司管理水平的道路上，很多管理者最容易走入的歧途就是过度管理。很多企业倒闭，不是死于市场激烈的竞争，而是死于过度管理。

　　做人要有度，做事要有术。凡事皆有度，过犹不及。

过度管理的酷刑

　　在网上总会看到一些公司的"奇葩"规定。比如，某公司要求没有完成业绩的员工在大庭广众之下爬行，甚至还有公司在开"誓师大会"时喝鸡血……他们美其名曰是"团建活动"，是为了加强管理。估计那些已经去世的管理大师们听到这些话都能被气活过来，这些过度管理其实是在炫耀权力和消费自己。

　　例如，某些公司对处于前端的服务人员制定了非常苛刻的要求，员工迟到1次扣款300元，如果当月工资被扣完，下月继续扣，这和"996"工作制的变相加班制度相比真是有过之而无不及。难道这就是泰勒所指的"科学管理"吗？是企业自身所指的"规范管理"吗？都不是，这是"过度管理"！

陷入过度管理的"泥潭"

细节管理重在执行之声不绝于耳。似乎制定了最严格的标准和制度，领导事必躬亲就可以提升工作效率和解决一切问题，进而达到客户的最高满意度。

迟到狠狠扣款的例子只是"过度管理"最浅显、直观的一个表现。曾有节目提到这样一件事：一家企业为杜绝员工多次上厕所继而降低生产效率，就特别规定了女性员工上厕所的时间和频率，超出"规定"就要狠狠扣款。想想就觉得很悲哀，这难道就是"规范管理"？简直就是违背自然规律没有人性的"暴政"。

这种"苛政"式的管理完全把员工推到了企业及企业管理者的对立面，是对员工的不信任，不相信员工自我管理的需要和自主管理的能力。许多靠教育、靠自觉、靠习惯就可以解决的问题，现在却要依靠考核、命令、强制的手段去解决。

这些做法压抑了人的个性，不利于人的发展，也不能体现人本管理的思想。人人自危、高度紧张、处于封闭的状态，员工怎么可能服务好客户？

过度管理的表现

过度管理主要表现为以下两方面：

一是把很多时间和精力，包括资源和政策等，用于对员工实施"圈养式"管理，导致管理成本很高，也使得员工的创新能力、开拓意识、创业动力等都被大大压制。员工只能像机器人一样，做些机械的事。有时候，连机器人都不如。

二是内部管理机构很多，管理人员比重过大。在这样的结构框架下，企业首先在内部沟通协调等方面就存在很大问题，摩擦会越来越多，甚至员工与员工之间的信任度越来越低。正是因为部门过多带来的沟通难度加大，因此，各种无效沟通也会越来越多。经营者原本可以用于解决市场问题、产品问题、技术问题的时间精力，只能用于协调内部矛盾。所以，过度管理不仅解决不了实际问题，反而会让问题更加严重，矛盾更加突出。

过度管理的危害

过度管理是对企业文化发动的一次"内战"，严重削弱了员工对公司的忠诚度和团队凝聚力。试想，员工受到这样的待遇，他会怎样对待客户？就算可以用制度管控他们，比如：录音、监控、顾客打分评价等，但你只能做到"形于外"，而不是"发于内"。他可以很职业地做事，但却不是真心、用心地做事，这就是最大的危害——没有了忠诚度。

过度管理严重影响企业文化的"内核"——团队凝聚力，人人为了自保、为了不被牵连、为了不被狠狠扣钱，会相互推诿、不愿承担责任，这样的团队会有战斗力吗？如果真的"狼"来了，也会"各人自保，如鸟兽散"。

因此企业的过度管理直接把员工推到了和企业对立的层面，员工对企业难有忠诚度和凝聚力。尤其是创业初期的企业，管理者过度管理就会让员工没有归属感，为了避免在工作中被处罚，很容易形成不愿承担责任和相互推诿的情况，导致企业失去了战斗力。而团队没有凝聚力，一旦面临危机很容易面临人心离散的困境。

创业企业更不需要过度管理

创业企业应采用人性化方式管理，让企业的员工有主人翁意识，激发员工的积极性。既需要制度严格化的一面，又要有人性化的一面，唯有如此才能使员工在人性化的关怀中激发热情和能量，又在适度的管理中愿意去遵循公司的制度。

小米集团创始人雷军在 2019 年获得复旦企业管理杰出贡献奖时，曾说："小米九年，我最核心的管理思想其实是：不要过度管理一个创业公司。九年前我创办小米的时候，事实上并不是首次创业的大学生，在此之前我参与创办了金山软件，也管理了几千人规模的公司，所以我在做小米的时候给自己定了一个很简单的要求——我要做一个真正的创业者。这个话其实信息量很丰富，其中最重要的一条，就是不要过度管理一个创业公司。我想的最多的是如何简化管理，甚至我不需要管理。在创办公司的初期，我们提出了去管理、去 KPI（关键绩效指标）、去 title（头衔）。为什么会这么想呢？因为在一个极高速的时代，一定要想清楚什么东西是最重要的。"

雷军的小米管理术让小米一跃成为了世界史上最年轻的 500 强企业。

管理者一定要懂得放权

有的管理者认为，公司是自己的，所以自己一定要事事上心，恨不得办公室买个垃圾桶都要自己定夺什么颜色，每天大会、小会、晨会、月会、季会开个不断，把自己变成了整个公司最忙的人。

其实，这样做不仅体现不了自己作为领导人的价值，还会让员工找不到存在的价值。如果老板什么东西都要管，员工很容易没有成就感，甚至还会觉得"领导对我有偏见"。要知道，领导不是所有层面的专家，太过自信，滥用自信，管得太多的后果，就是把自己"忙死"，把员工培养成"废人"，甚至还会产生信任危机，人心尽失。

管理者一定要懂得放权，懂得利用自己手中的权力，要更好地监控权力和掌控权力，不要事必躬亲，对待自己的下属要信任。更何况，绝大部分员工心中都是有干出一番事业的"理想"的，如果你事事都要干预，那他们的"野心"又该往何处存放呢？所以，管理者对下属的授权有明确的目标、要求和标准，这就够了，剩下的让他们自己去决定。你能成就员工，员工才能反过来成就你。

管理重心要放在经营和服务

很多企业发生亏损、走向衰败，不是因为这些企业的管理不好，反而可能是这些企业的管理水平太高了，甚至高过它们的经营水平和服务水平。

管理学大师德鲁克先生说过一句话："先有经营后有管理，管理必须与经营相匹配。"陈春花教授也说过："经营大于管理，管理始终为经营服务。"就是说经营定位决定管理定位，要确保管理水平匹配经营水平，千万不能让管理水平超过经营水平，管理做什么，必须由经营来决定。

一个企业，经营的目的就是使效益最大化，这就要求企业以客户为中心。所以，企业管理的另一个重心要放在如何更好地服务客户上。加强客户服务是企业自身发展的需要，在做好基础服务的前提下，企业必须向更高的层次发展，完善以客户满意为导向的服务体系。如此才能让公司发展得越来越好。

总而言之，一个企业，好的领导、好的待遇及广阔的发展前景，是留住公司人才非常重要的管理之道；但如果管理过度，管理水平高于企业的经营和服务水平，让公司员工天天大会小会，天天报表汇报，天天考核评比，就一定会赶走员工，企业的生存和发展也就无从谈起。所以，一个优秀的管理者，一定要对现代管理理念，90后、00后员工的特点及人性有足够认知，不断地作自我反思，才能为企业赢得发展的契机和光明的未来。

洞见之五十八　　忌偷税漏税

　　税收是国家的血脉。国家强盛富裕、人民群众幸福的底气，均来源于税收的强大支撑。税收"取之于民，用之于民"，国家从企业、单位和个人创造的收入中取得部分资金，用以发展科学、文化、教育，加强国防，改善人民生活，是利国利民的大事情，因此税收是国家长期发展、繁荣昌盛的基础保障。

　　马克思说："赋税是政府机器的经济基础，而不是其他任何东西。"

　　税收是国家的财富，国家财政收入的95%来自税收。为了追求最大经济效益，总有不少人喜欢在税收方面做文章，社会上也有不少打着合理规避税收旗号的单位或个人，在从事着帮人或企业想方设法少缴税这样的工作，而这方面违法犯罪的案例也在逐年增加。表面上看，偷税漏税虽然在短时间内可以为企业降低些成本，但同时也埋下了巨大的隐患。

什么是偷税漏税

　　偷税漏税就是纳税人使用隐瞒编造等方式有目的性地违反税法，躲避纳税义务或少交税款的行为方式。

偷税是指纳税人故意违反税收法规，采用欺骗、隐瞒等方式逃避纳税的违法行为。如为了少缴纳或不缴纳应纳税款，有意少报、瞒报应纳税项目、销售收入和经营利润；有意虚增成本、乱摊费用，缩小应税所得额；转移财产、收入和利润；伪造、涂改、销毁账册、票据或记账凭证等。

漏税，是由于纳税人不熟悉税法规定和财务制度，或者由于工作粗心大意等原因造成的。如错用税率，漏报应税项目，少计应税数量，错算销售金额和经营利润等。

偷税漏税后果有多严重

大家都听过范冰冰偷税的案件：2018 年 6 月初，群众举报范冰冰"阴阳合同"涉税问题。国家税务总局高度重视，即责成江苏等地税务机关依法开展调查核实。从调查核实情况看，范冰冰在电影《大轰炸》剧组拍摄过程中实际取得片酬 3000 万元，其中 1000 万元已经申报纳税，其余 2000 万元以拆分合同方式偷逃个人所得税 618 万元，少缴营业税及附加税 112 万元，合计 730 万元。此外，还查出范冰冰及其担任法定代表人的企业少缴税款 2.48 亿元，其中偷逃税款 1.34 亿元。

对于上述违法行为，根据国家税务总局指定管辖，江苏省税务局依据《中华人民共和国税收征收管理法》第 32、52 条的规定，对范冰冰及其担任法定代表人的企业追缴税款 2.55 亿元，加收滞纳金 0.33 亿元；依据《中华人民共和国税收征收管理法》第 63 条的规定，对范冰冰采取拆分合同手段隐瞒真实收入偷逃税款处 4

倍罚款计 2.4 亿元；对其利用工作室账户隐匿个人报酬的真实性质偷逃税款处 3 倍罚款计 2.39 亿元；对其担任法定代表人的企业少计收入偷逃税款处一倍罚款计 94.6 万元；依据《中华人民共和国税收征收管理法》第 69 条和《中华人民共和国税收征收管理法实施细则》第 93 条的规定，对其担任法定代表人的两家企业未代扣代缴个人所得税和非法提供便利协助少缴税款各处 0.5 倍罚款，分别计 0.51 亿元、0.65 亿元。

偷税漏税直接减少了国家财政收入，损害了国家利益，触犯了国家法律，情节严重的构成偷税罪，属于破坏社会主义经济秩序罪的一种，对构成偷税罪的要依法惩处：行为情节较轻的，进行行政处罚，由税务机关追缴其不缴或者少缴的税款、滞纳金，并处不缴或少缴的税款 50% 以上 5 倍以下的罚款；构成犯罪的，要依法追究刑事责任。

偷税漏税的惩罚不仅如此，自 2014 年 7 月，税务总局发布《重大税收违法案件信息公布办法（试行）》，建立违法税收"黑名单"制度，要求对于达到一定涉案金额的偷税、逃税、骗税、抗税、虚开发票等违法案件信息予以公布。

上了税收"黑名单"有多严重？目前对税收失信主体的联合惩戒分为税务机关内部和相关部门外部两个层面：

税务机关内部惩戒是将案件当事人列入纳税信用 D 级范围，也就是最差等级，今后办税时，会被依法采取更严格的发票管理、出口退税审核和高频次税收检查等措施。

此外，企业还面临被限制取得政府供应土地，强化检验检疫监督管理，禁止使用海关认证企业管理，限制证券期货市场部分经营行为，禁止受让收费公路权益，限制政府性资金支持，限制企业债券发行等处罚。总之，企业怕什么就会处罚什么。

2019 年，国家采取了一系列措施，加强税务稽查的力度，严防企业偷税漏税等不合法、不合规行为，尤其是个税方面，2019 年因"工资薪金"被税务稽查的案例比比皆是。

案例一：广东省鹤山市税务局、稽查局对某制造企业实施税收检查，通过核查"账实"差异、细审工资费用数据，查出该企业冒用他人身份信息，采取虚列人员、分解工资的方式逃避代扣代缴义务，偷逃个人所得税 20 多万元，依法对企业作出追缴税款、加收滞纳金，并处罚款共计 40 多万元的处理决定。

案例二：2019 年一季度税务局在检查过程中发现，ZX 银行把工资的一部分由员工通过发票报销方式发放，其余部分则以工资单形式支付。这样做员工可以少缴个人所得税，降低社保缴费基数，还可以通过费用税前列支而少缴纳企业所得税。最终税务局查实 ZX 银行通过费用报销等手段，隐匿员工真实薪酬，少代扣代缴个人所得税的违法事实，依法对企业作出追缴各项税费、罚款共计 120 万元的处理决定。

纳税是每个中国公民应尽的责任，按时上缴税款也是中国民众、企业的一项义务，只有人人做到不偷税、不漏税，才能体现出税收取之于民，用之于民的作用。

偷税漏税会直接导致贫富差距越来越大。当偷税漏税形成气候，国家财政支出的资金计划和民众生活资金得不到应有的保障，也就谈不上享有社会的福利，整个社会也得不到进步和发展。

创业公司取得收入不容易，不少创业者容易在税收上摔跟头。以前偷漏税行为最多也就是补缴和罚款了事，但近几年税收执法长出了"铁齿钢牙"：限制出境、禁止高消费、停止发放贷款……

偷税漏税的后果，变得越来越严重。

十几年前，我就给我的财务讲，哪方面都可以省，但偷税漏税绝对不行，企业任何一个业务交易都不要忘了纳税。社会信用体系越来越发达，只有按章经营依法交税的企业才会走得长远，一旦纳入信用黑名单，以后会寸步难行。

2020 年是近十年税务监管最严的一年，也是未来十年监管最松的一年：2020 年企业进入强制规范的时期，未来三到五年属于财务合规改造年，三到五年以后绝大部分企业都会走向规范，所以那个时候你再不规范，想再规范就未必有机会了！

洞见之五十九　　忌不规范用工

　　随着我国法治体系的不断完善，我国对各行各业的劳动用工水平有了更高的要求，企业劳动用工制度也在不断地更新进步。但近年来，企业劳动用工管理还是存在诸多不规范之处，这不仅制约着企业和社会经济的稳定发展，劳资关系中的矛盾和争议也影响到和谐社会的构建。

　　例如，有些企业为了降低企业建设成本，采用一些不合理的劳工模式，导致企业的劳工管理工作变得极为复杂。今年疫情下的很多企业就出现了各种劳动纠纷，而出现纠纷的重要原因之一就是"用工不规范"。

　　企业劳动用工管理是指企业通过制定劳动规章制度并依据相关法规对员工进行管理，在规范劳动合同订立、履行与变更、终止与解除等各个环节予以规范化，从而对员工进行聘用、培训、报酬、组织生产等，以实现员工与企业全面发展的目标。

企业用工不规范主要有以下几种情形：

一、劳动合同不规范，实施不到位

在我国现行的劳动法与劳动合同法中均明确规定，企业应实行劳动合同制，即用人单位应当与劳动者通过签订具备法律效力的合同来明确双方的权利和义务。

但现实中很多企业为了自身利益而损害劳动者的权益。有些企业为了降低用工成本，逃避缴纳社保以及解聘员工时应承担的法律责任，往往在雇佣劳动者时不与其签订劳动合同；有些企业虽然与职工签订了劳动合同，但劳动合同不规范、内容空洞，甚至部分企业在合同中作出不利于劳动者的违法约定。根据相关调查显示，员工与单位签订的劳动合同中未明确约定工作内容的有20.14%；未明确约定工作地点的为19.72%；未明确约定劳动报酬的达30.33%。

而企业无故解除合同、未履行提前通知义务解除合同等现象也较为突出。

由于今年的新冠疫情，不少企业内部进行裁员，然而在负责人和相关员工谈话时，却发现员工入职之时并未与之签订劳动合同。当时以为不签劳动合同就可以随时解雇员工，也无须承担员工的社保，结果适得其反，员工申请仲裁，单位为此额外支付双倍工资。

二、社会保险缴纳不规范

一些企业为了节省成本，经常出现与员工协商不缴纳社保费用，或者将社保费用计算在工资中，由员工自行缴纳，也有些员工自愿要求单位不办理社保也出具了相应的声明。但此类不交社保或员工自行缴纳的约定一般是无效的。即便单位出示员工自愿放弃缴纳社保的声明，也不会免责或得到法院的支持。

不为员工缴纳五险一金或者不按照员工工资全额缴纳五险一金，虽然会减轻公司的负担，但是存在以下风险：

1. 员工可以"未缴纳（或未足额缴纳）社保公积金"为由，随时与公司解除劳动关系，并向公司主张经济补偿金。

2. 员工向社保公积金监督检查机关举报的，会导致公司除全额补缴外，还会受到相关行政机关的严厉处罚（包括罚款和滞纳金）。

三、规章制度不规范

用人单位有权制定其内部的管理规范、制度，以维持其内部规范化、有序化运转，但是一些企业却忽略了劳动合同法的规定，用人单位制定涉及劳动者切身利益的规章制度或者决定重大事项，必须经过民主程序并向劳动者公示，否则该规章制度并不生效，不能成为其处理劳动者合法的、有效的依据。

本次疫情下，企业为了裁员动用了所有手段，本以为企业内部有规章制度，可以依据制度解除与员工的合同，却不料因制度未经民主公示程序，导致违法解除，而承担了双倍经济赔偿金。

企业内部制定的规章制度，首先要符合相关法律法规的规定，其次应当是一整套规范、严谨、细致、适用于本单位的制度，最后一定要保证它是有效的，即必须履行民主以及公示程序。

四、劳动报酬支付不规范

我国劳动法明确规定，劳动者每天工作不超过 8 小时，每周工作时间不超过 40 小时，劳动者超时工作的，企业应当支付加班费。实践中，企业普遍存在下班以后加班，生产车间周六、日及节假日加班，但企业并未足额支付加班费的情况；还有一些用人单位因资金周转困难，而存在薪资拖欠情况。

这是企业普遍存在的法律风险。

用人单位应当按照劳动合同的约定和国家的规定，向劳动者及时足额支付劳动报酬。否则劳动者可以解除劳动合同，并要求用人单位支付解除劳动关系的经济补偿金。用人单位未按照劳动合同的约定或者国家规定及时足额支付劳动者劳动报酬、安排加班不支付加班费或低于当地最低工资标准支付劳动者工资的，由劳动行政部门责令限期支付劳动报酬、加班费；劳动报酬低于当地最低工资标准的，应当支付其差额部分；逾期不支付的，责令用人单位按应付金额 50% 以上 100% 以下的标准向劳动者加付赔偿金。

员工可以此为由，随时与公司解除劳动关系，并向公司主张加班费及经济补偿金。如果确实因为工作需要，单位采取不定时工作制或综合计算工时工作制的，需要按照劳动部门的规定申请批准，如果未经批准企业擅自实行特殊工时工作制的，则面临劳动部门的责令整改和处罚。

不规范的用工行为是企业的巨大隐患

很多劳资矛盾纠纷基本上是由于企业不规范的用工管理或者不完善的规章制度造成的。

有的劳动者故意利用企业不规范的用工管理，来要求企业支付赔偿。比如，昆明经济技术开发区某企业的职工故意不签订劳动合同，要求企业支付双倍工资，最后在政府部门的协调下，企业一次性拿出几百万来处理此事。

又如，某企业的员工因为挪用了企业专项费用，虽未达到追究刑事责任的条件，但根据企业规章应当解除劳动关系并不予支付经济补偿，然而由于该规章制度未对该员工履行公示程序，企业解除该员工时仍然支付了经济补偿。

除此之外，用工不规范还会对企业以后发展、上市、对接资本市场等产生严重影响，甚至是阻碍作用。

企业即便到境外上市，境外上市公司的监管机构也会要求企业所在国的律师出具企业是否符合所在国法律的专业意见，而后凭律师专业意见作出上市资格的审查。而律师出具的专业意见，就涉及企业劳动用工方面是否存在重大违法情形，所依据的也是企业当地劳动管理机关所出具的书面证明。

由此可知，企业劳动用工的和谐稳定是一个企业能够得到长足发展的基础。不规范的用工、不完善的制度，不但给企业造成了很大的损失，而且还影响到企业发展和社会稳定。因此，规范企业用工管理、完善企业规章制度是企业完善内部管理控制程序非常重要的举措。

俗话说：磨刀不误砍柴工。今天的规范是为了明天的更好。创业公司尤其要注意用工规范，否则后患无穷，尤其是后期上市及遇到劳资关系问题时会非常被动。

洞见之六十　不惧失败

创业，并不仅仅是"春风得意马蹄疾"，更多的是"巉岩不可攀"。

对于创业者来说，失败一直是一个谁都想回避，谁也回避不了的魔咒一样的存在，在通往成功的路上，失败一直如影随形，非常忠诚地伴在创业者左右。殊不知，像比尔·盖茨和沃伦·巴菲特（Warren Buffett）这样看起来一帆风顺的企业家，占比不到万分之一。因此 13 年前我在《赢在中国》节目现场当着马云、史玉柱等众多商业大佬及亿万观众的面说，"成功是偶然的，而失败却是必然的"，史玉柱等人听得泪眼婆娑。

创业本身是个滔滔不绝、生生不息的追逐之旅，和生命的本质一样，失败之于创业的意义，如同死亡之于生命的意义。其实我们每一个创业者都应该扪心自问：有多少哲学家是以生命的终结为出发点来寻求生命的价值？又有多少宗教是以"往生"为终极目的来阐述生存之道？

创业不是一件一蹴而就的事情，是需要冒着极大风险的

在这个人人都是老板、个个都在拼命的时代，我们怀揣"梦

想"，裹挟着自我价值实现的初心，汇入了创业的滚滚洪流。我们总以为这是时代赋予我们的"责任"，我们一腔热血，本想攻城略地，衣锦还乡，却不想总是丢盔弃甲，一败涂地。

作为创业者，首先要做好失败的准备。创业者最容易犯的错误就是对前景判断太乐观，即便是其他同类创业项目取得了成功，失败的概率同样非常高。比如在最初的共享单车阵营里，一个摩拜、一个小黄车，摩拜的创业团队成功套现获利，小黄车的现状则是危机四伏，大量用户在排队等候退款，想要再次崛起几无可能。

这些都属于投资额较大的生意，而小买卖同样如此，即便你开了个面馆，如果去掉成本，一年下来赔钱那就是创业失败了。实际上，无论是大投资还是小买卖，成功的概率都不是很高，所以创业者要做的第一个准备，就是要做好失败的心理准备！

创业者是不会失败的

创业不怕失败，也不怕倒闭，大不了从头再来。一个军队失败的标志，不是人被消灭，而是战斗意志被打垮，只要我们的创业意志不被打垮，即便有一天公司关门了，我们也没有最后失败，仍然可以东山再起。

马云曾说过："我不知道该怎么样定义成功，但我知道怎么样定义失败，那就是放弃，如果你放弃了，你就失败了；如果你有梦想，你不放弃，你永远有希望和机会。"

创业也许会失败，但是创业者是不会失败的，只要他不放弃。

黄峥带领拼多多上市前，曾经连续创业四次；王兴从校内、海内、饭否到新美大，连续创业失败，最终将美团做到了今天这样的行业头部！

只要创业的心态没有失败，那你就从未失败。

创业者创业，创的不只是自己的事业，而是一个行业，自己的事业可能会失败，但是却有可能获得在全行业的独特的核心竞争力。

只要创业者做人不失败，即使公司倒闭了，同行也必定会来邀请你加入。对于创业者和创业公司的员工来说，阶段性的风险换来的是终身武艺，在创业公司之间的流动和"移民"之中，在行业的水涨船高之中，创业者的价值也会成倍地增长。

创业失败，确实会带来刻骨铭心的痛，但你的失败，意味着获得了在新经济洪流里搏击风浪的资本。创业经历，即使是失败的，也依然是一笔宝贵财富。

反思失败是为了找到成功的意义

对于创业者来说，也只有定义失败、认识失败、反思失败，才能真正去体验和尝试成功。

我们总是在努力地学习如何走向成功，那么我们学会面对、接受失败了吗？俗话说当局者迷，很多时候我们在规劝别人的时候总是能够说得头头是道，一旦事到临头，就有双重标准了，所以想要真正获得成功就要先学会如何面对失败。

首先，面对失败要依然充满热爱和激情：这种热爱和激情体现在对人、对事、对问题的态度上。你是否热爱你所做的事情，你是否对你周围的人心存感激，你是否对现实问题抱着一种积极乐观的态度等，都在影响你如何处理失败的经历。

其次，要有正确的价值观：只有这个社会所推崇的价值观才会得到认可。创业在一定程度上是指被大众所认可，如此一来才有市场可言。如果你只是单纯地想要实现创业的目标，甚至于没有正确的价值观，不遵守市场规则，后果可想而知。

再次，要有使命感：真正创业成功的人，一定是心系天下的人。他一定想过一个问题：我要通过做一件事，而改变整个社会，而不是我想成功，我想住大房子、吃大餐。马云就是一个使命感驱动的人，"让天下没有难做的生意"是他创业的使命，所以他很成功。

最后，有期望的目标：要对自己所做的事有一定的愿景。你想达到什么样的目标，未来你会因为看到什么样的画面而欣喜，你要清楚将要到达的目的地并且可以一路坚持走下去，要期待未来而不是恐惧未来。

有时候失败并不能阻碍你成为一个成功的人，关键还是在于你的想法，不要把自我限制在了一个小圈子里，成功和失败并不是不可逾越的鸿沟。从不失败只是一个神话，只要你人生有过成功的经历，失败就并不可怕。

所有研究乔布斯的人，他们都只是研究乔布斯成功以后多么威风。如果真的去看看《乔布斯传》会发现，乔布斯人生最低谷时，他被自己亲手缔造的公司赶了出来，变成当时硅谷最大的Loser（失败者）。后来他自己做了一家叫 NeXT 的公司，NeXT 代表了乔布斯的期望。实话说 NeXT 做得并不怎么样，直到乔布斯把NeXT 卖给苹果，他重新回归苹果，才赢得人生的第二次辉煌。

360 科技有限公司董事长周鸿祎曾经说过："按世俗的定义，

我是一个成功者。但其实我真的不这么想，我认为我有资格去跟很多年轻人做分享，是因为我曾经是中国最大的失败者。我在很多事情上失败过，我也做过很多错误的决策，但我摔倒了一定会再爬起来。我觉得只有做个不怕失败的人，从失败中总结经验教训，你才可能真正地坚持创业。"

　　每个成功的创业者，都是踩过无数个深坑才获得今天的成绩，如果我们都能够形成一种新的价值观，不再鄙视失败也不嘲笑失败，面对失败者我们能够宽容，同时我们也能够宽容自己，不以失败为耻辱，那么我们中间就会有很多人鼓起勇气去尝试，去尝试创业，去尝试做一个产品。如果它不成功，没关系，我们把它抹掉，我们从头再来。

　　我们希望这个时代不再认为创业失败是一种沉重的代价，一种难以启齿的丑闻，而把它看作一种潜伏，一种养精蓄锐、蓄势待发。在创业的蓝海里，失败只不过相当于呛了一口水而已，而远方海岸线的壮丽风景依然在向你发出召唤。

　　假如我们都能把失败看作是成功的一个过渡，把自己特定公司的塌方看成是通往普遍行业的桥桩，那整个社会对于创业风险的观念和认知，也会发生革命性的变革。

　　创业成功固然可喜可贺，创业失败，同样可以成为人生点石成金的瞬间。

　　人生的目的和意义不是胜利，是我来了、我参与了、我战斗了，战士的精神是战斗本身，输赢天注定，不必太在意。